La communauté désœuvrée

La communauté désœuvrée

by Jean-Luc Nancy

Copyright © Christian Bourgois éditeur, 1996, 1990, 1999, 2004
Korean Translation Copyright © Greenbee Publishing Co., 2022
All rights reserved.
This Korean edition is published by arrangement with Christian Bourgois éditeur
through Milkwood Agency.

무위의 공동체

초판1쇄 펴냄 2022년 11월 11일
초판2쇄 펴냄 2024년 05월 07일

지은이 장-뤽 낭시
옮긴이 박준상
펴낸이 유재건
펴낸곳 (주)그린비출판사
주소 서울시 마포구 와우산로 180, 4층
대표전화 02-702-2717 | **팩스** 02-703-0272
홈페이지 www.greenbee.co.kr
원고투고 및 문의 editor@greenbee.co.kr

편집 이진희, 구세주, 정미리 | **디자인** 이은솔, 박예은
마케팅 육소연 | **물류유통** 류경희 | **경영관리** 이선희

독자의 학문사변행學問思辨行을 돕는 든든한 가이드 _(주)그린비출판사

무위無爲의 공동체

장-뤽 낭시

박준상 옮김

그린비

옮긴이의 말

오래전에 절판되었던 『무위無爲의 공동체』를 그린비에서 복간한다. 작년 8월 23일 장-뤽 낭시의 타계 이후에 곧바로 복간을 준비했으나, 이제야 이렇게 결과를 내놓게 되었다. 이 자리를 빌려 다시 한번 장-뤽 낭시의 명복을 빈다.

번역 원고를 전체적으로 재검토했으나, 몇몇 오류들을 바로잡는 것 외에 다른 수정 작업에 들어가지는 않았다.

원고 복원과 검토에 애써 주신 신효섭 편집자님, 유재건 대표님과, 여러모로 도움을 주신 그린비의 모든 분들께 감사의 인사를 전한다.

2022년 10월

박준상

한국어판을 위한 지은이의 말[1]

1. 만일 '행동agir'이 하나의 '작품œuvre'과 같은 어떤 것을, 즉 만든 사람과 독립적인 '사물'(그것은 예를 들어 한 운동선수의 경우라면 자신의 몸이 될 수도 있습니다)과 같은 세계에 존재하는 어떤 것을 '생산하고' '실현시키는' 방법을 가리킨다면 '무위'에 분명 '비-행동non-agir'이 있다고 말하고 싶습니다. 만일 반대로 아리스토텔레스가 말하는 ('포이에시스poiesis'[여기서 의미하는 바는, '생산']에 반대되는) '프락시스praxis'의 의미로 '행동'을 이해한다면, 아무것도 생산하지 않지만 그 고유의 주체를 변형시키는 어떤 행동이 문제가 될 것입니다. 그 행동이 아마 '비-행동'일 것이며, 그 행동은 어떤 물러남 가운데, 어떤 받아들임, 나아가 엄격히 비-심리학적 의미에서의 어떤 수동성 가운

---

1 장-뤽 낭시는 '무위無爲'에 대한 옮긴이의 물음과 관련해 2009년 2월 1일 아래의 답변을 이메일로 전해 왔다. 1번에서 낭시는 '무위'에 대해 짧게 다시 해명하고 있고, 2번은 이곳의 현실에 대한 그의 견해이다. 그는 이 두 대답을 『무위의 공동체』 한국어판에 독자들에게 전하는 말을 대신해 싣고 싶다는 요청에 흔쾌히 동의했다.

데 있을 것입니다. 그 수동성은 열림과 같으며, '도래하게 내버려 둠' 또는 '존재하게 내버려 둠' ── 그것은 자유주의에서 오직 생산적 행동이 만들어 낸 생산물들에 대한 관심에 따라서만 말하는 '하게 내버려 둬, 그냥 내버려 둬'가 아닙니다 ── 과 같고, 우리의 생산물로부터 나오지 않은 것, 우리와 무한히 보다 더 멀어지면서 우리에게 도래하는 것을 '도래하게 내버려 두는' 것입니다. 그것 ── 그것을 '척도 없는 것', '이름 붙일 수 없는 것', '무한', 나아가 '불가능한 것'이라고 부를 수 있습니다 ── 은 우리 위에 직접 '영향을 주지' 않으며, 우리를 그 도래와 그 근원과 그 사건의 무한한 차원으로 열리게 하는 행동입니다. 다시 말해 그것은 본질적으로 '비등가적인'[2] 어떤 것을 야기하는 것입니다. 그러한 의미에서, 우리는 그것으로부터 직접적 행동을 가져오는 어떤 정치적 행동을 기대할 수는 없지만, 먼저 정치를 넘어서는 그 질서, 무한의 질서인 그 질서를 고려한다면, 어떠한 정치가 되어야 하는가라는 물음 아래에서 현실 정치를 문제 삼을 수 있다고 봅니다. 그 질서는 사유의, 예술의, 사랑의, 단순한 삶의, 살아감이 전유하고 있는 삶의 질서입니다. 정치는 그 질서에, 그 열림에 접근하는 것이 가능하도록 도와야 하지만, 그렇다고 정치가 그 질서와 그 열림을 보장하는 것은 아닙니다.

---

2 '비등가적인'이라는 표현을 쓰면서 저자는 현재 전 세계에 지배적 영향력을 행사하고 있고 그 힘의 정점에 놓여 있는 자본주의적·자유주의적 흐름을 가리키기 위해 자신이 사용한 말인 '일반적 등가화의 무한정한 확장expansion illimitée de l'équivalence générale'을 암시하고 있다(또한 2번 대답을 참조).

2. 독일의 통일 이후, 또한 '민족peuple'의 정체성(동일성)의 재확인이라는 문제와 연관된 여러 정치적 개편(특히 구-유고슬라비아) 이후로 사실 한국의 상황은 오늘날 예외적입니다. 민족의 정체성이라는 것은 매우 복잡한 문제인데, 왜냐하면 현실적으로는 존재하지만 진정으로 독립을 확보하기 어려운 소수 민족들의 경우가 있기 때문입니다. 그 민족들의 자율성 뒤에는 경제적이자 문화적인 예속이 따르고 있습니다. 반면 한국은 긴 역사와 부정할 수 없는 정체성을 가진 나라pays —'나라'는 복잡한 개념인데, 그것은 영토와 문화에 기초한 어떤 공동체를 의미하는 '국가nation'와 구별됩니다 — 입니다. 한반도의 통일은 염원될 수밖에 없는 것입니다. 그러나 한반도의 통일은 너무나 많은 조건들을 전제하기에, 짧은 시간에 그것을 희망하기란 거의 불가능합니다. 그러나 제가 보기에, 한국은 민족이 무엇인지, 무엇이 민족을 구성하고 해체하는지에 대해, 동시에, 오늘날 심각한 물음들과 미래의 불확실성에 직면한 서로 다른 두 사회적·정치적 시스템 아래 놓여 있는 '같은' 민족(그 같은 '민족'은 어디까지 같은 민족이며 어떻게 그럴 수 있을까요?) 내부의 대립에 대해 역동적 성찰이 펼쳐질 공간이라는 특권을 갖고 있습니다. 역사에서 분명 북의 체제는 남의 체제보다 명백히 매우 뒤떨어져 있습니다만, 남의 체제 역시 자본주의·자유주의 내부에서 발생하는 심각한 혼란과 마주하고 있습니다. 나는 우리가 지배적 '문명'의 모델 — 말하자면 생산/소비의 모델, 일반적 등가화의 모델 —이 근본적으로 변하는 지점 근방에 와 있다고 생각합니다. 다시 말해 군사 분계선 위아래의 이곳은 아마 '민족', '조국', '국가' 사이의 관계와 차이에 대해 사유하는 실험실이

될 수 있을 것입니다. 어쨌든 민족이라는 것은 반드시 '민족주의적'일 필요는 없는 문학과 시와 노래를 통해 스스로에 대해 말하고 스스로를 표명합니다. 그러한 한에서 민족이 구성해 내는 것이 무엇보다 '작품'인 것은 아니며(설사 그것이 문학이나 영화 작품들에서 드러난다고 하더라도 말입니다), 그것은 결코 완성될 수 없고 전부 그려지지 않으며 언제나 변형될 수 있는 어떤 형상이 드러내는 무위일 것입니다.

2판에 붙이는 말(1990년)

「무위의 공동체La Communauté désœuvrée」는 초판 텍스트 그대로 바뀌지 않고 여기에 수록되었다.

　이어지는 두 시론試論은 그 이후에 쓰였고, 둘 모두 공동체에 대한 언제나 진행 중인 연구의 연장선상에서 기획되었다. 4부 「공동-내-존재에 대하여De l'être-en-commun」의 2절과 3절은 '철학자들은 무엇을 생각하는가?À quoi pensent les philosophes?'라는 제목으로 나간 잡지 『다르게Autrement』 102호(1988년 11월, 기획은 자크 메사주Jacques Message, 조엘 로망Joël Roman, 에티엔 타생Etienne Tassin)를 위해 작성되었고 거기에서 약간 수정되어 요약본으로 발표되었다. 4부의 1절은 마이애미 대학교(오하이오주 옥스퍼드)에서 열린 '미결未決의 공동체 Community at loose ends'(1988년 9월)라는 콜로키움에서 발표되었고 여기에 첨가되었다. 영어본은 그 콜로키움의 발표논문집(기획은 짐 크리치Jim Creech)에 실리게 될 것이다.

　「유한한 역사L'Histoire finie」는 어바인 소재 캘리포니아 대학교의 '비판이론 그룹Group in Critical Theory'(책임자는 데이비드 캐롤David Carroll)을 위해 작성되었고, 『이론의 현상태들The States of Theory』 (Columbia Press, New York, 1989)에 발표되었다. 이 글은 초두의 각주에서 밝힌 대로 『인문과학지Revue des sciences humaines』 제213호(1989-

1, 기획은 피에르-필립 장댕Pierre-Philippe Jandin과 알랭 다비드Alain David) '공동체를 사유하기Penser la Communauté'에 프랑스어로 발표되었다.

3판에 붙이는 말(1999년)

3판까지 나온 이 책에서 착수했던 작업은 장-크리스토프 바이Jean-Christophe Bailly와 함께 썼고 크리스티앙 부르구아Christian Bourgois 출판사에서 1991년 출간되었던 『공동의 나타남La Comparution』에서, 이어서 갈릴레Galilée 출판사에서 1996년에 출간되었던 『복수적 단수의 존재Être singulier pluriel』에서 계속 이어졌다.

차례

(……) 언제나 하나의 척도가 여전히 존재한다

모두에게 공통된 하나의 척도가,

설사 각자에게 고유의 몫이 있다고 하더라도

각자가 향해 있는, 각자가 가능한 한에서

나아가 이르러야 할 척도가.

횔덜린Hölderlin, 「빵과 포도주Pain et vin」

(필립 라쿠-라바르트Ph. L.-L. 옮김)

일러두기

1 이 책은 Jean-Luc Nancy, *La communauté désœuvrée*, Christian Bourgois éditeur, 1996, 1990, 1999, 2004을 완역한 것이다.

2 본문에서의 주석은 모두 각주이며, 옮긴이 주는 앞에 '(옮긴이)'라고 표시했다. 또한 독자의 이해를 위해 옮긴이가 보충한 부분은 대괄호([ ])로 표시했다.

3 단행본·정기간행물 등의 제목에는 겹낫표(『 』)를, 논문·단편 등의 제목에는 낫표(「 」)를 사용했다.

4 외국어 고유명사는 2002년 국립국어원에서 펴낸 외래어표기법을 따르되, 관례가 굳어서 쓰이는 것들은 그것을 따랐다.

1부
무위의 공동체

현대 세계에서 무엇보다 가장 의미심장하고 가장 비통에 찬 증언, 이 시대가 어떤 알 수 없는 명령과 필연성에 따라(왜냐하면 또한 우리는 거대 역사에 대한 사유가 퇴락했음을 증언하고 있기 때문이다) 스스로 받아들이게 된 증언은 공동체가 붕괴되고 와해되었거나 분란 가운데 있다는 것이다. 공산주의는, 사르트르가 말했던 대로, "우리 시대의 넘어설 수 없는 지평"이며, 이는 차례로 정치적 의미·이데올로기적 의미·전략적 의미에서, 여러 의미에서 그렇다. 그러나 그러한 의미들 가운데 사르트르가 의도했던 것과 다른 낯선 의미가 있으며, 그것은 결코 중요하지 않은 것이 아니다. 즉 기술-정치의 지배에 예속되었다는 사실과 사회가 분열되었다는 사실 너머에서, 그 결과로 자유와 말과 단순한 행복이 사유화私有化라는 배타적 질서에 종속되자 이제 퇴색해 버렸다는 사실 너머에서, 결국 보다 단순하고 결정적으로, 개인의 죽음 그 이상이 아니고 엄청난 부담을 요구하며 무의미 속으로 묻혀 갈 각자의 죽음, 이 죽음이 시시한 것이 되어 버렸다는 사실 너머에서 '공산주의'라는 단어는 공동체의 장소를 발견하거나 재발견하려는 욕망을 상징한다는 것이다.

어느 정도 의식적으로, 어느 정도 의도적으로, 그리고 어느 정도 정치적으로 '공산주의'라는 단어는 그러한 상징 — 그것은 의심의 여지 없이 하나의 개념과, 나아가 한 단어의 **의미**와 다른 것이었다 — 을 만들어 냈다. 그러나 그 상징은 더 이상 통용되지 않는다. 그것은 몇몇 사람들에게는 시대에 뒤떨어진 방식으로 남아 있고, 이제 드물기는 하지만 다른 몇몇 사람들에게는 그것이 약속했던 깃의 명백한 붕괴를 막기에는 무력하고 다만 분노에 찬 저항을 귓속말로 부추기는 데에 쓰일 뿐이다. 그 상징이 더 이상 통용되지 않는다면, 그 이유는 다만 그것에 호소했던 국가가 이미 오래전부터 그것을 배신하는 주동자로 나타났기 때문만은 아니다. (1933년의 바타유Bataille: "혁명에서의 최소한의 희망은 국가의 소멸로 여겨졌다. 그러나 현재의 세계는 반대로 바로 혁명적 힘들이 소멸되는 것을 보고 있으며, 동시에 모든 강한 힘은 오늘날 전체국가의 형태를 띠고 있다.")(*O.C.*, I, p. 332.[1]) 본원의 공산주의가 그 교리나 의지의 순수성을 보존하기 위해 설정한 배신이라는 도식은 점점 더 받아들일 수 없는 것으로 나타났다. 전체주의가 그 자체로 이미 맑스에게서 발견된다는 명제를 제출하고자 하는 것이 아니다. 그러한 명제는, 어떤 총체성을 실현하고자 하는 헤겔적 시도를 좌절시키거나 변경시키면서 연속적으로 이중화하는 움

---

1 (옮긴이) *O. C.*는 프랑스 갈리마르Gallimard 출판사에서 출간된 조르주 바타유 『전집*Œuvres complètes*』을 가리키고, 그 뒤의 로마자는 권 수를, 다음은 페이지 수를 가리킨다.

직임이, 공동체의 와해에 반대하는 고통스러운 항의의 움직임이 맑스에게 있다는 사실을 모르고 내놓는 조잡한 것이다.

그러나 배반의 도식은, 그것이 결국 가장 문제적인 것으로 나타나는 공산주의적 이상의 기반인 한에서 지지될 수 없는 것으로 밝혀진다. 왜냐하면 공산주의적 이상은 인간, 즉 생산자로 정의定義되고 자신의 작업과 생산물들을 통해 자신의 고유한 본질을 생산하는 자로 근본적으로 정의되는 인간(또한 우리는 간단히 **정의된** 인간이라는 표현을 쓸 수 있다)이기 때문이다.

현실 공산주의가 공산주의적 이념이나 이상에 포함되어 있는 정의·자유 —— 그리고 평등 —— 를 분명히 배신했다는 사실이 참을 수 없는(우리의 자유주의적 사회가 강요하는, 마찬가지로 참을 수 없는 다른 종류의 고통들과 비견될 수 있는) 고통을 주는 하중으로, 그리고 (이제 정치적 전략에서 정의·자유·평등에 대한 배신을 용인하지 않는 저항의 움직임이 활성화되어야 한다는 점에서뿐만 아니라, 또한 우리의 사유 일반에서 하나의 사회가 약간의 반항에도 불구하고 손쉽게 정의·자유·평등을 배신하거나 보다 일반적으로는 포기하는 데에 따라 형성되었다는 가능성 —— 그것은 솔제니친Soljenitsyne의 물음이라기보다는 지노비예프Zinoviev의 물음이다 —— 을 반드시 고려해야 한다는 점에서) 피할 수 없는 정치적 하중으로 우리를 짓누르고 있다. 그러나 그러한 하중은 우리의 '지평들'을 부수거나 가로막고 있는 절대의 중력에 비해 보면 상대적인 것일 뿐이다. 그것은 다음과 같은 것이다. 어떠한 형태의 공산주의적 —— 이 단어가 정확한 정치적 지시대상을 가리키는 데 한정되지 않는다는 사실을 분명히 나타내기 위해서라면, 공동체적communautaire —— 대항 세력도 없다는 것이다. **인간의 공동체**라는 목표에, 즉 고유의 본질을 본질적으로 만들어 내는 것을 자신의 과제로 여기며 더 나아가 자신의 본질을 **공동체로** 만들어 내려는 인간존재들의 공동체라는 목표에 뿌리 깊게 종속되어 오지 않았거나 아직도 종속되어 있지 않은 공산주의적 대항 세력이 전혀 없다는 것이다. 모든 대항적 공산주의에, 모든 좌파적·극좌파적 또는 노동의회주의적 모델에, 그 장점들이나 유효성이 어떠하든 간에, 변함없이 함축되어 있는 것은 인간에 대한 인간의 절대적 내재성 —— 휴머니즘 —— 과 공동체에 대한 공동체의 절대적 내재성 —— 공산주의 —— 이다.[2] 어떤 의미에서 '현실 공산주의communisme réel'에 대한 공동체적 대항의 모든 기획은 이제 끝장났거나 포기되었다. 그러나 마치 그러한 기획 너머에서 공동체를 사유한다는 것이 이제 더 이상 문제가 될 수 없는 것처럼 모든 것이 돌아가고 있다…….

분명 인간에 대한 인간의 내재성이, 또는 최고의 내재적 존재라

---

2 그러나 이는, 자세히 살펴보면, 모든 분명한 국면들을 고려해 보면 엄격하게 정확하지는 않다(예를 들어 56년 헝가리 노동의회나, 나아가 폴란드 **연대노조**Solidarité 좌파의 경우를 생각해 보자). 이는 오늘날 논의되는 담론들을 생각해 보더라도 절대적으로 정확하지는 않다. 이 점에서 우리는 최근의 상황주의자들Situationnistes과 한나 아렌트Hannah Arendt의 사유의 몇몇 측면들, 또한 리오타르Lyotard·바디우Badiou·엘륄Ellul·들뢰즈Deleuze·파졸리니Pasolini·랑시에르Rancière의 여러 주장들을 (그것들을 이렇게 한데 섞어 놓는다는 것이 얼마나 낯설고 도발적인가를 차치하고) 나란히 배치해 볼 수 있을 것이다. 이 사유들은, 비록 각각의 방법대로이기는 하지만, (또한 그것들이 원하든 아니든) 내가 여기서 이후로 묘사하게 될 사건인, 공산주의적 또는 공동체적 휴머니즘에 대한 이의제기(그것은 맑스주의적 과학이라는 이름하에 알튀세르Althusser가 최근 내놓은 이의제기와는 상당히 다르다)를 표명하는 맑스적 사건에 근거를 두고 전개되고 있다. 그렇기 때문에 그들의 주장들은 내가 어찌됐든 '문학적 공산주의communisme littéraire'라고 부르고자 하는 것 안에서 서로 통합될 수 있다.

고 절대적으로 여겨지는 **인간**이 바로 공동체를 사유하는 데에 걸림돌이 되고 있다. **인간들의** 공동체가 되어야만 한다고 가정된 공동체는 그 자체로 자신의 본질을 전체에서 실현시키거나 실현시켜야 한다고 가정하며, 그 공동체 자신의 고유한 본질은 그 자체로 인간의 본질을 완성한다. ("무엇이 인간에 의해 제작될 수 있는가? 모든 것이. 자연, 인간 사회, 인간성, 모든 것이"라고 헤르더Herder는 썼다. 우리는 그러한 규제적 이념에, 그 '제작'은 하나의 '규제적 이념'에 불과하다고 여겨질 때조차 완강하게 종속된다…….) 그에 따라 경제적 연합과 기술적 조작과(하나의 **집단** 또는 하나의 **지도자**를 중심으로 이루어지는) 정치적 통합 그 자체에서, 그 공동체의 본질이 재현되거나 차라리 현전하고 필연적으로 실현된다. 그것은 거기에서 발현되고 스스로 고유하게 만들어 낸 제작물이 된다. 이를 우리는 '전체주의'라고 불렀고, 그 용어를 몇몇 형태의 사회나 정체政體를 규정하는 데에 한정하지 않고 우선 민주제와 그 허약한 법적인 난간을 둘러싸고 있는 우리 시대의 일반 지평을 본다면, 이를 아마 '내재주의內在主義immanentisme'라고 명명하는 것이 나을 것이다.

*

진정 개인individu에 대해 여기서 한마디 해야 할 필요가 있는가? 개인이 만들어지고, 개인의 문화가 생겨나고, 개인이 예찬되면서 몇몇 사람들은 개인이 갖는 범접할 수 없는 특권을 잘 알고 있다. 그러한 개인의 특권에 입각해서 유럽은 세계를 향해 전제專制정치들로부터 해방될 수 있는 길과 모든 집단적이거나 공동체적 기획을 평가하는 기준을 가리켜 보여 줄 수 있었을 것이다. 그러나 개인이란 공동체가 와해되는 시련 이후에 남은 찌꺼기에 지나지 않는다. 개인은 본성상 — 그 이름이 가리키고 있는 것처럼, 개인은 원자이고 분할될 수 없는 것이다 — 붕괴가 낳은 추상적인 결과라는 것을 드러내 보여 준다. 개인은 내재성의 또 다른 표현이며 그것과 짝을 이루는 표현이다. 말하자면 기원이자 확실성의 근거로 여겨지는, 절대적으로 분리된 대자對自le pour-soi.

하지만 그 개인이 적어도 헤겔 이후에 놀랄 만큼 끈질기게 겪어 내고 있는 경험은 단지 이러한 경험이다. 즉 개인은 자기가 오직 자기의 고유한 죽음의 기원이자 확실성일 뿐이라고 경험한다. 또한 자신이 생산한 것들 속에 남겨진 개인의 불멸성은, 자신의 **활동에 새겨진** 개인의 불멸성은 여전히 자기 고유의 소외에 따라 나오며, 자신의 죽음이 어쨌든 이미 '존재한다'는 사실에서 비롯된 어쩔 수 없는 기이함보다 더 기이한 자신의 죽음을 개인에게 가져온다.

그러나 우리는 단순한 원자들로 하나의 세계를 이룰 수는 없다. 그 원자들 안에서 **편위**偏位clinamen가 있어야만 한다. 동일자가 타자로, 동일자가 타자로 인해, 또는 동일자가 타자에게 향해 있거나 기울어져 있어야 한다. 공동체는 적어도 '개인'의 **편위**에서 연유한다. 그러나 개인에 근거한 어떠한 이론도, 어떠한 윤리·정치도, 어떠한 형이상학도 공동체 내에서 개인이 **편위**되거나 편각 작용을 일으키거나 쇠락한다는 것을 고려할 수 없다. '인격주의personnalisme'나 사르트르조차 다만 너무나 고전적인 개인-주체에 도덕적이거나 사회학적인 반죽을 입혀 놓았을 뿐이다. 그들은 개인-주체를 자신 바깥에서 자신의 공동-내-존재의 그 가장자리로 **기울어 있게** 하지 못했다.

　개인주의는, 원자의 문제가 세계의 문제라는 사실을 망각한 자가당착의 원자론이다. 바로 그렇기에 주체 —— 즉 개인 또는 전체 국가 —— 의 형이상학에서, 다시 말해 절대적 대자의 형이상학(그것은 또한 **절대** 일반의 형이상학을, 완벽하게 떨어져 나와 **어떠한 관계도 없이** 닫혀 있고 분리된-유일한ab-solu 존재의 형이상학을 의미한다)에서 공동체에 대한 물음이 결정적으로 부재한다. 그 분리된-유일한 자는 이념·역사·개인·국가·과학·예술작품 등의 형태를 갖고 현전할 수 있다. 그 분리된-유일한 자가 어떠한 관계도 없이 존재하는 한, 그 논리는 언제나 같을 수밖에 없다. 그 논리는, 절대적으로 분리된 자가 분리 가운데 단순히 분리된 것 그 이상을 가두어 두고 있다는 사실을 함의하는 무서운 논리이다. 즉 분리 그 자체가 다시 분리되어 폐쇄 가운데 있어야 하며, 울타리는 하나의 영토 위로 둘러쳐져야 할 뿐만 아니라(그 경우 울타리는 외부의 가장자리에서 다른 영토에 열려 통하게 된다), 분리의 절대성을 실현시키기 위해 울타리 자체에 둘러쳐져야만 한다. 절대는 스스로 존재하지 않을 것을 담보로 걸고서라도 자기 고유의 절대성의 절대여야 한다. 또는 절대적으로 혼자이기 위해 나는 혼자인 것만으로 충분하지 못하고 유일하게 혼자여야만 한다. 그러나 이는 정확히 모순이다. 절대의 논리는 절대에 폭력을 가한다. 즉 그것은 절대가 본질적으로 거부하고 배제하는 어떤 관계 내에 절대를 연루시킨다. 그 관계는 동시에 내부와 외부에서, 또는 불가능한 내면성에 대한 부정과 다르지 않은 외부에서 절대자가 스스로를 구성하는 바탕으로 삼기를 원하는 '무관계無關係'를 강요하고 깨뜨린다.

형이상학의 주체-절대(자기·의지·삶·정신 등)의 논리에 의해 무시된 공동체가 같은 논리에 힘입어 그 주체를 **침식하기** 위해 필연적으로 되돌아온다. 절대의 논리는 그 주체를 **관계 가운데 놓아두는 것이다.** 그러나 명백하게 이는 둘 또는 여러 절대들 사이에 관계를 놓는다는 것이 아니고, 관계를 하나의 절대로 만든다는 것도 아니다. 이는 절대의 절대성을 무너뜨린다는 것이다. 관계(공동체)가 **존재한다**면, 그것은 오직 자신의 원리 속에서 ── 그리고 자신의 울타리 또는 자신의 한계 위에서 ── 절대적 내재성의 독재를 무너뜨리는 것일 수밖에 없다.

바타유는 분리된-존재라는 폭력적인 논리를 끊임없이 경험해 왔다. 예를 들어:

"그러나 인간들 전체가 ── 또는 더 단순히 말해 인간들 전체의 실존이 ── 분명 그 전체 못지않게 고독하고 버림받은 ── 단 하나의 존재에 **육화된다면,** 그 **육화된** 우두머리는 쉼 없는 전투의 장소가 될 것이다 ── 또한 그 전투는 너무나 격렬해서, 우두머리는 조만간 박살이 나게 될 것이다. 왜냐하면 그 육화된 자의 비전이 어느 정도까지 혼란과 격동을 가져오게 될지 알아차리기 어려울 것이기 때문이다. 그는 신神Dieu을 봐야만 할 것이며, 동시에 신을 죽여야만 할 것이고, 이어서 자신을 무無néant 가운데 내던지기 위해 스스로 신이 되어야만 할 것이다. 즉 그는 어떻게든 휴식을 취할 수 없었던 처음 지나갔던 자와 마찬가지로 어떤 의미도 찾지 못한 하나의 인간에 불과한 자신을 다

시 발견하게 될 것이다." (I, 547.)[3]

인간성의 그러한 육화, 즉 관계와 공동체 너머의 절대적 존재라는 인간성 전체는 근대적 사유가 원했던 운명을 형상화한다. 우리가 공동체를 그러한 운명에서 벗어나게 하지 못하는 한, "쉼 없는 전투"에서 빠져나올 수 없는 것이다.

또한 바타유는 그러한 논리에 의해 지知savoir의 영역과 관련해 다른 한 텍스트에서 이렇게 썼다.

"만일 내가 절대지絶對知를 '흉내 낸다면', 필연적으로 즉시 나 자신은 신인 것이다(체계 가운데에서는 신에게서조차 절대지 너머의 인식은 있을 수 없다). 이 나 자신 ──**자신**ipse── 에 대한 사유는 전체가 됨으로써만 절대가 될 수 있었다. 『정신현상학*Phénoménologie de l'esprit*』은 하나의 원을 이루는 두 본질적 움직임을 그려 낸다. 그 두 움직임은 자기 ──인간 **자신**에 대한── 의식의 단계에 따라 완성에 이르는 것이고, 그리고 지를 완성하는(그에 따라 자신 안에 있는 개별성을 파괴하는, 따라서 자기 자신에 대한 부정을 완수하는, 절대지가 되는) 이 **자신**이 전체가 되는 것이다(신이 되는 것이다). 그러나 그러한 방법에 따라, 전염되는 데에 따라 흉내 내면서 내가 헤겔의 순환적 움직임을 나

---

3 (옮긴이) 로마자 'I'는 앞의 각주 1에서 언급했던 갈리마르 출판사에서 출간된 조르주 바타유 『전집』의 권 수를, 다음 숫자 '547'은 페이지 수를 가리킨다. 즉 이 경우 바타유 『전집』 1권의 547쪽을 가리킨다. 이후로도 이러한 표기는 동일하게 적용된다.

자신 안에서 완성하게 된다면, 나는 도달한 한계들을 거쳐 그 너머에서 알려지지 않은 어떤 것이 아니라 알 수 없는 어떤 것을, 이성이 불충분하기 때문이 아니라 이성 자체의 본성 때문에 알 수 없는 것을 정의하게 된다(나아가 헤겔에 의하면 우리는 오직 절대지를 소유하고 있지 못하기에 그 너머에 대해 염려하게 된다……). 그에 따라 내가 신이라는 것을 전제한다면, 헤겔의 보증을 받으면서(환영과 의심을 제거하면서) 전체를 알 뿐만 아니라 나아가 왜 완성된 인식을 위해 인간과 **자아들**의 무수한 개별성들(특수성들)과 역사가 만들어지는 것이 필요했던가를 알면서 내가 세계에 존재한다는 것을 전제한다면, 정확히 이 순간 인간의 신적 실존을 영원한 어둠에 가장 깊숙이 빠뜨리는 물음이 주어지게 된다. **왜 내가 아는 것**이 있어야만 하는가? 왜 그것이 필연적이어야 하는가? 이러한 물음 가운데 심하게 찢긴 상처가 — 그것은 처음에 드러나지 않는다 — 감추어져 있다. 그것은 너무나 깊어서 오직 탈자태脫自態extase[법열法悅][4]의 침묵만이 그 응답이 된다." (V, 127~128.)

---

4 (옮긴이) '탈자태'(프랑스어로는 '**엑스타즈**extase')는 하이데거가 사용하는 독일어 '**엑스타제**Ekstase'의 번역어이다(이기상·구연상, 『존재와 시간 용어해설』, 까치, 1998, 383~384쪽). 그러나 이 책 『무위의 공동체』와 밀접한 연관을 맺고 있는 모리스 블랑쇼·장-뤽 낭시의 『밝힐 수 없는 공동체/마주한 공동체』(박준상 옮김, 문학과지성사, 2005)에서 '**엑스타즈**'는 '법열'로 번역되었는데(그러나 『밝힐 수 없는 공동체/마주한 공동체』에서 '**엑스타즈**'를 괄호로 묶어 '탈자태'로 다시 옮겨서 용어상의 연관 관계를 드러내고자 했다. 같은 책, 35쪽), 이는 블랑쇼의 텍스트에서 바타유의 사유와 관련해 이 용어가 쓰이는 '문학적' 맥락을 고려하고 이해를 돕기 위해 선택된 방안이었다. 또한 '탈자태'를 어떻게 낭시가 전유하고 있는가에 대해 알아보기 위해서는 뒤의 「옮긴이 해제」를 참조.

이 물음에서 감추어진 **찢긴 상처**란, 이 물음 자체가 존재하는 사물들의 ─ 절대로 이어지는, 즉 모든 다른 '사물'과 분리된 ─ 전체성 그리고 그 사물들을 전체로 존재하게 하거나 그 근거가 되는 (하나의 '사물'이 아닌) **존재** 사이에서 환기시킨 찢긴 상처이다. (하이데거의 존재적-존재론적ontico-ontologique 차이와 유비되거나 동일한) 그 찢긴 상처는 절대의 **관계**를 정의하고, 절대를 자기의 고유한 존재와의 관계**에** 놓아둔다. 그것은 그 존재를 존재자들의 절대적 전체성에 내재적으로 만드는 대신 그렇게 한다. 그에 따라 바로 **존재** '자체'가 관계로, 비-절대성으로, 말하자면 ─ 어쨌든 내가 말하고자 하는바 ─ **공동체로** 정의된다.

탈자태는 절대의 절대성의 불가능성에, 모든 완성된 내재성의 '절대적' 불가능성에 응답한다 ─ 그것이 진정 하나의 '응답'이라면 그렇다. 바타유 이전 그리고 그와 동시대의 철학적 역사를 조금만 따라가서 셸링Schelling과 하이데거로 연결되는 종교적 계기를 통해 탈자태를 이해해 본다면, 탈자태는 어떠한 유출도, 더욱이 계시에 따르는 어떠한 열광도 의미하지 않는다. 분명히 그것은 절대적 내재성의 (또는 절대의, 따라서 내재성의), 결과적으로 정확한 의미에서, 개인성의, 마찬가지로 순수한 집단적 전체성의 불가능성을, 그 인식형이상학적이고 존재론적인 불가능성을 의미한다. 개인이라는 주제와 공산주의라는 주제는 내재성이라는 일반적 문제에서, 그리고 그 문제와 밀접하게 묶여 있다.[5] 그것들은 탈자태에 대한 거부라는 점에서 서로 묶여 있다. 우리에게 공동체에 대한 물음은 이제부터 탈자태에 대한 물음과 분리될 수 없다. 이를 우리가 이해하기 시작한다면, 그 물음은,

존재자들의 전체성과 다른 것으로 여겨지는 존재에 대한 물음과 분리될 수 없다.

공동체, 또는 존재 자체의 탈자적-존재? 바로 그것이 문제다.

*

(나는 하나의 조건에 대해 말하고자 하는데, 이후에 그에 대해 다시 언급할 것이다. 개인이라는 주제 배후에서, 그리나 그 너머에서 단수성單數性singularité이라는 물음이 제기되어야만 할 것이다. **하나의 신체, 하나의 얼굴, 하나의 목소리, 하나의 죽음, 하나의 글쓰기** — 그것들은 불가분의 것들이 아니고 단수적인 것들이다 — 란 무엇인가? 그것들의 단수적 필연성이란, 신체들·목소리들·글쓰기들 일반을 전체적으로 갈라 구별하고 서로 소통하게 하는 분유分有partage에서 그 단수적 필연성이란 어떤 것인가? 요컨대 이러한 물음은 절대에 대한 물음의 정확한 이면裏面을 구성한다. 그 점에서 그 물음은 공동체에 대한 물음을 구성하며 거기에서 이후에 다시 고려되어야만 한다. 하지만 단수성은 개

---

5 이를 '개인'과 '내재적 삶'의 개념적 상호성에 초점이 맞추어진 미셸 앙리Michel Henry의 맑스 독해가 증거하고 있다. 그와 관련해서, "원칙적으로 개인은 변증법의 힘을 벗어난다"(*Marx*, II, Paris, Gallimard, 1976, p. 46). 그러므로 모든 나의 주제는 다음과 같은 일반적 단서 아래에서 전개되고 있다. 변증법에서(즉 전체성으로의 매개에서) 벗어나는 두 가지 방법이 있는데, 하나는 내재성 가운데에서 거기로부터 빠져나가는 것이고, 다른 하나는 변증법이 (바타유가 말하듯) '쓸모없게' 되기까지 그 부정성을 밀고 나가는 것이다. 후자의 경우, 부정성이 갖는 내재성은 존재하지 않는다. 지知뿐만 아니라 역사와 공동체의 **탈자태**가 '존재한다'.

인성의 본성도, 개인성의 구조도 결코 갖지 않는다. 단수성은 동일화될 수 있거나 동일한 동일성들의, 원자들의 질서 내에서 발생하지 않으며, 동일화될 수 없는 **편위**의 영역에서 발생한다. 그것은 탈자태와 관계가 있다. 요컨대 우리는 단수적 존재가 탈자태의 주체라고 정확하게 말할 수 없다. 왜냐하면 탈자태는 '주체'를 갖지 않기 때문이다. 우리는 탈자태(공동체)가 단수적 존재에 도래할 뿐이라고 말해야 한다.)

*

탈자태에 무관심한 내재성의 사유 한가운데에서 개인과 공산주의가 밀접하게 묶여 있다는 사실은, 그렇다고 양자가 단순히 대칭적이라는 것을 말하지 않는다. 예를 들어, 필연적인 집단적 규제 너머에서, 초과의 노동이 더 이상 착취의 **노동**이 아니라 예술과 창조가 되고, 자유가 군림하는 영역을 맑스로 하여금 멈추지 않고 가리키게 만든 풍요롭고 충만한 공산주의가 있다. 그 공산주의는, 개인이 그 자신으로서는 결국 회피할 수밖에 없게 되는 게임과 최고주권souveraineté의 극단, 나아가 탈자태의 극단과 통한다. 그러나 그러한 소통은 너무나 자주 공산주의 자체 내에서 멀리 있는, 은밀하고 무시된 것으로 (가령 구체적으로 말해 레닌Lénine · 스탈린Staline · 트로츠키Trotsky에게 무시된 것으로) 남아 있다. 그러나 소비에트 혁명 최초의 시기에 만들어진 포에지 · 회화 · 영화의 번쩍이는 광채 가운데, 또는 벤야민Benjamin이 스스로를 맑스주의자라고 말한 이유로서 받아들일 수 있었던 계기들 가운데, 또는 블랑쇼Blanchot가 '공산주의'라는 단어를 통해 가져오고자 했거나 (의미했다기보다는) 제안하고자 했던 것("공산주의: 이미 구성된 모든 공동체를 배제하는 것(그리고 그것들로부터 배제된 것)"[6]) 가운데 예외가 있다. 그러나 그러한 제안 자체도 결국 '현실' 공산주의에서뿐만 아니라, 잘 들여다보면 이 단수적 '공산주의자들'에게서도 무시되었다. 그들은 (적어도 지금까지는) '공산주의'라는 단어를 사용하면서 어디에서 그 단어의 은유(또는 과장법)가 시작되었고 끝났는가를, 특히 '공산주의'라는 말을 사용하는 데에 끊임없이 출몰하면서 떠나지 않은 것을 가리키기 위해 — 단어를 바꿔야만 한다고 전제한다면 — 어떤 비유가 적합했었고 어떤 비유들을 삭제하는 것이 옳았는지를 아마 한 번도 알 수 없었던 것 같다.

그들은 그 말을 사용하면서 예술·문학·사유 자체 — 탈자태의 또 다른 형상들 또는 또 다른 요구들 — 에 대한 사유에 접맥될 수 있었지만, 공동체에 대한 사유에 진정으로 분명하게 주제적으로(설령 여기서 '분명한'과 '주제적'이 매우 불분명한 범주에 지나지 않는다 하더라도……) 접맥될 수 없었다. 또는 그들에게 그러한 사유는 은밀한 것으로 남았거나 유예된 것으로 남았다.

공동체에 대한 윤리들·정치학들·철학들은(그러한 것들이 있었다면, 사실 그것들은 우애友愛fraternité를 떠드는 수다나 '상호주관성'을 조직하려는 노고에 지나지 않는다 하더라도 항상 있다) 자체의 길을 갔거나 그 자체 휴머니즘에 매몰되었지만, 그 단수적 목소리들이 공

---

6   M. Blanchot, "Le Communisme sans héritage", *Comité*, 1968, *Gramma* n° 3/4, 1976, p. 32.

동체에 대해 말했다고, 아마 오직 그것에 대해서만 말했다고 한순간도 짐작하지 못했고, '문학적' 또는 '미학적'이라 알려진 어떤 경험이 공동체의 시련 **가운데** 스며들어 와 있었고, 그 가운데 쇠진될 지경에 이르렀다는 것을 짐작하지 못했다. (또 다른 한 가지 예를 들어 본다면, 바르트[7]의 초기 저서들과 이후의 몇몇 저서들이 무엇을 말했는가를 우리는 충분히 기억하고 있는가?)

이후에 아마 스스로 잘 모르고 말했던 것을 전해 줄 수 없었던 같은 그 목소리들은, '문화혁명'의 깃발에 쓰인 요란한 선언들과 모든 종류의 '공산주의 글들' 또는 '프롤레타리아의 게시물들' 속에서 이용되고 있었다 —— 그리고 다시 잠겨 버렸다. 그 목소리들을 들으면서 사회의 전문가들은 근시적이라 하더라도 분명한 이유를 갖고, 때로는 **프롤레타리아문화혁명**_Proletkult_[8]이 파리 (혹은 베를린) 부르주아에게서 전개된 형태만을, 때로는 예나Iéna의 낭만주의자들이 200년 전에 처음으로 동기를 제공한 '예술가들의 공화국'의 무의식적 회귀만을 보았을 뿐이다. 어찌됐든 진리의 차원에서 어떤 단순하고 고전적이며 교조적인 도식이 문제되었던 것이다. 즉 정치적인 것에(공동체의 형태 또는 질서에) 부합하는 예술(또는 사유), 예술에 부합하는 정치가 관건이 되었던 것이다. 전제된 가정은, 여전히 공동체가 절대의 과제로 실현되거나 그 자체 과제로서 실현된다는 데에 있었다. 그렇

---

7 (옮긴이) 롤랑 바르트Roland Barthes를 가리킨다.
8 (옮긴이) '프롤레타리아문화혁명'은 10월 혁명 당시 러시아에서 거행됐던 프롤레타리아 고유의 제식祭式을 말한다.

기 때문에 그러한 '근대성'은 무엇을 장담했든 간에 그 원칙에서 하나의 휴머니즘으로 남았다.

공동체나 공산주의에서 문학적 경험[9]을 — 설령 순진함이나 오해 때문이라 할지라도 — 요구하도록 만드는 것에 대해 다시 검토해야 할 것이다. 그것이 어떤 의미에서는 여기서 제기된 유일한 물음이기도 하다. 그러나 그 물음을 제기하는 방식을 변형시켜야 하며, 너무나 안이하게 설정된 배열관계들(예를 들어 작가의 고독/집단성, 또는 문화/사회, 또는 엘리트/대중 — 이러한 배열들이 서로 반대되는 것들로 주어졌든, 또는 '문화혁명'의 정신 속에서 서로 일치하는 것들로 주어졌든)과 완전히 다른 공간에서 다시 문제 삼아야 한다. 이를 위해 먼저 공동체에 대한 물음을 문제 삼아야 하는데, 왜냐하면 그 물음에 따라 그 공간이 재배치되어야만 할 필연성이 대두되기 때문이다. 그 물음에 들어가기 전에, '공산주의'라는 말이 넓은 의미를 갖고 생명력이 긴 말이지만 실제로 불안을 가져오는 말이라는 사실로부터 아무것도 끌어내지 않으면서, 또 그 말이 향해 가는 극단에서 어떠한 것도 부정하지 않으면서, 그 말을 짓누르고 있는 모든 가설들과 그 말에 가해진 훼손(그것은 우연이 아니다)을 잊지 않으면서 다음과 같은 명

---

9 일단 '문학'을 바타유가 (스스로 『내적 경험L'Expérience intérieure』과 『죄인Le Coupable』을 비판하면서) 말했던 바에 부여한 의미로 이해해서는 특히 안 된다는 점을 염두에 두어야 할 것이다. 그는 이렇게 썼다. "경험을 통해 나는 독자들이 이 책들을 읽고 안이한 만족에 빠지게 된다는 것을 알아챘다. 대개의 경우 그것들은 도피하고 잠자기를 원하며 문학적 농간에 스스로 **만족하는** 흐릿하고 무력한 정신의 마음에 들 것이다"(VIII, 583). 바타유는 또한 문학으로 전회轉回한 사유의 무력함에 빠지는 것에 대해 말했다(같은 곳).

제를 제시해야만 한다. **공산주의**는 더 이상 우리의 넘어설 수 없는 지평이 아니다. 사실 공산주의는 더 이상 그렇지 않다 —— 그러나 우리는 어떠한 지평도 넘어서지 못했다. 마치 공산주의의 사라짐, 공산주의의 불가능성, 공산주의에 대한 유죄선고가 넘어설 수 없는 새로운 지평을 형성하고 있기라도 한 것처럼, 차라리 우리는 모든 것을 체념하고 있는 것이다. 그러나 그러한 전도順倒는 관례적인 것에 불과하고 결코 아무것도 변화시킬 수 없다. 바로 **지평들** 그 자체에 책임의 소지가 있어야 할 것이다. 우리가 보게 되겠지만, 공동체의 궁극적 한계 또는 공동체가 형성하는 자체 한계는 완전히 다른 선을 그린다. 바로 그렇기 때문에, 공산주의가 더 이상 우리의 넘어설 수 없는 지평이 아니다라는 명제를 제시하면서, 어떤 공산주의에 대한 요구는 우리로 하여금 모든 지평보다 더 멀리 나아가게 만드는 몸짓으로 이어진다는 명제를 똑같이 강조해서 제시해야만 한다.

*

　문제가 되는 것을 이해하기 위한 첫 번째 과제는 우리들 **뒤에** 놓여 있는 지평을 드러나게 하는 데에 있다. 다시 말해 그것은 근대를 탄생시킨 시련이라고 여겨질 수 있는 공동체의 붕괴에 대해 살펴보는 데에 있다. 루소Rousseau는 공동체의 붕괴에 대해 의식하고 있었다. 루소에 의하면, **사회**는 공동체적(또는 소통의) 내밀성이 상실되거나 변질된 것으로 경험되거나 알려지며, 그에 따라 사회에 어쩔 수 없이 고독이 자리 잡게 되고, 동시에 욕망과 계획에 따라 최고주권의 자유공동체를 구성하려는 시민들이 생겨나게 된다. 루소 이전의 정치 이론가들은 새로운 국가의 성립을, 때로는 사회의 통제 체제를 생각한 반면, 그들을 많이 참조한 루소는 아마도 공동체에 대해 최초로 사유한 사상가일 것이다. 또는 보다 정확히, 그는 공동체로 향해 가려는 불안과 공동체의 (복구할 수 없는) 파괴에 대한 의식이 사회에서 문제가 된다는 것을 체험한 최초의 사상가이다. 이후에 공동체가 파괴되었다는 의식은 낭만주의자들과 『정신현상학』의 헤겔로 이어진다. 헤겔에 의하면, 절대지가 역사와 모든 형상들을 끌어올려 인수하기 이전에 정신은 최후로 (종교의 분열과 같은) 공동체의 분열이라는 형상을 갖는다. 우리에게 이르러서까지도 역사는 상실된 — 그러나 되찾아야 하고 다시 구성해야 하는 — 공동체라는 전제 위에서 사유되어 왔을 것이다.

공동체가 상실되었거나 그 맥이 끊겼다는 사실이 모든 과정에서, 모든 예 — 자연 가족, 도시국가 아테네, 로마공화국, 초기 기독교 공동체, 조합들, 자치구들 또는 우애 — 에서 확증된다. 또한 공동체가 긴밀하고 조화로우며 파괴할 수 없는 관계로 조직되었고, 기관들·의식儀式들·상징들을 통해 특히 자신에게 자신의 표상을 부여하고 나아가 고유의 단일성과 내밀성과 내재적 자율성이라는 살아 있는 봉헌을 스스로에게 바쳤던 상실된 시대가 항상 문제로 대두된다. (권력들과 욕구들이 단순하게 결합되고 분배되는) 사회와 구별되고, 마찬가지로 똑같이 (민중들을 자신의 영광을 위해 무력武力에 굴복시키는) 지배 체제와 대립되는 공동체는 단순히 그 구성원들 사이의 내밀한 소통을 가리킬 뿐만 아니라 또한 자기 고유의 본질과의 유기적 연합을 가리킨다. 공동체는 단순하게 직무와 재산이 균등하게 분배되고 권력과 권한이 바람직한 균형 상태를 유지함으로써 구성되지 않으며, 또한 공동체의 살아 있는 몸과의 동일화라는 보충의 매개를 통해 정체성을 획득하는 복수의 각각의 구성원들에게서 무엇보다 먼저 어떤 동일성이 확산되거나 삼투되고 분유됨으로써 이루어진다. 공화국의 모토 가운데 바로 우애友愛*fraternité*가 공동체를, 즉 가족과 사랑의 모델을 제시한다.

　그러나 바로 여기서 공동체의 상실과 그 정체성에 대한 의식이 회고적인 것이 아닌가(그 의식이 실제로 회고적인 것이든지, 아니면 과거의 현실을 염두에 두지 않고 어떤 이상과 미래의 전망을 위해 과거의 이미지를 축조해 냈든지)라는 의혹을 품고 생각해 보아야만 한다. 그래야만 하는데, 왜냐하면 먼저 그 의식이 서양의 시작에서부터 서양을 이끌어 온 것처럼 보이기 때문이다. 말하자면 역사의 각 순간에 서양은 사라져 버린 더 오래된 어떤 공동체에 대한 향수에, 친밀성과 우애와 주흥酒興을 잃어버렸다는 슬픔에 내맡겨져 있었다. 우리 역사의 시작, 그것은 율리시스의 출정이고, 그의 적들이 그의 궁전에 경쟁 관계와 불화와 음모들을 자리 잡게 했다는 데에 있다. 내밀성의 조직을 결코 완성시키지 못하지만 재구성하려는 페넬로페 주위에서, 그녀에게 구혼하는 자들은 사회적이고 정치적인 전쟁 무대 ─ 완전한 외재성 ─ 를 설치한다.

　그러나 공동체의 상실에 대한 확실한 의식은 기독교적인 것이다. 루소 · 슐레겔Schlegel · 헤겔, 이어서 바쿠닌Bakounine · 맑스 · 바그너Wagner 또는 말라르메Mallarmé가 동요되어 그리워하거나 원하던 공동체는 연합이라고 여겨지며, 여기서 연합이란 그 원리와 목적에 따라 그리스도의 신비한 몸 한가운데에서 이루어지는 것이다. 공동체는 서양의 가장 오래된 신화인 동시에 인간이 신성한 삶을 분유한다는 완전히 근대적 사유 안으로, 즉 인간이 순수한 내재성 안으로 침투한다는 사유 안으로 들어올 것이다. (기독교는 서로 모순되는 두 심급만을 갖고 있었다. 하나의 심급은 서양에서 신성한 것을 끊임없이 심연으로 소멸시켰던 **부조리한 신***deus absconditus*이고, 다른 하나는, 인간성의, 이어서 역사의 친밀한 내재성을 구원을 가져오는 내재성인 것처럼 보증하는 창조된 신-인간, **공동의 신***deus communis*, 즉 인간의 형제이다.)

따라서 공동체에 대한 사유나 욕망은 근대적 경험에 나타난 가혹한 현실에 응답하기 위해 뒤늦게 창조된 것일 뿐이다. 신성神性은 내재성으로부터 무한히 물러나 있었고, 신-형제는 요컨대 **그 자신이 부조리한 신**이었으며(이를 횔덜린은 알고 있었다), 공동체의 신성한 본질 ── 또는 신성한 본질의 실존으로서의 공동체 ── 은 불가능한 것 그 자체였던 것이다. 이를 우리는 신의 죽음이라고 부를 수 있었다. 그러나 이 표현은, 인간과 신을 공동의 내재성 위에 복원시켜야 한다는 부활의 필연성은 아닐지라도 그렇게 할 수 있다는 부활의 가능성을 나타내고 있기에 무거운 것으로 남는다. (그 가능성을 헤겔뿐만 아니라 니체Nietzsche도 적어도 부분적으로는 증거한다.) 그러나 '신성한 것'은 (만일 '존재한다'면) 내재성으로부터 빠져나오거나 물러나 ── 그것 내에서, 말하자면 그것으로부터 물러나 ── 있어야만 신성한 것 그 자체이다. '신의 죽음'에 대한 담론은 그와 같은 사실을 부인하기 위한 하나의 방편이다. 더욱이 그 사실은, '신성한 것'이 있기에 그것의 부분이 내재성으로부터 빠져나와 있는 것이 아니라 반대로 내재성 자체가 여기저기서(그러나 여기저기라는 그 장소는 지정될 수 있는가? 차라리 그것은 지정하고 공간을 내는 것이 아닌가?) 내재성으로부터 빠져나올 수 있는 한에서 '신성한 것'과 같은 어떤 것이 있을 수 있다는 의미에서, 분명한 것이다. (결론적으로 아마 신성한 것이라는 말을 더 이상 쓰지 말아야 할 것이다. 아마 공동체·죽음·사랑·자유·단수성이 신성한 것을 대체한다는 —— 그것을 지양하지도 되살리지 않는다는 —— 점에서뿐만 아니라, 그 대체는 결코 신인동형적이지도 인간 중심적이지도 않고 '신성한 것'을 결코 인간화시키지도 않는다는 점에서, 그것들은 '신성한 것'의 이름들이다. 그에 따라 공동체는 인간적인 것뿐만 아니라 신성한 것의 한계를 설정하게 될 것이다. 신Dieu 또는 신들dieux과 함께 공동체에서 결정적으로 철회되었던 것은 바로 연합 —— 실체와 행위, 내재적인 실체의 전달행위 —— 이다.[10])

따라서 공동체의 상실에 대한 근대의 기독교적·휴머니즘적 의식은, 사실상, 기본적으로 은밀한 내재성의 경험인 자신의 가능한 경험의 경계들을 넘어서는 이성이 만들어 낸 선험적 환상이 될 수 있는 모든 여지를 갖고 있다. **공동체는 자리 잡았던 적이 없었다.** 차라리, 인간성이 우리가 알고 있는 사회적 관계들과는 완전히 다른 사회적 관계들을 알고 있었다는(또는 산업세계 바깥에서 여전히 알고 있

---

10 J.-L. Nancy, "Des lieux divins", *Qu'est-ce que Dieu?*, Bruxelles, Facultés Saint-Louis, 1985 참조.

는) 것이 분명한 사실이라면, 공동체는 그러한 다른 사회성에 투영되어서 자리 잡았던 적이 없었다. 공동체는 귀아야키Guayaqui 인디언들에게도 있었던 적이 없었고, 오두막집에 살던 시대에도 없었으며, 헤겔의 '민족의 정신' 속에도, 기독교적 **아가페**에도 있었던 적이 없었다. **게젤샤프트**_Gesellschaft_는 국가·산업·자본과 함께 이전의 **게마인샤프트**_Gemeinschaft_를 붕괴시키면서 생겨났던 것이 아니다. 인류학적 해석의 모든 변화와 기원 또는 '과거'의 신기루에 눈길을 주지 않으면서 이렇게 말하는 것이 의심할 바 없이 보다 정확할 것이다. **게젤샤프트** ──'사회', 힘들·욕구들과 기호들에 따라 분리되는 결합체 ──가 우리에게 이름도 개념도 없는 어떤 것의 자리를 차지했다. 그것이 사회적 관계 내의 소통보다 더 폭넓은 소통(신들·우주·죽은 자들과 모르는 자들과의 소통)으로부터, **그리고** 그 사회적 관계 내의 공동체적인 최소한의 것에서 예상할 수 있는 것보다 더 가혹한 효과들(고독·좌절·경고·유리)을 가져왔던 더 확실하고 더 산재해 있는 분열로부터 동시에 발생했던 어떤 것의 자리를 차지했다. **사회는 공동체**의 잔해 위에 세워졌던 것이 아니다. 그것은 우리가 '사회'라고 부르는 것만큼이나 '공동체'라고 부르는 것과 아마 더 이상 관계없었던 것 ── 부족들 또는 제국들 ──의 사라짐 또는 존속 가운데 세워졌다. 그렇기에 공동체는 사회와 단절되었거나 사회가 잃어버렸던 것이기는커녕 **사회를 근거로 해서 우리에게 도래하는 것** ── 물음·기다림·사건·명령 ──이다.

따라서 어떠한 것도 상실되었던 적이 없으며, 그렇기에 어떠한 것도 상실되어 있지 않다. 오직 우리 자신만을, 우리의 창조물인 '사회적 관계'(관계들, 소통)가 경제적·기술적·정치적·문화적 올가미 그물처럼 무겁게 내리누르고 있는 우리만을 상실한 것이다. 그 그물코에 걸려 꼼짝할 수 없게 된 우리는 상실된 공동체라는 환상을 날조해 냈던 것이다.

*

　공동체에서 '상실된' 것 — 연합의 내재성과 내밀성 — 은, 오직 그러한 '상실'을 통해서 '공동체' 자체가 구성된다는 의미에서만 상실된 것이다.

　그것은 상실이 아니다. 반대로 내재성이란 만일 생겨나게 된다면 공동체를, 나아가 모든 소통 그 자체를 즉각 억압하는 그것이다. 죽음은 그 사실의 예일 뿐만 아니라 그 사실의 진리이다. 죽음에서, 우리가 적어도 죽음 가운데에서 내재성을 가져오는 죽음(자연으로의 회귀인 부패, '모든 것이 흙으로 돌아가며 순환의 게임에 들어간다' — 또는 같은 그 순환의 게임을 천국에서 벌어질 수 있는 것으로 해석하는 것)을 존중하거나, 죽음이 언제나 환원 불가능하게 **단수적**이라는 사실을 망각한다면, 공동체 또는 소통은 더 이상 있을 수 없다. 다만 원자들의 지속되는 동일성만이 있을 뿐이다.

　그렇기 때문에 어떤 절대적 내재성의 의지에 좌우되는 정치적이거나 집단적 기획에서 진리는 죽음의 진리이다. 내재성에, 연합적 융합에 감춰져 있는 논리는, 그 진리를 따르고 있는 공동체를 자멸에 이르게 하는 논리와 다른 것이 아니다. 그래서 나치 독일의 논리는 타자를, 피와 땅의 연합 밖에 있었던 열등 인간을 전멸시키자는 논리일 뿐만 아니라, 또한 잠재적으로는 '아리안족' 공동체에서 **순수한** 내재성의 기준들을 충족시키지 못하는 자들을 희생시켜야 한다는 논리였던 것이다. 그에 따라 — 분명 그러한 기준들은 철회될 수 없었기에 — 그 논리를 그럴듯하게 확대 적용한 결과는 독일 민족 자체의 자멸로 나타났을 것이다. 게다가 그 민족의 정신적 현실의 몇몇 측면을 두고 본다면 실제로 그랬다고 말해도 틀리지 않는다.

연인들이 동반자살하거나 같이 죽음을 맞이한다는 것은, 내재성 가운데에서의 연합이라는 논리에 근거한 신화적 · 문학적 형상들 중 하나이다. 이 형상 앞에서 우리는 연합이나 사랑에서 누가 죽음에 처해 타자의 모델이 되는가를 알 수 없다. 사실상 내재성에 기초한 두 연인의 죽음은, 기독교적 연합에 근거한 정열적 사랑과 사랑의 원리에 기초한 공동체라는 두 요청 사이의 무한한 상호성을 완성시킨다. 이를 이제 헤겔적 국가도 증거한다. 물론 그 국가는 사랑의 양태 위에 세워져 있지 않지만 — 왜냐하면 그것은 "객관적 정신"이라 불리는 영역에 속하기 때문이다 — 그 **원리**는 여전히 사랑의 현실성에, 즉 "어떤 타자를 통해 자신이 존속할 수 있는 계기를 갖는다"는 사실에 있다. 그 국가에서 각자는 국가 자체인 타자를 통해서만 자신의 진리를 소유하게 되며, 그 국가의 현실성은 구성원들이 국가-주체의 실질적 자기 현전인 군주만이 홀로 자유롭게 시작하기로 결정할 수 있을 전쟁에서 목숨을 바칠 때 가장 잘 나타난다.[11]

의심의 여지 없이 공동체를 위해 — 따라서 공동체에 의해 — 제물을 바친다는 것은, 충만한 의의를 가질 수 있었고 가질 수 있다.

그 '의의'가 분명 어떤 공동체의 의의이고, 그 공동체가 죽음의 공동체(적어도 제1차 세계대전 이후에 알려지고, 동시에 우리가 '조국을 위해 죽으라는 것을 거부'하면서 반대를 표명하고 있는 공동체)가 아니라는 조건하에서 그렇다. 한편 그 자신이나 신, 자연과 동등하고 스스로 고유의 과제[작품]가 되어 버린 인간의, 그 인간적 내재성의 공동체는 그러한 죽음의 — 또는 죽은 자들의 — 공동체이다. 개인주의적이거나 공산주의적 휴머니즘에서 완성된 인간은 죽은 인간이다. 다시 말해 거기에서 죽음은 유한성의 통제할 수 없는 초과가 아니라 내재적 삶의 무한한 완성이다. 즉 그것은 내재성에 맡겨진 죽음 자체이며, 그것은 기독교 문명이 죽음에 고유한 초월성을 완전히 없애 버리면서 최고의 과제[작품]로 제시한 바로 죽음의 소멸이다. 라이프니츠Leibniz 이후로 우리의 우주에 죽음은 더 이상 없다. 의의(가치들·목적들·역사……)가 절대적으로 유포되면서 어떻게든 모든 유한한 부정성은 극도에 이르렀거나 소멸되었고, 각각의 단수적이고 유한한 운명으로부터 인간성 또는 무한한 초인간성의 잉여가치가 창출된다. 그러나 이는 정확하게 무한한 삶 가운데에서의 각각의 그리고 모두의 죽음을 가정하고 있다.

여러 세대의 시민들·투사들·노동자들·국가공무원들은, 내재성을 확보한 어떤 공동체가 도래함으로써 자신들의 죽음이 소멸되거나 지양될 것이라고 상상했다. 그 이후로, 그러한 공동체가 민중이

---

11 J.-L. Nancy, "La juridiction du monarque hégélien", *Rejouer le politique*, Paris, Galilée, 1981 참조.

든, 민족이든 또는 생산자들의 사회든, 그것이 점점 더 멀어져만 간다는 비통한 의식만을 우리는 갖게 된다. 그러나 그러한 의식은 공동체를 '상실'했다는 의식과 마찬가지로 피상적인 것이다. 진실로 죽음은 지양되지 않는다. 미래에 도래할 연합의 가능성이 점점 더 희박해진 것이 아니며, 그 연합은 지연되지도 않는다. 그 연합은 한 번도 도래해야 할 것인 적이 없다. 그것은 갑자기 다가오는 것일 수도 없고, 미래를 형성할 수도 없다. 미래를 형성하는 것, 결과적으로 진정 갑자기 다가오는 것, 그것은 언제나 단수적 죽음이다 —— 이는 공동체에서는 단수적 죽음이 갑자기 다가오지 않는다는 것을 의미하지 않는다. 그 반대일 것이며, 나는 그 점에 대해 말할 것이다. 하지만 연합은 죽음 이후의 미래에 이루어지지도 않으며, 마찬가지로 공동체에서 죽음은 영구적인 단순한 과거의 것이 아니다.

　물론 무수한 죽음이 죽은 자들의 반항으로 인해 **정당화**된다. 무수한 죽음이 참을 수 없는 것에 대한 응대로 여겨져서, 사회적·정치적·기술적·군사적·종교적 억압에 반대하는 반란으로 여겨져서 정당화된다. 그러나 그 죽음들은 **지양되지** 않는다. 그 죽음들은 어떠한 변증법에 의해서도, 어떠한 구원에 의해서도 죽음의(내재성의 패러디나 이면만을 형성할 뿐인 정지靜止와 부패의) 내재성과 다른 내재성에 이르지 못한다. 한편 근대는 역사에서의 구원이나 변증법적 지양의 형태로만 죽음을 정당화하고자 했다. 근대는 불사의 연합 —— 거기에서 죽음은 그 자체가 가져야만 할, 또한 끝까지 굳건히 가지고 있는 기이한 의의를 상실한다 —— 을 위해 인간의 시간과 인간의 공동체의 시간을 악착스럽게 **묶어 고정시켜 놓았다.**

죽음이 갖는 의의 바깥의 이 의의, 그것을 우리는 공동체에서보다는 차라리 다른 곳에서 찾지 않을 수 없고 찾아야만 하기에 이르렀다. 그러나 그러한 기획은 부조리한 것이다(그것은 개인에 근거한 사유의 부조리성이다). 죽음은 공동체와 분리될 수 없는데, 왜냐하면 공동체가 스스로를 드러내는 것은 죽음을 통해서이기 때문이다 ─ 그 역도 마찬가지이다. 공동체가 죽음을 통해서 드러나고 죽음이 공동체를 통해서 드러난다는 것, 이 죽음과 공동체의 상호 드러남이라는 모티프가 인류학에서 자라 나온 사유뿐만 아니라 프로이트Freud의 사유와 하이데거의 사유 또한 동시에 바타유의 사유에서 ─ 즉 제1차 세계대전으로부터 제2차 세계대전에 이르는 시기에 ─ 중요한 자리를 차지했다는 사실은 우연이 아니다.

더불어-있음être-ensemble 또는 함께-있음être-avec이 죽음을 통해 드러난다는 모티프가, 공동체가 그 구성원들의 죽음을 거치면서 ─ 즉 그들이 어떤 집단적 실체 속으로 서로 융합되어 상승하는 것을 거쳐서가 아니라, 그들이 **내재성을 상실하는 것(내재성의 불가능성)을 거쳐서** ─ 구체화된다는 모티프가, 철학이 무엇을 했든 사로잡혀 있었던 (**타아**alter ego에 대한 후설의 문제까지 포함해서) 사회성과 상호주관성의 모든 문제와 같은 잣대로 가늠할 수 없는 사유의 공간 안으로 들어온다. 죽음은 주체의 형이상학의 모든 원천적 힘들을 돌이킬 수 없이 초과한다. 그 형이상학의 환상은, 데카르트가 감히 (좀처럼) 가지려 하지 못했지만 기독교 신학이 이미 제시했던 환상은, 빌리에의 발데마르 씨와 같이 "나는······ 죽었다" ─ ego sum······ mortuus ─ 라고 말하는 죽은 자의 환상이다.[12] 만일 **내**가 죽었다라고 스스로 말할 수 없다면, 내가 자신의 죽음 속에서, 자신에게 분명 가장 고유하고 가장 소외될 수 없는 것인 죽음 속에서 사라진다면, 그 이유는 나는 주체와 다른 것이기 때문이다. "죽음을-위한(또는, 죽음으로 향한)-존재"에 대한 하이데거의 모든 성찰은 나는 주체가 아니다*Je n'est — ne suis — pas un sujet*라고 선포하는 것 외에 다른 의미를 갖고 있지 않다. (공동체 그 자체가 문제가 되었을 때, 같은 하이데거가 민족과 적어도 부분적으로 주체로 여겨진 역운의 전망 속에서 잘못된 길로 가기는 했지만 말이다.[13] 이는 현존재*Dasein*의 "죽음으로-향한-존재"가 함께-있음 속으로 —— 공동존재*Mitsein* 속으로 —— 급진적으로 연루되지 않았다는 사실을, 그리고 바로 그러한 연루가 우리에게 사유해야만 할 것으로 남아 있다는 사실을 증명한다.)

어떤 공동체로 즉시 통하고 열리는 자는 주체가 아니다. 그 공동체에 대한 사유가 또한 주체의 형이상학의 모든 힘을 초과한다. 공동체는 주체들 사이에 어떤 보다 상위의 삶, 불사 또는 죽음 너머의 삶의 끈을 엮지 않는다. (마찬가지로 그것은 피의 동일 실체나 생존을 위한 결합과 같은 하위의 끈들도 엮지 않는다.) 그러나 공동체는 우리가 아마도 그 '구성원들'이라고 잘못 부르고 있는 자들의 죽음(거기

---

12 (옮긴이) 발데마르는 에드거 앨런 포Edgar Allan Poe의 단편 「M. 발데마르 사건의 진실」의 주인공이다. 이 작품에서 화자는 만성 폐결핵에 걸려 죽음을 앞두고 있는 발데마르에게 최면을 걸어 인위적으로 수명을 연장시키는데, 죽음이 예고된 시간에 최면에 들어간 발데마르는 숨이 멎지 않은 가사 상태에서 자신이 죽어 가고 있는 사실을 의식하면서, 그 사실을 화자에게 "나는 죽어 가고 있다", "이제까지는 잠을 자고 있었는데 이제는 죽었다"라고 말해 준다.

13 Ph. Lacoue-Labartre, "La tanscendance finit dans la politique", *Rejouer le politique* 그리고 G. Granel, "Pourquoi avoir pubilé cela?", *De l'université*, Toulouse, T.E.R., 1982 참조.

에서 어떤 유기체가 문제되지 않는다)에 의해 ── 거기서 어떤 '구성'
이 문제되는 한에서 ── 구성적으로 질서 지어져 있다. 그러나 공동
체는 자신의 과제[작품]로 여겨지는 죽음에 의해 질서 지어져 있지
는 않다. 공동체는 어떤 이루어야 할 과제가 아니며, 마찬가지로 죽음
을 과제[작품]로 삼지도 않는다. 공동체에 질서를 가져오는 죽음은
죽은 존재로부터 연합의 내밀성으로 건너가는 과정을 **실현**하지 않으
며, 공동체는 자신의 입장에서는 거기에서 죽은 자들을 어떤 실체나
어떤 종류든 주체 ── 조국, 태어난 땅이나 피, 민족, 해방된 또는 완성
된 인간성, 절대적 팔랑스테르Phalanstère,[14] 가족 또는 신성한 몸corps
mystique[15] ── 로 변형시키는 과정을 실현시키지 않는다. 공동체는 정
확하게 **과제**(또는, 우리가 죽음을 과제[작품]로 만들기를 원한다면, 죽
음이라는 과제[작품])**로 실행**하기가 불가능한 것에 의해 질서 지어져
있는 것처럼 죽음에 의해 질서 지어져 있다. 그것은, 그 공동체는 그
불가능성을 받아들이기 위해 거기에 있다. 또는 보다 정확히 ── 왜냐
하면 여기에는 어떠한 기능도 목적도 없기 때문에 ── 죽음이라는 과
제[작품]를 실현하는 것의 불가능성이 '공동체'로서 기입되고 받아들
여진다.

공동체는 타인의 죽음에서 드러난다. 따라서 공동체는 언제나
타인에게 드러난다. 그것은 '**자아들**' ── 결국 불사不死의 주체들과 실
체들 ── 의 공간이 아니라 언제나 **타인들**인(또는 아무것도 아닌) **나들**

---

14 (옮긴이) 샤를 푸리에Charles Fourier(1772~1837)가 주창한 공동생활 단체.
15 (옮긴이) 원래는 예수의 몸을 가리킨다.

의 공간이다. 공동체가 타인의 죽음에서 드러난다면, 그 이유는 죽음 그 자체가 **자아들**이 아닌 **나들**의 진정한 공동체를 이루기 때문이다. 그 공동체는 **자아들**을 대大**자아**Moi나 상위의 **우리** 안으로 융합시키는 연합이 아니다. 그것은 **타인들**의 공동체이다. 죽을 수밖에 없는 존재들의 진정한 공동체, 또는 공동체를 가져오는 죽음, 그것은 그들의 불가능한 연합을 입증한다. 따라서 공동체는 단수적 자리를 차지한다. 즉 공동체는 그 고유의 내재성의 불가능성을, 주체로서의 공동체적 존재의 불가능성을 받아들인다. 어쨌든 공동체는 공동체의 불가능성을 받아들이며 기입해 둔다 ─ 그렇게 공동체는 고유의 몸짓과 고유의 윤곽을 드러낸다. 공동체는 융합을 위한 계획의 대상이 아니며, 보다 일반적으로, 생산이나 실현을 위한 계획의 대상도 아니다 ─ 간단히 말해 어떠한 **계획**의 대상도 아니다(다시 그 사실에, 계획에 따라 이루어져야 할 집단성을, 또한 역으로 집단적인 계획을 헤겔로부터 하이데거까지 형상화했던 '민족의 신'에 대해 공동체가 설정하는 근본적인 차이가 있다 ─ 이는 우리가 한 '민족'의 단수성에 대해 생각해야 할 어떠한 것도 갖고 있지 않다는 것을 의미하지 않는다).

공동체는 그 구성원들에게 그들의 치명적인 진리를 현시現示한다. (불사의 존재들의 공동체는 없다고 말해도 과언이 아니다. 우리는 불사의 존재들의 사회나 연합을 상상할 수 있지만, 불사의 존재들의 공동체를 상상할 수는 없다.) 공동체는 유한한 존재를 출현시키는 유한성과 결정적 초과의 현시이다. 유한한 존재의 죽음, 그러나 또한 유한한 존재의 탄생, 오직 공동체만이 나에게 나의 탄생을 현시하고, 그와 더불어 내가 나의 탄생으로 다시 건너간다는 것의, 또한 나의 죽음을 넘어선다는 것의 불가능성을 현시한다.

"살아 있는 자가 그의 동류가 죽어 가는 것을 본다면, 그는 **자신 바깥에서 존속할 수 있을 뿐이다.**

(……)

그래서 우리 각자는 자신의 편협함에서 벗어나고, 동류들의 공동체에서 할 수 있는 한 스스로를 상실한다. 그렇기에 공동의 삶에서 **죽음이라는 높이**에 자신을 붙잡아 둘 필요가 있다. 셀 수 없이 널려져 있는 개인적 삶의 운명이란 하찮은 것이다. 그러나 공동체는 죽음의 강렬함의 높이에서만 유지될 수 있으며, 위험과 함께 나타나는 기묘한 장엄함을 망각할 때 공동체는 와해되고 만다. 공동체는 자신 위에 인간의 숙명이 안고 있는 '진정될 수 없는' 것, '진정되지 않는' 것을 떠맡아야 하고, 영광을 갈망하는 욕구를 붙들고 있어야 한다. 수천의 사람 가운데 한 인간이 하루 중 삶의 강렬함을 가질 수 있는 경우는 거의 무無에 가깝다. 수많은 사람이 마치 죽음이 존재하지 않는 것처럼 행동하며, 죽음 그 이하에서 어떠한 피해도 없이 자신을 유지하고 있다."

(VII, 245~246.)

*

바타유는 공동체의 근대적 운명에 대한 결정적 체험에 있어서 의심할 바 없이 가장 멀리 나아가 보았었던 사람이었다. 그럼에도 불구하고 우리는 그의 사유에(그것이 하찮은 것은 아니었을 때) 지나치게 적게 관심을 기울여 왔고, 우리는 그것이 어느 정도까지 정치적인 요구와 근심에서 ── 또는 공동체에 대한 사유가 환기시켰던 정치적인 것에 대한 요구와 근심에서 ── 나온 사유인가를 아직도 충분히 주목하지 못했다.[16]

바타유는 무엇보다 먼저 '변절한' 공산주의가 가져온 시련을 맛보았다. 이후에 그는 그 변절에서 교정해야만 할 것이나 되찾아야 할 것도 없었다는 사실을 깨달았고, 인간을 목적으로 설정하고 인간의 생산과 생산자로서의 인간의 생산을 의미하는 공산주의가 그 원리에서 인간의 최고주권을 부정하는 데에, 즉 인간에게 인간적인 내재성으로 환원 불가능한 것이 있다는 것 또는 유한성이 최고주권에 따라 초과에 이른다는 것을 부정하는 데에 연루되어 있다는 사실을 깨달았다.

"한 공산주의자에게 유용한 것 너머의 가치는 이해할 수 있는 것이고 불가피한 것이기조차 하지만, 인간에게 내재적인 것이거나 아니면 존재하지 않는 것이다. 인간(그리고 물론 이 세속에서 살아 있는 인간)을 초월하는 것, 또는, 같은 방법으로, 공동의 인간성(어떤 특권도 없는 인간성)을 넘어서는 것은 토론할 필요도 없이 받아들여질 수 없는

---

16 그 예외는 『콩코르드 점령 *La Prise de la Concorde*』(Paris, Gallimard, 1974)을 이미 쓰고, 특히 『사회학회 *Collège de sociologie*』(Paris, Gallimard, 1979)를 출간한 드니 올리에 Denis Hollier이다. 아주 최근에 프랑시스 마르망드 Francis Marmande는 자신의 박사학위논문 『정치적인 조르주 바타유 *Georges Bataille politique*』(Presses Universitaires de Lyon, 1985)에서 바타유의 정치적 주제들을 체계적으로 검토했다.

것이다. 최고주권적 가치는 인간에게 있다. 생산은 유일한 가치가 아니며, 인간의 필요에 부합하기 위한 수단에 지나지 않는다. 생산이 인간에게 봉사해야지, 인간이 생산에 봉사해서는 안 된다.

(……)

그럼에도 불구하고, 공산주의가 오직 생산에만 결부시켜 놓은 인간이, 진정으로 최고주권적인 모든 것을 자기 자신을 위해 포기한다는 첫 번째 조건에 의해서만, 그 최고주권적 가치를 받아들이지는 않았는가 알아봐야 할 일이 남아 있다. (……) 인간은 **열정 가운데에서, 불안정 가운데에서** 환원 불가능한 욕망이다. 인간 자체인 그러한 욕망에, 공산주의는 전적으로 생산에 순응할 수 있는 필요에 대한 욕망들을 대치시켰다." (VIII, 352~353.)

그 사이, 30년대, 바타유에게는, 볼셰비키 국가가 감추어 두었던 열광을 반란을 위해 다시 불러일으키려는 욕망의 혁명적 동요와, 파시즘(초과로 향해 있는 강렬한 어떤 공동체의 의의나 현실을 가리켜 보여 주는 것처럼 보였던 파시즘)에 대한 매혹이 서로 결합해서 공존하고 있었다. 그 파시즘에 대한 매혹과 관련해, 다른 사람들의 경우뿐만 아니라 바타유의 경우에도, 제멋대로 해석해서는 안 된다. 천박한 파시즘, 자본의 방책으로서의 파시즘은, 비열한 파시즘은 사회에 이미 자리 잡고 있었던 억압적 세력에 —— 비열하게, 천박하게 —— **마찬가지로** 응답하려고 시도했다. 즉 그것은 연합을 이루려는 강박관념이 그로테스크하거나 비천한 방식으로 돌출되어 드러난 것이었다. 그것은 소위 상실이라는 모티프와 융합의 이미지에서 비롯된 노스탤지어가 구체화된 것이었다. 그러한 점에서 볼 때, 파시즘은 기독교가 격동적으로 다시 나타난 것이었다. 결국 파시즘은 근대의 모든 기독교도를 매혹시켰다. 비판하는 자가 동시에 연합의 시스템을 해체할 수 없었다면, 그러한 매혹에 대한 어떠한 정치적·도덕적 비판도 효과적인 것이 될 수 없다.[17]

그러나 파시즘의 선동자들과 습성들의 저열함이 곧 바타유에게 경멸을 불러일으켰고, 게다가 그는 연합의 존재에 대한 노스탤지어가 동시에 죽음을 과제[작품]로 만들려는 욕망이라는 것을 체험하게 되었다. 우리가 아는 대로, 바타유는 한 인간의 희생이 무두인無頭人 Acéphale[18]이라는 은밀한 공동체의 운명에 봉인을 찍으리라는 강박관념에 사로잡혀 있었다. 그는, 이후에 스스로 쓴 대로,[19] 희생의 진리는 결국 제물을 바치는 자(희생시키는 자)의 자살을 요구한다는 것을 의심할 바 없이 이해했다. 제물을 바치는 자는 죽어 가면서 공동의 삶의 피 어린 비밀에 잠입한 희생당하는 자의 존재와 만날 수 있을 것이다. 따라서 바타유는, 본래 신성한 그러한 진리 — 죽음이라는 부활의 수행적 진리 — 가 유한한 존재들의 공동체가 갖는 진리가 아니며, 반대로 내재성의 무한으로 추락한다는 것을 이해했다. 그것은 공포스러운 것이 아니라 공포스러운 것 그 너머이며, 그것은 공동의 삶의 과

---

17 그러나 불행하게도 바로 가장 관례적인 정치적이거나 도덕적인 태도로 우리는 파시즘 자체에 대한, 또는 파시즘의 매혹과 마주해야 했던 자들에 대한 가장 거만한 — 또한 가장 쓸데없는 — 비판들을 수용한다.

18 (옮긴이) '무두인'은 바타유가 만들었던 공동체의 이름이자 잡지의 이름이다.

19 예를 들어, VII, 257.

제[작품]로 여겨지는, 죽음 가운데에서의 죽음이라는 과제[작품]에 들어 있는 전적인 부조리 — 말하자면 재난을 가져오는 유치함 — 이다. 또한 바로 그 부조리가 요컨대 **의의**를 초과에 이르게 했고, 다시 말해 바타유에게 공동체를 구성하려는 기획들을 포기하라고 명령했던 의의에의 의지를 완전하게 집결시켰던 것이다.

따라서 바타유는 연합에 대한 모든 종류의 노스탤지어에 들어 있는 우스꽝스러운 본성을 이해했다. 그는 오랫동안 — 그가 모든 시대와 함께 나누어 가졌던 공동체의 '상실'에 대한 격양된 의식 속에서 — 고대 사회와 그 신성한 규범들, 장엄한 무사 사회의 영광, 봉건제의 고귀함을 공동-내-존재être-en-commun에서 형성된 내밀성이 매혹적으로 드러났다가 사라져 간 형태라고 생각해 왔다.

그러한 일종의 열광적인 현대적 '루소주의rousseauisme'(어쨌든 그로부터 바타유가 한 번이라도 완전히 벗어났는지는 확실하지 않으며, 그 점에 대해 나는 다시 살펴볼 것이다)와 대립되는 두 가지 사실을 바타유는 제시해야만 했다. 한편으로는, 희생·영광·소비의 행위[20]가 죽음이라는 과제[작품]와 연관되는 데까지 나아가지 않는 한, 또한 그 행위가 단순한 가장假裝이 아니라는 것이 불가능했던 한, 그것은 가장된 행위로 남았다는 것이다. 그러나 다른 한편으로는, 그 가장을 통해서(즉 내재적 존재를 가장하는 것을 통해서), 여전히 죽음이라는 과제[작품]는, 초월성의 초과를 그대로 내재성 가운데 요구하고 현시하며

---

20 (옮긴이) 공동체 무두인에서 행해졌던 죽음의 모의 실험을 가리킨다.

(가장하며) 시행했던 사회적·정치적 시스템들이 결국 이르게 된 지배·억압·전멸·착취의 형태에서, 어쨌든 상대적으로 완성되었다는 것이다. 국가의 노예 상태와 성스러운 영광의 빛이 작열하는 상태를 혼용해서 보는 자는 다만 태양왕 루이 14세뿐만이 아니며, 사실 모든 왕은 지배와 강탈의 방법을 통해 최고주권을 드러내지만, 그것을 언제나 미리 왜곡시킨다.

> "진리는 우리가 우리 자신에게 결핍된 것 때문에 고통스러울 수 있다는 데에 있지만, 또한 진리는, 설사 우리가 역설적으로 그 결핍이 가져온 노스탤지어에 사로잡힌다 하더라도, 망상에 의해서만 과거의 왕의 종교적 건축물을 그리워할 수 있다는 데에 있다. 그 건축물에 들인 노력은 다만 거대한 실패로 돌아갔으며, 본질적인 것이 그 건축물이 무너진 세계에 결핍되어 있다는 것이 사실이라면, 우리는 한순간이나마 과거로 돌아갈 가능성을 상상하지 않아야만 더 멀리 나아갈 수 있을 뿐이다." (VIII, 275.)

어떤 상실된 공동체에 대한 노스탤지어가 공동체의 역사의 "거대한 실패"에 대한 의식으로 전환되었다는 것, 그것은 바타유에게 '내적 경험expérience intérieure'으로 이어지며, 내적 경험의 내용, 진리 또는 궁극적 교훈은 이렇게 표명된다. "최고주권은 **아무것도 아니다**." 다시 말해 최고주권은 현전하지 않고 전유專有되지(가장되지) 않으며 **소여**되지조차 않는 ── 그러나 존재가 차라리 자신을 내맡기게 되는 ── 초과(초월)를 향한 최고주권적 외존外存exposition이다. 최고주권이 노출되고 우리를 노출시키는 초과는, 하이데거가 말하는 존재가 '**존재하지 않는다**'는 의미와 아마 가까운 의미에서, 즉 유한한 존재자의 존재는 그 존재자를 존재하게 하기보다는 그러한 외-존(노출ex-position)에 내맡기는 것이라는 의미에서 **존재하지** 않는다. 유한한 존재자의 존재는 그 존재자를 존재의 끝을 향해 외존시킨다.

따라서 최고주권의 아무것도 아닌 것을 향한 외존은 무의 한계에 도달할 주체의 움직임(그것은 요컨대 **대자적으로** 존재하지 않는 모든 것이 가리키는 무를 **즉자적으로** 무한정적으로 집어삼키는 주체의 영구적 움직임 ― 결국 그것은 진리가 진리 자신을 먹는 것이다 ― 을 구성한다)과 반대되는 것이다. "**아무것도 아닌 것**" '가운데' 또는 아무것도 아닌 가운데 ― 최고주권 가운데 ― 존재는 '**자기-밖에**' 있다. 존재는 따라잡기 불가능한 외재성 가운데 있다. 또는 존재는 이 외재성에 **속해** 있다고, **스스로** 관계할 수 없지만 척도 없는 본질적인 관계를 맺고 있는 바깥에 속해 있다고 아마 말해야 할 것이다. 그 관계에 따라 단수적 존재être singulier는 자신의 자리를 배정받게 된다. 그렇기 때문에 바타유가 말하는 "내적 경험"은 어떠한 '내적인' 것도, 어떠한 '주관적인' 것도 갖고 있지 않으며, 오히려 척도 없는 바깥과의 관계에 대한 경험과 분리될 수 없다. 그 관계에 오직 공동체만이 공간을 내주거나 자신의 리듬을 부여한다.

그러한 의미에서 바타유는 의심의 여지 없이 최초로 또는 가장 격렬한 방법으로 공동체에 대한 현대적 경험에 이르렀던 사람이다. 그것은 만들어야 할 과제[작품]도 아니고, 파기된 연합도 아니며, 공간 자체, 그리고 바깥의, 자기-밖의 경험의 공간화이다. 그 경험에서 결정적으로 중요한 점은 모든 노스탤지어를, 즉 모든 연합의 형이상학을 배면에서 공격하기를 바라는 요구, 분리에 대한 '명석한 의식'의 요구이다. 다시 말해 내재성이나 내밀성을 다시 **되찾을 수 없다는** 사실과 결국 그것은 다시 되찾아야 할 것**이 아니라는** 사실에 대한 '명석한 의식'(그것은 사실상 헤겔적 **자기의식**이지만, 자기로의 접근의 한계에서 **중단된** 자기의식이다)의 요구이다.

그러나 바로 그러한 이유 때문에 '명석한 의식'에 대한 요구는 바로 공동체를 포기하는 것과, 예를 들어 개인이라는 위치에서 자폐自閉에 빠지는 것과 반대된다. 개인 그 자체는 하나의 사물[21]에 불과하며, 바타유에게 **사물**이란 소통도 공동체도 없는 존재로 정의될 수 있다. 연합의 **밤**에 대한 명석한 의식 ── 의식의 극단에서의 이 의식, 또한 헤겔적 욕망(의식에 대한 인정의 욕망)이 유예되었다는 의식, 무한한 욕망을 유한성에 기초해 차단시키는 것과 유한한 욕망의 무한한 중지syncope(즉 최고주권 자체, 즉 욕망 밖의 욕망, 자기 밖에서의 자제)에 대한 의식 ──, 이 '명백한' 의식은 공동체와 다른 곳에서 발생할 수 없다. 차라리, 그것이 발생한다는 것은 다만 공동체의 소통이 이루어진다는 것이다. 그 공동체의 소통은 공동체에서 소통되는 것이자 동시에 공동체가 소통하는 것이다.[22]

---

21 예를 들어, VII, 312.

22 나는 '소통communication'이라는 용어를 바타유가 채택한 대로, 말하자면 지속적인 폭력적 변형이 그 단어 자체의 의미 ── 주체성이나 상호주체성을 함의한다는 점에서뿐만 아니라, 어떤 메시지나 의의의 전달을 밖으로 드러낸다는 점에서의 소통 ── 에 가해지는 상황에서 사용한다. 궁극적으로 본다면, 이 소통이라는 단어는 받아들일 수 없는 것이다. 하지만 나

그 의식 —— 또는 그 소통 —— 은 탈자태이다. 다시 말해 **나**는 그러한 의식을 한 번도 **나의** 의식으로 갖지 못하며, 반대로 나는 그것을 공동체 내에서만, 공동체에 의해서만 갖는다. 그것은 우리가 다른 맥락에서 '집단 무의식'이라 부르는 것과 거의 혼동할 정도로 비슷하며, 그것은 아마 프로이트가 무의식이라 부르는 것의 궁극적 집단적 본질이라고 가리킬 수 있는 것과 더욱 비슷하다. 그러나 그 의식은 어떤 무의식이 아니다 —— 다시 말해 그것은 주체의 배면도 아니고, 주체의 균열도 아니다. 그것은 주체의 **자기** 구조와 관계된 어떠한 것도 아니다. 그것은 자신의 명석성의 극한에 위치한 명석한 의식이며, 그 극단에서 자기에 **대해** 의식한다는 것은, 의식이 자기 밖에 존재한다는 것으로 확증된다.

하나의 주체가 아니고 '**나**'보다 더 큰 (의식적 또는 무의식적) 주체는 더욱더 아닌 공동체는 그러한 의식을 **갖는** 것도, **소유하는** 것도

는 그것을 그대로 놔두었는데, 왜냐하면 그것이 '공동체communauté'라는 말과 공명하기 때문이다. 그러나 나는 그 단어에 (그것을 때로는 대체하기도 하는) '분유partage'라는 단어를 겹쳐 놓는다. 바타유는 '소통'이라는 개념에 가했던 폭력적 변형이 불충분하다는 사실을 의식하고 있었다. "**고립**과 **소통**은 단 하나의 현실을 갖고 있을 뿐이다. 소통하지 않은 '고립된 존재들'은 어디에도 존재하지 않으며, 고립된 지점에 결코 처해 있지 않으면서 이루어지는 소통도 존재하지 않는다. 그 잘못된 두 개념들을, 순진한 믿음의 결과들을 조심스럽게 제쳐 두도록 하자. 그 대가로 가장 잘못 구성된 문제가 해결될 것이다"(VII, 553). 그에 따라 결과적으로, 데리다Derrida가 착수했던 바대로("Signature, événement, context", *Marges*, Paris, Minuit, 1972), 또는 다른 방식으로 들뢰즈와 가타리Guattari("Postulats de la linguistique", *Mille Plateaux*, Paris, Minuit, 1988)에게 이어진 대로, 그 개념에 대한 해체déconstruction가 요청된다. 그러한 작업들은 필연적으로 공동체 내에서의, 공동체의(말의, 문학의, 교환의, 이미지의, 또한 다른 것들의) 소통에 대해 일반적으로 재평가하도록 한다. 그렇게 본다면, '소통'이라는 단어는 예비적으로만, 잠정적으로만 쓰일 수 있을 것이다.

아니다. 내재성의 밤에 대한 탈자태적 의식이 자기-의식의 단절인 한에서, 공동체는 바로 그 탈자태적 의식**이다.**

*

탈자태와 공동체의 결합 그 이상을 형성하는 것, 탈자태와 공동체 각각을 타자의 장소로 만드는 것, 또는 더 나아가, 장소를 가리키지 않는 위상학에 따라, 공동체의 구역이, 또는 그보다도 공동체의 **영역성**_aréalité_(그 영역의, 그 형성된 공간의 본성)이 어떤 영토가 아니라 탈자태의 영역성[23]을 형성하게 하는 것(역으로 탈자태의 형태는 공동체의 형태이다)에 대해 바타유는 어느 누구보다도 잘 알고 있었다──그는 그러한 앎으로의 길을 터놓은 유일한 사람이었다.

한편 바타유 자신은 탈자태와 공동체라는 두 극極 사이에 매달려 있었다. 그 두 극이 서로 상호적이라면, 이는 그 두 극이 서로를 발생시키면서── 영역화시키면서── 서로가 서로의 한계를 설정한다는 점에서 그렇다. 그에 따라 또 다른 '영역화_aréalisation_'가 이루어진다. 즉 그대로 양자의 결합에 의해 내재성이 중단된다. 그 이중의 영역화가 융합에, 죽음이라는 과제[작품]로 말려들어 가는 것에 저항하는 기반이며, 그 저항이 공동-내-존재 자체의 행위이다. 그 저항이 없다면 우리는 결코 오랫동안 공동 내에 있을 수 없을 것이며, 매우 빨리

---

23 그럼에도 불구하고 그로부터 영토와 경계에 대한, 모든 종류의 지역적 분배──예를 들어 도시 계획──에 대한 물음들이 다시 제기되어야 할 것이다.

어떤 유일한 전체적 존재 내에서 우리를 '실현'하게 될 것이다. 그러나 바타유에게 탈자태[법열]라는 극은 파시스트적 주신제와, 적어도 그의 사후 1968년에 희미한 노스탤지어와 함께 다시 찾아왔던 축제와 연관되어 남아 있으며, 그만큼 그룹의 형성과 정치의 맥락에서 탈자태를 재현했다.

공동체라는 극은 그에게서 공산주의적 이념에 굳게 결합되어 있다. 공산주의적 이념은 어쨌든 정의와 평등이라는 모티프들을 담고 있었으며, 그 모티프들이 없다면, 어떠한 방법으로 그것들을 변형하든지, 공동체를 이루기 위한 시도는 다만 익살스러운 짓거리가 될 수밖에 없을 것이다. 적어도 그러한 관점에서 본다면, 공산주의는 넘어설 수 없는 요구로 남았다. 또는 바타유가 썼던 대로, "오늘날 공산주의가 가져온 도덕적 영향력이 지배적이다"(VIII, 367). 게다가 그는 공산주의의 최고주권에 대한 부정적 입장을 분석하면서도 끊임없이 이렇게 말했다. "전혀 의심할 바 없이, 차이들이 제거되는 것이 바람직하다. 진정한 평등, 즉 진정한 무차별화가 확립되는 것이 바람직하다." 이어서 곧 그는 이렇게 덧붙였다. "그러나 만일 미래에 인간들이 타자들과 차이가 있다는 사실에 점점 덜 관심을 갖게 된다면, 이는 인간들이 최고주권적인 것에 관심을 갖기를 그만두게 된다는 것을 의미하지는 않는다"(VIII, 323).

그래서 바타유에게 그러한 종류의 항의와 다른 방법으로 최고주권의 형태들 — 또는 탈자태 — 을 평등의 공동체에, 나아가 일반적 공동체에 결부시키는 것이 불가능했다. 그 형태들 — 무엇보다도 연인들의 최고주권과 예술가의 최고주권, 양자 각각과, 또한 파시스트적 주신제의 영향과 더불어 공산주의적 평등의 이념으로부터 벗어난 서로 결합된 양자 —— 은 그에게 고유하게 '사적私的인' 탈자태들(이는 어떠한 의의를 가질 수 있을 것인가?)로, 적어도 공동체(공동체에서 그 형태들은 최고주권적 가치를 상실한다 하더라도 짜여지고 영역화되거나 기입되어야만 할 것이다)에 영향력 —— 어쨌든 보여 줄 수 있고 드러낼 수 있는 영향력 —— 을 갖지 못한 고립된 탈자태들로 나타날 수밖에 없었다.

탈자태를 거부하는 공동체, 공동체와 단절된 탈자태, 그러나 각각 고유의 소통을 실현하도록 만드는 몸짓 자체 내에 있는 양자. 바로 그 사실에서 비롯된 결정적인 어려움이, 『최고주권La Souveraineté』이 미완성으로 남고 또한 『종교의 이론La Théorie de la religion』이 출간되지 않은 이유를 설명해 준다고 우리는 가정할 수 있다. 이 두 책의 기획은 사유의 과제로 주어진 탈자태적 공동체를 기대만큼 밝히지 못한 채 좌초하고 말았다. 물론 바타유는 **목적에 이르지** 말 것을 요구하려 노력했으며, 그로부터 공동체에 대한 사유와 분명하게 연관된, **계획**에 대한 거부가 따라 나왔다. 그러나 그 자신이 순수한 무계획은 있을 수 없다는 것을 알고 있었다. ("우리는 단호하게 잘라서 이것은 유희이고 이것은 계획된 일이라고 말할 수 없을 것이다. 다만 어떤 주어진 활동에 유희의 측면이 강하거나 계획된 일인 측면이 강할 뿐이다." VII, 220.) 또한 『최고주권』에서 유희의 측면이 강하게 부각되었지만, 그 주제는, 정식화되지는 않았지만, 분명 계획이라는 것이었다. 유희에 해당하는 부분은 어쩔 수 없이 계획과, 일반적으로는 공동체에 대한 사유 자체와 무관한 것으로 남아 있었다. 바타유가 했던 경험(근대의 끝에서 근대의 한계를 설정하고 있는 이 경험, 우리는 그것을 이렇게 요약할 수 있다 ── 공동체 바깥에서 경험이라는 것은 없다)에 걸맞게 공동체가 그의 유일한 염려이기는 했지만, 결국에 그는 정치적·종교적·군국주의적 역사의 '거대한 실패'와 대비되는 것으로서 연인들과 예술가의 **주관적인** 최고주권만을 ── 또한 사회의 '동질적' 질서로부터 완전히 떨어져 나와서 거기에 통합되지 않으면서 터져나오는 '이질적인' 섬광이라는 예외를 ──내세울 수 있을 뿐이었다. 비슷한 방법으로 그는 '바람직한' **평등**과 거역할 수 없고 변덕스러운 **자유**(최고주권과 같은 자유, 사실 그 자유는 최고주권과 혼동된다) 사이의 대립을 원하지 않았고 주제화시킬 수도 없었지만 결국은 내세우기에 이른다.[24] 예를 들어 바람직한 평등을 욕망하는 자유, 그것은 진정으로 문제가 되지는 않았다. 다시 말해 공동-내-존재 한가운데에서 탈자태의 영역성을 공동체 자체 내에서, 그 자체로부터 여는 공동체는 문제가 되지 않았다.

그러나 바타유는 훨씬 전에(어쨌든 1945년 이전에) 이렇게 썼다.

"나는 우리가 원하는 만큼 느슨한 형태의, 또는 무형의 어떤 공동체를 상상할 수 있다. 그 단 하나의 조건은, 어떤 도덕적 자유의 경험이, 개인적 자유가 갖는, 자체 파기되고 자체를 부정하기도 하는 진부한 의

---

24 그것은 한나 아렌트가 설정한 자유의 혁명과 평등의 혁명 사이의 대립과 관계없지 않다. 또한 아렌트는 그 대립으로부터 풍요로운 결과들을 보여 주지만, 어떤 점에서부터는 한계를 드러내며 그녀의 사유의 다른 요소들에 완전히 부합하지 않는다.

미로 환원되지 않으면서, 공유되어야 한다는 것이다." (VI, 252.)

그는 또한 이렇게 썼다.

"탐색자들의 공동체가 없이 인식이 있을 수 없으며, 내적 경험도, 그
것을 체험하는 자들의 공동체가 없이는, 있을 수 없다. (……) 소통은
인간 현실réalité humaine에 추가로 덧붙여진 하나의 사실이 전혀 아니
며, 오히려 인간 현실을 구성한다." (V, 37.)
(이 문장들은 하이데거를 한 번 인용한 후에 이어지고 있으며, "인간 현
실"이란 표현은 **다자인**Dasein에 대한 코르뱅Corbin의 번역어에 따라 나
온 것이다.)

하지만 『최고주권』 시기의 글들에서 공동체라는 모티프는 역설
적으로, 그러나 겉으로 보기에는 어쩔 수 없이 희미해져 버리게 된다.
깊이 들여다보면, 의심의 여지 없이 문제는 이전의 텍스트들이 가리
켰던 문제와 같은 것으로 남는다. 그러나, 마치 각각의 존재가 **아무것
도 아닌 것**과 소통하는 것이 존재들이 서로 소통하는 것보다 더 가치
있는 것처럼, 나아가 그 두 경우에 **같은 것**이 문제가 된다는 것을 보
여 주기를 포기해야만 하는 것처럼 모든 것이 전개된다.
　마치 바타유가 자신의 지속적인 염려와 의도에도 불구하고, 모
든 것이 그가 살고 있었던 세계 —— 공동체를 혹독하게 부정하고 탈자
태가 죽음을 부르면서 불타는 데에 따라 전쟁 가운데에서 찢긴 이 세
계 —— 의 시련의 극단에 부득불 이르게 된 것처럼 전개된다. 그러한

극단적인 시련 속에서, 종교적이거나 신비한 공동체들의 형상들이 한번 사라져서 과거의 것들이 되자, 또한 공산주의의 지나치게 인간적인 형상이 끝장나게 되자, 그는 공동체를 위한 어떠한 얼굴도, 어떠한 도식도, 심지어 어떠한 단순한 좌표도 나타나는 것을 더 이상 보지 못하게 되었다.

어떤 점에서 이 세계는 언제나 우리의 것이다. 공동체라는 주제와 관련해서, 조급하고 자주 혼란스러우며 언제나 심각하게 인간 중심적으로 그려진 다양한 밑그림들에서, 본질적으로 주어진 것들은 전쟁 이후에 바뀌지 않았다. 설사 거기에서 그것들이 더 나쁜 방향으로 나아가지는 않았다 하더라도 말이다. 탈식민지화된 공동체가 나타나서 의식에 들어왔다 하더라도 그러한 형세가 근본적으로 바뀐 것은 아니다. 정보의 힘을 통해서, 마찬가지로 '다인종 사회'라 불리는 것을 통해서 오늘날 공동-내-존재의 참신한 형태들이 늘어 가고 있지만, 그로 인해 공동체에 대한 물음이 진정으로 새롭게 제기되고 있는 것도 아니다.

그러나 그 모든 것에도 불구하고 변화된 이 세계(바타유도 여러 다른 사람들과 마찬가지로 그 변화에 낯설어하지 않았다)가 우리에게 어떠한 새로운 공동체의 형상도 제시하지 못하고 있다면, 그 사실 자체가 우리에게 어떤 것을 가르쳐 준다. 그 사실로부터 아마 우리는, 어떤 공동체적 본질을 제시하고 환호하면서 받아들이기 위해 그것을 형상화하거나 모델화하는 것이 더 이상 관건일 수 없으며, 반대로 공동 연합적 모델들이나 표본들 너머에서 공동체에 대한 **전대미문의** 집요한 요구에 대해 사유한다는 것이 관건이라는 것을 배우게 될 것이다.

게다가 이 세계에서 이제 더 이상 우리는 바타유가 분석했던 공산주의적 휴머니즘의 울타리 안으로 돌아가고 있지 않다. 이 세계에서 우리는 '전체주의'로 돌아가고 있다. 바타유는 그 '전체주의'를 정확하게 예측하지 못했는데, 그는 냉전이라는 조건에 따르는 한계 가운데 있을 수밖에 없었고, 그 모든 것에도 불구하고 공동체의 약속이 공산주의 쪽에 숨겨져 있다는 막연하지만 집요한 생각에 여전히 사로잡혀 있었던 것이다. 그러나 이제 우리에게는, 바로 그 약속이 기괴하게 실현되었던 결과인 '전체주의' 너머에서조차, 또 다른 제국이나 또 다른 기술적·경제적 지상명령에 따라 작동하는 제국주의밖에 없으며, 그 지상명령에 따라 만들어진 사회 형태밖에 없다. 공동체, 그것은 더 이상 문제가 되지 않는 것이다. 왜냐하면 우리의 세계가 떠맡은 기술적·경제적 과제는 바로 공동체 구성의 과제라는 계획을 유산으로 이어받고 나아가 계승한 것이기 때문이다. 언제나 본질적으로 과제·수행·수행성이 문제가 되는 것이다.

바로 그러한 의미에서 공동체에 대한 요구는 우리에게 여전히 전대미문의 것이며, 우리에게 알아내야 할 것으로, 또한 사유해야 할 것으로 남아 있다. 적어도 우리는 공동체라는 과제[작품]에 대한 약속이라는 표현 자체가 이미 '공동체'의 전대미문의 '의의'를 놓치고 있다는 것[25]을, **또한 공동체의 계획이란 것이 그 자체로 '거대한 실패'**

---

25 반면 바타유가 그 "혼란"(VII, 131, 135)과 "무기력한"(같은 곳) 성격을 완벽하게 알고 있었던 부르주아 세계에서, 1968년 이후로 공동체가 불안에 빠져 있다는 사실은 여러 가지로 강조

를 껴안고 있다는 것을 알고 있다.

우리는 그것을 부분적으로 바타유 덕분에 알고 있다 — 그러나 우리는 이제 그것을 부분적으로 그에게 반대해서 알아야 한다.

이 경우 바타유 시대의 경험이었던 독특한 경험에 반대하자는 것이 아니라, 그의 사유를 난관과 역설(거기서 그의 사유는 멈추었다)에 봉착하게 만든, 알아채야만 하는 한계에 반대하자는 것이다. 그 한계는 그 자체로 역설이다. 다시 말해 공동체에 의해 활기를 띠게 된 사유가 **주체**의 최고주권이라는 주제에 의해 마무리되었다는 역설. 우리 모두와 마찬가지로 바타유에게서도, 주체에 대한 사유는 공동체에 대한 사유를 실패로 돌아가게 만든다.

물론 바타유에게서 '주체'라는 단어는 하나의 단어에 불과할 수도 있을 것이다. 또한 의심할 바 없이 그가 그것으로부터 끌어냈던 개념은 '주체성'이라는 일반적 개념도 아니었고 표상의 **수브엑툼** *subjectum*[기체]으로서의 자기-현전이라는 형이상학적 개념도 아니었다. 『내적 경험』에서 바타유는 반대로 이렇게 정의한다. "자기-자신, 그것은 세계로부터 고립된 주체가 아니라 소통의, 주체와 대상의 융합의 장소이다"(V, 21). 그렇다고 할지라도 『최고주권』에서 예를 들어 그는 "순간의 이 향락, 그로부터 주체의 자기 현전이 비롯된다"(VIII, 395)라고 말한다. 문제가 되는 것을 두고 볼 때, 첫 번째 문장이 두 번째 문장을 충분히 교정하거나 이해하기 힘들게 만들지 않

되었다. 그러나 이는 자주 순진함, 나아가 유치함 가운데에서, 또한 연합의 이데올로기나 주흥酒興의 이데올로기를 지배했던 똑같은 "혼란" 가운데에서였다⋯⋯.

는다. "소통의 장소"는 결국 자기-현전으로, 가령 종국에는 소통 자체의 자기-현전으로 정의될 수 있으며, 이는 소통에 대한 몇몇 이데올로기들에 반향하고 있지 않다고 볼 수 없다. 더욱이 바타유는 그 장소를 ── 마치 주체가 대상과 소통할 수 있기나 한 것처럼 ── "주체와 대상의 융합의 장소"와 동일시하면서 사변적 관념론에서 항상 변함없이 나타나는 논제 한복판에 이르게 된다. "대상"과 "융합"에서, "자기의식의 대상이, 즉 대상처럼 폐기된 대상 또는 개념이"[26] 되어 버린 "의식의 대상"에서 **타자도 소통도** 사라지거나 차라리 **나타날 수 없다.** 주체의 ── 나아가, 특히 "폐기된 대상 또는 개념"과 같은 ── 대상이 되어 버린 타자는, (바타유와 함께 또는 그를 넘어서서, 비틀어서 읽지 않는다면) 헤겔이 말하는 의식들 사이의 관계에서 그러한 것처럼, 사실 더 이상 타자가 아니라 주체의 표상의 한 대상(또는, 보다 복잡하게 말한다면, 다른 주체를 대리하면서 주체의 표상으로 들어오는 대상)에 지나지 않는다. 주체에게 대상(즉 타자성이 없는 외재성으로서의 대상) 반영적인, 부정적인 동일성을 부여하는 사유에서, 소통과 소통의 조건인 타자성은 원칙적으로 제한된 하나의 역할만을 할 수 있을 뿐이고 존재론적이지 않고 다만 도구적인 위치를 가질 뿐이다. 거기에서 주체는 자기 바깥에 존재할 수 없다. 주체의 모든 바깥과, 주체의 '소외'나 '외부화extranéations'는 결국 주체에 의해 폐기되고 주체 안에서 지양된다는 것, 바로 그것이 종국에는 주체를 정의한다. 반대

---

26 *Phénoménologie de l'esprit*, Aubier(3권, 이폴리트Hyppolyte 옮김), p. 306.

로 (표상의-주체가 아닌) 소통의-존재는, 또는 과감히 말해 보자면, 존재의 **술어성**으로서의, '선험적인' 것으로서의 소통은 무엇보다 먼저 **자기-밖의-존재이다.**

데리다가 바타유에게서 발견했던 "보존 없는 헤겔주의L'hégelianisme sans réserves "[27]는, 결국 모든 보존의 포기보다 언제나 더 효력 있는 보존이라는 헤겔적 법에 종속되지 않을 수 없다. 말하자면 보존은 사실상 현전 ── 그것은 주체의 **향락**이며 그것은 주체가 점유한 **순간**이다 ── 내에서 최고주권까지, **아무것도 아닌 것**까지, 그리고 공동체까지 재再전유하는 주체의 **지양**relève이다.

정확하게 말한다면 바타유는 아마 주체의 **개념**을 가지고 있지 않았을 것이다. 그러나 그는 적어도 어느 정도까지는 주체를 초과하는 소통을 주체에 연관 지었거나 그 자체를 주체로(예를 들어, 바타유 자신의 텍스트들의 문학적 생산과 소통의 주체로 ── 이는 내가 이후에 바타유의 글쓰기와 관련해 내세울 가정과 모순되는 관점에서 검토해 보아야만 할 가정이다) 승격시켰다.

역사적 한계와 이론적 한계가 서로 교착交錯된다. **한계에서** 연인들과 예술가에게 내려진 저주인 고립이, 그 시대가 죽음이라는 과제 [작품]로 곧장 나아갔음을 증명했던 연합의 강박에 결국 홀로 대응했다는, 비극적 형태로 대응했다는 사실은 전혀 놀라운 것이 아니다. 마찬가지로 바타유의 연인들은 한계에서 하나의 주체이자 하나의 대

---

27 "De l'économie restreinte à l'économie générale", *L'écriture et la différence*, Paris, Seuil, 1967.

상이다 —— 또한 성차性差를 바탕으로 자기에 의한 자기 전유에 이르는, 의심할 바 없이 매우 고전적인 우회를 거쳐서, 요컨대 주체는 언제나 남성이고 대상은 여성인 것이다. (하지만, 다른 부분을 참고해 본다면, 다르게 읽어 본다면, 사랑과 향락이 바타유에게서 본질적으로 여성 —— 또한 남성 안에 있는 여성 —— 과 무관하다고 보는 것은 정확하지 않다. 그 점에 대해 말하기 위해 바타유의 글쓰기[28]를 고려해 봐야 할 것이지만, 나로서는 여기서 할 수 없고, 다만 그와 연관된 '주제들'만을 일단 고려할 것이다.) 약간 단순화시켜서라도 결론적으로 말하면, 공동체는 파시즘적이거나 공산주의적인 모델과 유비되는 모델에 순응해서 따라갈 수밖에 없게 되는 것이다. 이를 바타유는 분명 짐작했었고, 그러면서 그는 비밀스럽고 조심스럽게, 나아가 그 자신도 모르게, 고유한 의미에서의 공동체를 사유하기를 포기했다.

다시 말해 그는 공동체의 **분유**partage를, 그리고 분유 가운데에서의 최고주권을, 또는 **분유한 최고주권**, 현존재들이, 주체들이 아닌 단수적 실존들이 서로 분유한 최고주권을 사유하기를 포기했다. 그들의 관계 —— 분유 자체 —— 는 연합에도, 대상에 대한 전유에도, 자기 인정에도, 우리가 이해하는 대로의 주체들 사이의 소통에도 있지 않다. 그 단수적 존재들은 그들 자체가 분유에 의해 구성된다. 그들은 자신들을 **타자들**로 만드는 분유에 의해 배치되고 자리 잡거나 차라리 **공간화된다**. 타자들, 말하자면 서로가 서로를 위해 있는 타자들,

---

28 「조르주 바타유의 최고주권적 에로티시즘L'érotisme souverain de Georges Bataille」(*Tel quel*, 93호)에서의 바르나르 시세르Barnard Sichère의 언급들을 참고할 것.

분유 가운데, 즉 동일성의 감정을 갖지 않는다는 사실을 '소통하는 communiquant' 분유의 탈자태 가운데 폐기되는 융합의 대★주체Subjet 에 대해 무한히 타자인 자들. 그 '소통의 장소들'은, 비록 거기에서 하나가 다른 하나로 서로 **넘어가기는** 하지만, 더 이상 융합의 장소들이 아니다. 그들은 그들의 탈-장소dis-location에 따라 정의되고 노출된 다. 따라서 분유의 소통은 바로 그 탈-장소 자체일 것이다.

*

겉으로 보아서는 변증법적으로, 나는 여기서 이렇게 말할 수 있을 것이다. 바타유가 사유하기를 포기했던 것, 그는 그것 이외에 다른 어떠한 것도 사유하지 않았다. 이는 결국 그가 **한계에서** 그것을 사유했음을 의미한다 ── 자신의 한계에서, 자신의 사유의 한계에서, 우리는 오로지 한계에서만 사유하는 것이다. 이는, 그가 자신의 한계에서 사유해야만 했던 것, 바로 그것이 이번에는 우리에게 사유해야 할 것으로 주어졌음을 의미한다.

사실 내가 위에서 말했던 것은, 바타유에 대한 비판도, 판단 유보도 아니고, 그의 경험과 소통하려는 하나의 시도이다. 그것은 단순히 그의 지식이나 주제들로부터 뭔가를 끌어내려는 시도라기보다는 그러한 시도이다. 즉 우리의 한계인 어떤 한계를 되돌아보는 것이 관건이었다. 그 한계를, 바타유의 한계, 나의 한계, 우리 시대의 한계, 우리의 공동체의 한계를. 바타유가 주제를 설정했던assignait le sujet 장소에, 주체le sujet의 표면에 ── 또는 그 배면에 ──, 소통의 자리에, '소통을 위한 자리'에 아무것도 없지 않고 어떤 것이 **있다**. 우리의 한계는, 진정 이 '어떤 것' 또는 '어떤 사람'을 위한 이름을 갖고 있지 않다는 데에 있다. 이 단수적 존재를 위한 진정한 이름을 갖는 것이 문제인가? 이는 나중에만 제기될 수 있는 물음이다. 다만 지금으로서는, 그 이름이 없기 때문에 우리의 사유의 한계를 다시 흔들어 놓기 위해 단어들을 불러 모으는 것이 필요하다고 말하자. 소통의 자리에 '있는' 것, 그것은 주체도 아니고 연합의 존재도 아니며, 바로 공동체와 분유이다.

그러나 이는 여전히 아무것도 말해 주지 않는다. 아마 사실상 **말할** 아무것도 없을 것이다. 아마 단어도 개념도 찾을 필요가 없을 것이며, 다만, 공동체의 사유에서, 우리에게 담론과 공동체의 또 다른 유형의 **실천**을 강요할 이론적 초과(보다 정확히, 이론적인 것의 한계의 초과)를 알아볼 수 있어야 한다. 그러나 그렇게, 적어도 말하기를 시도해야만 한다. 왜냐하면 "오직 언어만이 한계에서 언어 자체가 통용되지 않는 최고주권적 순간을 가리키기"[29] 때문이다. 이는 여기서, 오직 공동체에 대한 어떤 담론만이 그 자체 소진되면서 공동체에게 자신을 분유하는 최고주권을 가리킬 수 있다는 것을(다시 말해 공동체에게 자신의 **연합을 현전하게 하지도**, 그 **의미를 전달하지도 않는다는** 것을) 의미한다. 그 사실에 담론과 글쓰기의 어떤 윤리가, 어떤 정치가 분명히 함의되어 있다. 그러한 담론은 무엇이어야만 하며 무엇일 수 있는가, 그 무엇, 그것을 누구에 의해, 어떻게, 사회에서 유지시켜

---

29 *L'Érotisme*, Paris, Minuit, 1957, p. 306.

야만 하고 유지시킬 수 있는가, 나아가 그것이 유지됨에 따라 사회의 변형과 사회의 혁명과 사회의 분해와 관련해 무엇을 요청할 것인가 (예를 들어, 누가 여기서 쓰는가? 어디에서? 누구를 위해? 한 명의 '철학자', 하나의 '책', 하나의 '출판사', '독자들'은 그 자체로 소통에 부합하는가?) —— 바로 이를 탐색해 볼 자리가 있을 것이다. 이는 **문학적 공산주의**communisme littéraire에 대한 물음과 다른 것이 아니다. 이는 내가 서투르게 표현하지만, 공동체의 글쓰기 내에서, 공동체의 문학 내에서, 공동체의 글쓰기와 문학을 통해서 이루어지는 공동체의 분유인 어떤 것에 대한 물음과 다른 것이 아니다. 그 물음으로 나는 이 책 2부에서 다시 돌아갈 것이다.

이제 바타유와 함께, 바타유 —— 또한 다른 이들 —— 를 근거로 그 물음에 다가가는 것이 관건이 된다. 그러나 이는, 우리가 이해했던 대로, 바타유를 해설하는 작업도, 어느 누구를 해석하는 작업도 아니다. 왜냐하면 의심할 바 없이 공동체는 한 번도 사유된 적이 없었기 때문이다. 그래서 역으로 내가 혼자 공동체에 대한 새로운 담론을 만들어 내겠다고 장담하는 것이 아니다. 담론도, 고립되는 것도 관건이 아니다. 그러나 나는 한계에서 어떤 경험을 가리켜 보여 주고자 한다. 그 경험은 아마 우리가 하는 경험이 아닐 것이고, **우리를 존재하게 하는 경험이다.** 공동체가 한 번도 사유된 적이 없다고 말하는 것은, 공동체가 우리의 사유의 하나의 대상이 아니고, 오히려 우리의 사유를 시험한다고 말하는 것이다. 아마 공동체는 그러한 대상이 될 수 없을 것이다.

어쨌든 바타유에게서 해석을 허락하지 않는 것, 그것은 그의 사유와 우리의 사유를 초과하는 것이고, 그렇기에 우리를 구속하는 것이다. 말하자면 그것은 공동체의 분유, 우리가 분유하는, 또한 우리를 분유하는 치명적인 진리이다. 따라서 바타유가 "과거의 왕의 종교적 건축물"과 우리의 관계에 대해 썼던 것은, 바타유 자신과 우리의 관계에서도 여전히 가치가 있다. 즉 "우리는 더 멀리 나아갈 수만 있을 뿐이다".[30] 아무것도 아직 말해지지 않았으며, 우리는 우리 자신을 공동체의 전대미문의 것에 외존시켜야만 한다.

*

분유는 다음과 같은 사실에 부응한다. 즉 공동체가 나의 탄생과 나의 죽음을 현시시키면서 내게 드러내 보여 주는 것은 나 밖에서의 나의 실존이라는 사실에. 그 사실은, 공동체가 마치 또 다른 하나의 주체인 것처럼 변증법적 방식이나 연합의 방식으로 나의 지양을 요구하면서 그 자신 안에서 또는 그 자신에 의해 나의 실존을 복권시킨다는 것을 의미하지 않는다. **공동체는 자신이 노출시키는 유한성의 지양을 떠맡지 않는다. 공동체 그 자신이 결국 그러한 유한성의 노출이다.** 그것은 유한한 존재들의 공동체이며, 그러한 한 그 자신이 **유한한** 공동체이다. 다시 말해 그것은 어떤 무한하거나 절대적인 공동체와 비교되는 한계 지어진 공동체가 아니고, 다만 유한성의 공동체이다.

---

30 종교가 쇠진되었다는 사실을 보다 명확하게 다루고 있는 다음 책을 참조할 것: Marcel Gauchet, *Le Désenchantement du monde*, Paris, Gallimard, 1985.

유한성의 공동체, 왜냐하면 유한성이 공동체적이기 때문이다. 다른 아무것도 아니고 오직 유한성만이 공동체적이기 때문이다.

공동-내-존재는 서로 분리된 개인들의 한계들을 떠맡는 실체나 주체의 우월한 단계를 가리키지 않는다. 개인으로서 나는 모든 공동체에 닫혀 있으며, 만약 절대적으로 개인적인 어떤 존재가 존재할 수 있다면 ── 개인은 무한하다고 말해도 과언이 아니다. 요컨대 개인의 한계란 개인과 무관한 것이며, 다만 개인을 둘러싸고 있을 뿐이다. (개인은, 내가 위에서 가리켰던, 한계의 논리로부터 피해 달아난다. 그러나 우리는 그 논리로부터 피해 달아날 수 없기 때문에, 그 논리가 저항하기 때문에, '공동체'가 그 논리에 따라 저항하기 때문에 개인은 없는 것이다.)

그러나 **단수적 존재**는 개인이 아니고, 유한한 존재이다. 특정 낭만주의로부터 쇼펜하우어Schopenhauer와 니체로 이어지는 개체화 individuation에 대한 논제[31]에서 의심할 바 없이 부족한 것은 단수성에 대한 고려이다. 그렇다고 그 논제는 단수성으로부터 완전히 멀어진 곳에서 전개되지도 않는다. 닫혀 있는 **단일체**들은 개체화 가운데 형태 없는 기반 ── 한편 그러한 기반에서 오직 소통이나 감염이나 연합을 통해서만 개체들의 존재가 구성된다 ── 으로부터 떨어져 나온다. 그러나 단수성은 그렇게 분명한 형태들이나 형상들이 떨어져 나오는 데에서 유래하지 않는다. (그것은 그러한 작용과 관련되어 있는

---

31 또한 그러한 논제는 한편으로는 **이것임**hecéité이라는 들뢰즈의 모티프에서 발견되는데, 다른 한편 그 모티프의 중심에 '단수성'이 있다.

것에서도, 즉 형태와 기반이 얽히는 무대, 외현外現apparence의 나타남 apparaître에서도 유래하지 않는다. 외현을 구분함으로써 우리는 개인주의가 언제나 완성되는 심미적 허무주의로 미끄러져 들어간다.) 단수성은 아마 어떠한 것에서도 **유래하지 않을** 것이다. 그것은 어떤 작용의 결과가 아니다. '단수화singularisation'의 과정이란 없으며, 단수성은 어디를 기반으로 어디로부터 떨어져 나오지도 않고, 생산되지도, 유도되지도 않는다. 단수성은 어디**로부터** 탄생하지도 않고 어떤 **결과로서** 탄생하지도 않는다. 반대로 단수성의 탄생에 따라 **탄생**이 그 자체로 생산도 자율적 정립도 아니라는 척도가, 유한성의 무한한 탄생이 어떤 기반에서 어떤 기반들로부터 전개되는 과정도 아니라는 척도가 주어진다. '기반(들)'은 그 자체, 그 자체를 통해, 그 자체로서 —— 이미 —— 단수성들의 유한성이다.

　'기반(들)'은 기반 없는 '기반'들이다. '기반(들)'이 심연의 틈을 연다는 의미에서라기보다는, 그것이 단수성들의 망과 교직과 분유를 통해 이루어진다는 의미에서 그렇다. 그것은 **압그룬트**Abgrund[밑바닥, 심연]라기보다는 차라리 **운그룬트**Ungrund[바닥 없음]이지만 못지않게 현기증을 불러일으킨다. 단수성 **배후에** 아무것도 없다. 그러나 단수성 밖에서, 안에서 단수성을 배치하고 단수성 자체로 분유하는 비물질적**이자** 물질적 공간이, 다른 단수성들의 경계들이, 보다 정확히, 단수성 **자체**la singularité의, 즉 타자성altirité의 —— 그것 자체 사이의 —— 경계들이 있다.

　단수적 존재는 존재들의 혼란스러운 어떤 카오스적 동일성의 기반 위에서도, 그들을 단일성으로 승격시키는 기반 위에서도, 어떤 생성의 기반 위에서도, 어떤 의지의 기반 위에서도 튀어오르거나 높이 오를 수 없다. 단수적 존재는 유한성 자체로서 **나타난다**appuruit. 단수적 존재는 유한성 자체로서, 다시 말해 단수적 존재는 끝에서(또는 처음에), 또 다른 한 단수적 존재의 피부(또는 심장)와 만나서, 언제나 **타자**이고 언제나 분유되고 언제나 노출된 것이기에 **동일한** 단수성의 경계에서 **나타난다**. 그 나타남은 외현의 나타남이 아니고, 반대로 유한한 존재 자체의 영광스러운 동시에 비참한 나타남이다. ('기반', 그것은 존재의 유한성에 있다. 이는 바타유가 하이데거에게서 완전히 이해할 수 없었던 것이다. 반면 하이데거는 바타유를 읽었든지 읽지 않았든지 결코 '소통'을 전적으로 염두에 둘 수 없었다.) 유한한-존재로서의 존재의 본질은, 유한성에 의해, 단수성을 분유하는 곳에 **선험적으로** 기입된다.

그 결과 공동체는, 다른 단수적 존재가 없이는 단수적 존재가 있을 수 없다는 것을, 따라서 우리가 적절치 않은 어휘로 '사회성'이라 부르는 것(사회적-존재로서의 인간이라는 단순한 모티프를 원칙상 크게 넘어서는 원초적 또는 존재론적 '사회성')이 있다는 것을 의미한다 (**조온 폴리티콘**zoon politikon[정치적 동물]은 이 공동체에 비해 이차적인 것이다). 한편, 단수성들의 공동체가 '인간'에게 국한되어 있고 예를 들어 '동물'을 배제한다는 것은 확실하지 않다. (**하물며** '인간'의 경우에조차 그 공동체가 '남성'에게만 국한되어 있고 '반인간적인 자'나 '인간 너머의 자'와는, 예를 들어 **기지**機智Witz 있게 또는 기지 없이 말하자면, '여성'과는 관련 없다는 것은 확실하지 않다. 말하자면 성차性差는 그 자체로서 단수성들의 차이 속에 있는 단수성이다……) 다른 한편, 사회적 존재라는 것이 언제나 인간에 대한 하나의 술어처럼 주어지는 반면, 공동체는 '인간'과 같은 어떤 것에 대한 사유가 이루어질 수 있는 출발점을 지정할 것이다. 그러나 또한 그 사유는, 공유된 존재être commun에 내재적인 상위의 어떤 전체성에 따르는 단수성들의 연합이 없어야 한다는, 공동체의 원칙적 결정에 따라야 할 것이다.

그러한 연합 대신에 소통이 있다. 정확히 다시 말해 유한성 자체는 아무것도 아니며, 그것은 하나의 토대도, 하나의 본질도, 하나의 실체도 아니다. 그러나 유한성은 나타나고 현시現示되고 노출되며, 따라서 소통 가운데 **존재한다**. 유한성이 나타나는 단수적 양태를, (세계는 개인이 아니라 공동체에 나타날 것이기에) 다른 모든 현상성 phénoménalité보다 분명 더 근원적인 특수한 이 현상성을 지정하기 위해, 유한성은 **공동으로 나타나고**com-paraît **공동으로 나타날** 수밖에 없다고 말할 수 있어야만 한다. 그 사실에서 우리는 다음과 같은 것들을 동시에 알아듣게 될 것이다. 즉 우리는 유한한 존재가 언제나 함께, 따라서 여럿에게 현시된다는 것을, 그리고 그에 따라 유한성이 언제나 공동-내-존재 안에 그리고 공동-내-존재 자체로서 현시된다는 것을, 그에 따라 유한성이 언제나 **법정**에, 공동체의 법의 판결에, 차라리 더 근원적으로, 법으로서의 공동체의 판결에 현시된다는 것을 알아듣게 될 것이다.

소통은 무엇보다 먼저 유한성의 분유와 유한성의 공동의-나타남com-parution 가운데에 있다. 다시 말해 그것은 ─ 정확히 공동-내-존재가 공유된 존재가 아니라는 점에서 ─ 공동-내-존재를 구성하는 것으로 밝혀지는 탈장소dislocation와 부름 가운데에 있다. 유한한-존재는 먼저 장소들의 분할을 통해서, 각각의 단수성을 펼쳐지게 하는(프로이트가 말하는 "영혼psyché은 펼쳐진다"라는 의미에서) 확장 ── **파르테스 엑스트라 파르테스**_partes extra partes_[부분 밖의 부분] ── 을 통해서 존재한다. 각각의 단수성은 ── 비록 그 존재 전체에서 자신의 단수적 한계와 접촉하지만 ── 어떤 형태 내에 갇혀 있지 않지만, 스스로 확장됨으로써만, ── 자신의 '에고이즘'의 정도나 '에고이즘'의 욕망이 어느 정도이든 ── 그 자체가 된다. 즉 그것은 무엇보다 먼저 그 자체를 자신의 존재 속에서 외향화시키고 **어떤 바깥으로 외존**外存**시켜** 존재하게 하는 영역성을 통해서만 그 자체가, 단수적 존재(존재의 단수성)가 된다. 그 바깥은 마찬가지로 또 다른 영역성의, 또 다른 단수성 ── 동일자이자 타자 ── 의 외존 이외에 아무것도 아니다. 그 외존 또는 외존시키는 분유는 애초에 언어의 모든 전달 이전의(하지만 언어가 가능하기 위한 첫 번째 조건으로서의) 상호 부름의 자리를 마련한다.[32]

유한성은 공동으로 나타난다. 다시 말해 그것은 외존된다. 이는 바로 공동체의 본질이다.

---

32 그러한 의미에서 단수적 존재들의 공동의-나타남은, 하이데거가 선-언어적 "해석"(아우스레궁_Auslegung_)이라고 이해한, 또한 내가 『목소리들의 분유_Le Partage des voix_』(Paris, Galilée, 1982)에서 목소리들의 단수성과 결부시켰던 언어가 성립되기 위한 선결 조건보다도 이전의 것이다. 이 시론(試論) 『목소리들의 분유』에서 생각해 볼 수 있었던 것과는 다르게, 목소리들의 분유를 통해 공동체에 이르지 못한다. 반대로 목소리들의 분유는, **공동체 자체**인 이 근원적 분유에 의존하고 있다. 또는 바꾸어 말해 이 '근원적' 분유 자체는 하나의 '목소리들의 분유' 이외에 어떠한 것도 아니지만, '목소리'는 언어적인 것과 나아가 '선-언어적인 것'과도 다르게, 즉 공동체적인 것으로 이해되어야만 한다.

그러한 조건하에서라면 소통은 '결속'이 아니다. '사회적 결속'이라는 은유에서, 불행하게도 '주체들'(다시 말해 대상들)은 우리가 — 그 대상들을 서로 묶을 수 있는 — 의심스러운 '상호주관적' 본성을 부여하고자 하는 가정된 현실('결속'의 현실)과 맞물리게 된다. 그것은 인정認定reconnaissance에 기초한 결속이며 또한 경제적 결속일 것이다. 그러나 공동의-나타남의 질서는 결속의 질서보다 더 근원적이다. 공동의-나타남은 이미 주어진 주체들(대상들) 사이에 기반하거나 확고해지거나 뚜렷해지지 않는다. 그것은 **사이**l'entre 그 자체의 나타남 가운데 있다. 너**와** 나(우리들-사이)라는 정식定式에서, 그 **와**는 병렬의 가치가 아니라 외존의 가치를 갖는다. 공동의 나타남에서 분명해지는 것이 있다. 즉 나와 너의 모든 가능한 조합에서, 너와 나임을(너와 나에 대한 전적인 타자를, 너는 나임을, 너는 나에 대해 전적인 타자임을), 보다 단순하게, **너는 나를 분유한다는 사실**을 읽어야만 한다.

단수적 존재들은 그러한 소통 가운데에서만 주어진다. 말하자면 그것은 결속이 없는 **동시에** 연합 없이, 외부에 의한 결합 또는 연결이라는 모티프와 거리를 두는 것만큼이나 공유되고 융합된 내면성이라는 모티프와 거리를 두고 주어진다. 소통은, 단수성을 정의하는 바깥으로의 외존을 구성하는 사실이다. 단수성은 단수성의 존재 내에서, 단수성의 존재 자체와 마찬가지로 바깥으로 외존된다. 그러한 최초의 위치 또는 구조에 따라 단수성은 이탈하고 동시에 구별되고 공동체적이다. 공동체는 이탈의(또는 떨어져 나옴의), 개별성이 아니고 공동으로-나타나는 유한성 자체인 구별의 현시이다.

(루소는 그러한 사실을 최초로 사유한 사람이었다. 그에게 사회는

'자연 상태'에서 결속 없이 분리되고 고립되지 않을 수 없었던 자들이 결속함으로써 **그리고** 분리됨으로써 주어진다. '사회적' 상태에서 그들은 분리에 노출되지만, 그에 따라 거기에서 인간은 노출되고 동시에 자신의 동류들의 판단에 노출된다. 루소는 분명 모든 의미에서 공동의 나타남을 진정한 의미에서 사유한 사람이다. 또한 편집증적 강박은 단지 공동체의 소환에 대응하는 것의 이면裏面 —— 그것이 병적이라면 주체성 내에서 고정적으로 이루어지기 때문이다 —— 일 수 있다.)

단수성들을 소통하게 만드는 것은 아마 정확히는 바타유가 찢긴 상처라고 부르는 것이 아닐 것이다. 찢는 것, 사실 그것은 공동체 내에서, 공동체에 의해 주어지는 유한성의 현시이다 —— 내가 해야만 할, 타인의 죽음에 대한 애도, 나의 탄생에 대한 애도, 나의 죽음에 대한 애도라는 3중의 애도의 현시이다. 공동체는 그 3중의 애도가 이어지는 가운데에 있다. (나는 공동체가 그 3중의 애도의 '작업' 가운데 있다라고 말하지는 않을 것이며, 어쨌든 공동체는 거기에만 있지는 않다. 즉 애도가 이어지는 가운데 보다 더 풍요롭지만 보다 덜 생산적인 어떤 것이 있다.) 찢기게 되는 것은 단수적 존재가 아니다. 반대로 단수적 존재는 거기서 공동으로 나타난다. 찢기는 것은 바로 연합의 조직, 즉 내재성이다. 그렇게 찢긴 상처는 아무 곳에서도 발생할 수 없는데, 왜냐하면 연합의 조직은 존재하지 않기 때문이다. 공유된 존재의 조직도, 그것의 살도, 주체도, 실체도 존재하지 않는다. 그 결과 공유된 존재의 찢긴 상처란 것도 없다. 그러나 분유가 **있다**.

정확히 말하자면 단수적 존재에게 찢긴 상처는 없다. 안dedans이 바깥(그것 때문에 우리는 이미 미리 존재하는 어떤 '안'을, 어떤 내면성을 가정하게 된다)에서 사라지게 되는 심한 상처는 없다. 바타유에게 본보기가 되는 찢긴 상처는, 여성의 "터진 틈"은 결국 찢긴 상처가 아니다. 분명 그것은 여전히 가장 내밀한 그 주름에서도 바깥으로 노출되어 있는 표면이다. (바타유의 터진 틈에 대한 강박이 소통이 이루어지는 참을 수 없는 극단을 가리키고 있다면, 또한 그것은 그가 내면성과 내재성의 어떤 질서와, ── 타자의 노출된 한계로 동일자가 이행한다는 법규보다는 ── 한 존재가 타자 속으로 이행한다는 법규를 본의 아니게 형이상학적으로 따르고 있음을 드러낸다.)

'찢긴 상처'는 단지 바깥으로 외존되는 가운데에서만 있다. 즉 단수적 존재의 모든 '안'은 '바깥'으로 노출되어 있다(또한 그렇기에 여성이 공동체의 예 또는 ── 결국 같은 것이지만 ── 한계가 된다). 아무것도 아닌 것의 찢긴 상처가, 아무것도 아닌 것과 함께 찢긴 상처가 있다. 즉 **아무것도 아닌 것**으로 향한 공동의 나타남이 있다(또한 **아무것도 아닌 것** 앞에 우리는 다만 공동으로-나타날 수 있을 뿐이다). 다시 한번, 존재도 공동체도 찢기지 않았다. 하지만 공동체의 존재는 단수성들의 외존에 **있다.**

입은 열렸을 때 마찬가지로 찢긴 상처가 아니다. 입은 '안'을 '바깥'으로 노출시키지만, 만약 그러한 노출이 없다면 '안'은 존재하지 않는다. 단어들은 목구멍으로부터(머리 '안'에 있는 '정신'으로부터도) '나오지' 않는다. 그것들은 입의 발음 가운데 형성된다. 그렇기 때문에 말은 소통의 **수단**이 아니라 ── 침묵까지 포함하는 ── 소통 자체, 외존(그것은, 이누이트 에스키모Eskimo Inuits가 파트너의 열린 입안에 소리를 울려 노래하는 방식과 흡사하다)이다. 말하는 입은 어떤 결속을 권유하지도, 알게 하지도, 실행시키지도 않는다. 그것은 ── 아마, 입맞춤처럼 **한계에서** ── 하나의 단수적 장소가 다른 장소들에 부딪혀서 나는 소리를 낸다.

> "나는 말한다. 이제 나는 ── 나 자신 안의 존재는 ── 존재한다. 내 안에서와 마찬가지로 내 밖에서." (VIII, 297.)

의심할 바 없이 인정에 대한 헤겔적 욕망이 이미 작동하고 있을 것이다. 그러나 인정 이전에 인식이 있다. **나**는 먼저 타인에게 노출되고, 또한 타인의 노출에 노출된다는 사실에 대한 지식이 따르지 않는, '의식' 없는 인식이. **에고 숨 엑스포지투스**_Ego sum expositus_(나는 노출되어 존재한다). 이 사실을 잘 들여다본다면, 너무나 확실해서 주체가 갖지 않을 수 없고 어떠한 방법으로도 증명될 수 없는 데카르트적 명증성 그 배후에서, **에고**가 밤 앞에서 느끼는 현기증도 아니고, 자기-감정의 실존적 내재성도 아니며, 오직 공동체가 있어야만 한다는 역설을 간파할 것이다. 공동체에 대해 데카르트는 너무나 적게 알았거나 아무것도 몰랐던 것처럼 보인다. 그 점에서 데카르트의 주체는 공동체와 단수성의 경험에 반대되는 형상이다. 그 주체 또한 스스로 노출되었다는 것을 안다. 그 주체가 스스로를 안다면, 스스로 노출되었기 때문이다(데카르트는 스스로를 자신의 초상화처럼 제시하지 않는가?[33]).

*

그렇기에 공동체는 이루어야 할 **과제**의 영역에 속할 수 없다. 우리는 공동체를 이루어 낼 수 없으며, 다만 공동체를 유한성을 경험하는 것처럼 경험한다(또는 공동체의 경험이 우리를 만든다). 과제로서의 공동체 또는 성과물들에 기반한 공동체는, 공유된 존재가 그 자체로 (장소들에서, 사람들에게서, 건축물들에서, 담론들에서, 기관들에서, 상징들에서, 간단히, 주체들에게서) 객관화될 수 있고 생신될 수 있다는 것을 가정할 것이다. 그러한 종류의 작용에 따라 생산된 것들은 아무리 웅장하게 될 수 있고 때때로 그렇게 된다 하더라도 마리안느의 석고 흉상과 마찬가지로 공동체적 실존을 결코 담고 있지 않다.

본질적으로 공동체는 블랑쇼가 무위無爲désœuvrement라고 명명한 것에 자리 잡는다. 과제 내에서 또는 과제 너머에서, 과제로부터 빠져나오는 것, 생산과 완성을 위해 할 일이 더 이상 없으며, 다만 우연히 차단되고 분산되며 유예에 처하게 되는 것, 공동체는 단수성들의 차단 또는 단수적 존재들 자체가 유예되는 가운데 이루어진다. 공동체는 그들이 이루어야 할 과제가 아니고 그들 자체를 만들어 낸 성과들도 소유하지 않으며, 마찬가지로 공동체는 단수적 존재들의 성과도 아니고 그들의 작용 자체도 아니다. 왜냐하면 공동체는 그들의 존재 —— 공동체의 한계에 매달린 그들의 존재 —— 이기 때문이다. 소통

---

33 J.-L. Nancy, *Ego sum*, Flammarion, 1979 참조.

이란 사회적 · 경제적 · 기술적 · 제도적 과제[34]에서 벗어나 무위에 처하게 되는 것이다.

공동체의 무위는, 바타유가 아주 오래전에 신성神性한 것이라 명명한 것 옆에 자리 잡는다. 하지만 그는 이렇게 말하기에 이른다. "내가 아마 순전히 현학적인 이름으로 신성한 것이라고 방금 불렀던 것은 요컨대 단지 정념들의 분출일 뿐이다"(VII, 371).

모든 **사물들**을 최고주권 가운데에서 파괴하고 **아무것도 아닌 것**으로 소진燒盡시킬 준비가 되어 있는 자유로운 주체성의 격렬한 움직임을 통해 "정념들의 분출"이 부분적으로만 재현될 뿐이라는 사실, 또는 그렇게 신성한 것을 특징지음으로써 정념이 분출되는 공동체가 어둠에 묻혀 있게 된다는 사실, 어쨌든 바타유는 언제나 그 사실에 따라 방향을 잡는 것을 특별히 선호한다. 그 방향에서, 『에로티즘 L'Érotisme』이 말하고 있듯이, 적어도 멀리서, 우리의 불가능한 진리를 알리는 "끔찍한 기호"가 주어진다. 그러나 그러한 그의 그 방향에 대한 특별한 신호가, 주체를 궁극적으로 보존(또는 지양)한 데에 따르는 결과가 아니라고 장담할 수 없다. 바타유에게 주체의 궁극적 보존(또는 지양)은 주체성 자체를 최고주권 내에서 주체적으로 소멸시키는 것이다. 일종의 열광적인 허무주의가 주체를 자신의 융합의 지점으로 몰고 간다. 이는 여전히 헤겔이지만, 더 이상 헤겔이 아니기도

---

34 그러나 나는 정치적인 것le politique을 그중 하나로 여기지 않는다. 국가나 당의 (또는 국가-당의) 형태 아래에서 정치적인 것은 분명 과제에 속하는 것처럼 보일 수 있다. 그러나 정치적인 것의 중심에서 공동체적 무위가 저항하고 있다. 그 점으로 나는 다시 돌아갈 것이다.

하다. 이는 더 이상 국가가 아니지만, 여전히 죽음이라는 과제[작품]이다. 바타유에게, 공동체를 범죄의 공화국처럼 제시하는 사드는 죽음이라는 과제[작품]를 매혹적으로 형상화하는 자이다. 반면 범죄의 공화국은 또한 범죄자들이 최후의 한 사람까지 모두 자살(제물을 바치는, 정념 가운데 광분하는 자들 스스로가 희생됨)하는 공화국이어야만 할 것이다. 하지만 또한 바타유는 정념의 소멸을 보여 주는 신성한 분리 가운데 세워진 공동체를 매우 자주 긍정했고, 소통에 대한 스스럼 없고 과도한 요구에 따르는 시련을 너무나 많이 경험했었기에, 공동체 내에서 역으로 사드의 한계를 확인하기에 이른다. 말하자면 "나는 말한다. 이제 나는 존재한다…… 내 안에서와 마찬가지로 내 밖에서"라는 문장은 사드의 "중대한 실수"에 대해 반박하기로 단호히 결정하고 쓴 문장이다. 또한 바타유는 이렇게 말한다.

> "사드가 한계에서 재현했던 바와는 반대로, 세계는 사드 자신과 사물들로 구성되어 있지 않다." (VIII, 297.)

따라서, 무위의 공동체가 "신성한 것" 옆에 놓일 수 있다면, 이는 "정념들의 분출"이 어떤 주체성의 자유로운 지배가 아니며 또한 자유가 자기충족이 아니라는 의미에서(바타유는 어느 정도까지는 자신의 사유를 누리고 있던, 여러 점에서 매우 고전적이고 주관적인 자유의 개념의 하중을 모르고 있었다) 그렇다. "정념들의 분출"은, 바타유가 자주 '소통'의 또 다른 이름인 '**감염**contagion'으로 지시했던 것의 질서에 속해 있다. 소통되는 것, 감염시키는 것, 소통되고 감염시키는 한에

서만 — 오직 그러한 한에서만 — 분출되는 것, 그것은 단수성 자체
의 **정념**이다. 단수적 존재는, 단수적이기 때문에, 자신의 단수성을 분
유하려는 정념 — 수동성, 고통, 그리고 초과 — 가운데에 있다. 타자
의 현전은 '나의' 정념들의 분출을 제한하기 위해 경계를 설정하지 않
는다. 반대로 오직 타자로의 외존만이 나의 정념들을 분출시킨다. 개
인이 또 다른 한 개인과, 그와 동일한 동시에 사물인 것처럼 — 하나
의 사물의 정체성을 갖고 있는 것처럼 — 나란히 놓여 있는 곳에서,
단수적 존재는 자신의 **동류**를 아는 것이 아니라 체험한다. "존재는 결
코 나 혼자이지 않으며, 언제나 **나와 나의 동류들이다**"(같은 곳). 거기
에 단수적 존재의 정념이 있다. 단수성은 존재의 정념이다.

　　동류가 분유의 계시를 가져온다. 그는 마치 초상화가 원본과 닮
은 것처럼 나와 닮지 않았다. 바로 그러한 종류의 닮음에, (공공연히
'사물에 대한 인식'과는 대립된다고 여겨지는) '타인에 대한 인정'이라
는 꺼림칙한 고전적 논제(그것은 막다른 골목에 몰리게 된다)의 최초
의 형태가 주어졌다 — 또한 공동체의 문턱에 사유를 붙잡아 두면서,
그 논제와 그 논제가 부딪힌 막다른 골목의 궤적들이, 후설적 **타아**를
넘어서 프로이트·하이데거와 바타유에게서까지, 죽음을 통해 타인
을 인정하게 된다는 반영성spécularité 가운데 그려지지는 않는가라고
물어야만 한다. 그러나 내가 말한 대로, 바로 타인의 죽음을 통해 공
동체는 나를 타인의 가장 고유한 영역으로 가도록 명령한다. 그러나
그 사실에는 반영에 따르는 인정이 매개되어 있지 않다. 왜냐하면 **나**
는 타인의 죽음에서 **나**를 인정하지 못하기 때문이다 — 타인의 죽음
이라는 한계는 나를 돌이킬 수 없이 외존시킨다.

하이데거는 여기서 더 멀리 나아간다.

"우리는 본래적 의미에서 타자의 죽음을 경험하지 못하며, 우리는 기껏해야 '거기 근처'에 있을 뿐이다. (……) 죽음은, 그것이 '존재하는' 한, 본질적으로 언제나 나의 것이다."

(타자 안에서 자기를 인정하는 것은 자기 안에서 타자를 인정하는 것을, 결과적으로 주체의 요청을 가정한다는) 반영적 배열이 여기서 ─ 과감하게 말한다면 ─ 완전히 뒤집어진다. 즉 나는 타인의 죽음에서 인정할 수 있는 아무것도 없다는 사실을 인정하게 되는 것이다. 바로 그렇기에 분유가 있을 수 있다 ─ 그리고 유한성이 기입될 수 있다. "죽음에 함축되어 있는 끝남은 현존재가 끝에-와-있다는-것이 아니라, 그 존재자가 **끝을-향한-존재**라는 것을 의미한다."[35] 동류의 유사성은 "끝을 향한 존재들"의 만남에서 나타난다. 그 끝이, '나의 것'(또는 '너의 것')인 그들의 끝이, 그들이 공동으로-나타나게 되거나 공동으로-나타나 향해 있는 **같은 한계**로 인해, 그들을 **유사하게 만드는** 동시에 **분리시키는** 것이다.

나 자신이 동류와 '닮았다'라는 점에서 동류는 나와 '닮았다'. 말하자면 우리는 모두 같이 '닮았다'. 즉 동일성의 '원본'도 '기원'도 없으며, 기원의 자리를 대신하는 것은 바로 단수성들의 분유이다. 이는 그

---

35 *Sein und Zeit*, 4절과 48절.

'기원' ── 공동체의 기원 또는 근원적 공동체 ── 이 한계와 다른 것이 아님을 의미한다. 다시 말해 그 기원은 단수적 존재들이 쫓아가서 외존되는 가장자리들의 윤곽이다. 우리는 동류들이다. 왜냐하면 우리는 **우리 자신을 위해 우리 자신인** 바깥으로 각자 외존되기 때문이다. 동류는 엇비슷한 자가 아니다. 나는 타자 안에서 **나**를 다시 발견하지도 **나**를 인정하게 되지도 않는다. 나는 타자 안에서 타자성과 변조變調를, 또는 타자의 타자성과 변조를 체험한다. '내 안에서' 일어나는 그 변조에 따라, 나는 나의 단수성을 나의 밖으로 가져다 놓는다. 그 변조에 따라 나의 단수성은 무한하게 유한해진다. 공동체는, 타자와 동일자가 동류인, 즉 동일성을 분유하는 단수적·존재론적 질서의 영역이다.

분출되는 정념은 공동체의 정념 이외에 다른 것이 아니며, 그 정념은 죽음에의 정념이 탈주체화désujectivisation되는 것으로 ── 즉 죽음에의 정념이 반전된 것으로 ── 알려진다. 왜냐하면 그것은 인정에 대한 헤겔적 욕망도, 지배를 위한 계산적 작용도 아니며,[36] 향락 jouissance을 추구하지 않는다. 그것은 주관적 내재성의 자기 전유를 추구하지 않는다. 그러나 그것은 '**환희**joie'라는, '향락'이라는 단어의 자매어가 지정하는 그것이다. 바타유가 그 '실현 과정'을 묘사하려고 했던 '죽음 앞에서의 환희'는, 죽음을 뛰어넘지 않는 단수적 존재

---

36 그것은 의심의 여지 없이 마찬가지로 지라르Girard의 '모방 욕망désir mimétique'보다도 이전의 것이다. 헤겔이나 지라르에게서 요컨대 인정이나 향락이 무엇인지를 아는 주체가 가정되어 있다. 그러한 앎이 이번에는 단수성들의 정념에 바탕한 소통을, "동류"에 대한 체험을 가정하는 것이다.

의 — 아주 강한 의미에서의 — 황홀ravissement(그것은, 주체의 가장 내밀한 매개를 통한 부활의 환희가 아니고, 하나의 승리가 아니고, 어떤 찬란함splendeur — 그것이 '환희'의 어원적 의미이다 — 이지만, 밤의 찬란함이다)이다. 반면 그 황홀은 단수적 존재의 단수성의 극단에, 그의 유한성의 끝에, 그가 쉼 없이 타자 앞에서 타자와 함께 공동으로 나타나는 경계에 도달하며, 나아가 그 경계를 전유하지 않으면서 그것과 접촉하기에 이른다. 환희는 오직 공동체를 통해서만, 공동체의 소통으로서만 가능하며 의의와 실존을 갖는다.

*

"우리가 말하는 집단적 실존의 정신 내에 실제로 있는 것은 상상하기 가장 곤란한 것이다. 또한 죽음을 인간들의 **공동** 활동의 근본적 목표로 간주하는 표상보다 더 우리를 당혹스럽게 하는 표상은 없다. 죽음은 음식물이나 생산 수단들을 위한 생산물이 아닌 것이다. (……) 어떤 공동체의 실존에서 죽음과 단호하게 결부되어 비극적인 종교적인 것이 인간들에게 가장 낯선 것이 되어 버렸다. 어느 누구도, 더 이상, 공동의 삶의 — 같은 것이지만, 인간 실존의 — 현실이 밤의 공포를, 마찬가지로 죽음이 일으키는 탈자태적 경련을 공유하는 데에서 비롯된다는 사실을 생각하지 않는다.

(……)

공동의 실존에, 끈질기게 집착하게 만드는 가치를 가져오는 감정적 요소는 죽음이다." (I, 486, 489.)

*

공동체가 '상실되었다'는 생각을 해서는 안 되고 — 바타유 자신이 그러한 종류의 생각에서 빠져나와야만 했으며 —, 마찬가지로, 우리 사회의 악들을 교정할 구실로 신성한 것의 회귀를 설교하기 위해 그것의 '상실'을 해석하고 한탄하는 것은 어리석은 짓이다. (바타유는 니체의 가장 심오한 요구에 따라 그러지 않았었고, 벤야민도 하이데거도 블랑쇼도, 그들에게 겉으로 보아서 반대되는 몇몇 예들이 있기는 할지라도, 그러지 않았다.) 그러나 신성한 것 — 결국 "거대한 실패"에 빠져 버린 **모든** 신성한 것 — 에서 배제되어 사라져 버린 것이, 오히려 이제부터 공동체 자신이 신성한 것의 자리를 차지하고 있음을 보여 준다. 말하자면 공동체가 신성한 것, 하지만 신성한 것이 없는 신성한 것이다. 왜냐하면 신성한 것 — 분리된 것, 따로 떨어져 나온 것 — 은 감추어져 있으면서 우리를 강박적으로 사로잡는 그 연합이 아니며, 공동체의 분유 이외의 다른 어떠한 것으로도 이루어질 수 없는 것이라는 사실이 명백해졌기 때문이다. 공동체라는 단일체도, 그 신성한 실체도 없다. 그러나 '정념들의 분출'이, 단수적 존재들의 분유가, 그리고 유한성의 소통이 있다. 유한성은 한계를 거쳐 가면서, 한 존재'로부터' 타자'로' 이행한다. 그 이행이 바로 분유이다.

따라서 공동체라는 단일체도 그 실체도 없다. 왜냐하면 그 분유가, 그 이행이 완성될 수 없는 것이기 때문이다. 미완성이 그 '원리'이다 — 미완성을 불충분성이나 결핍이 아니라, 분유의 역동성을, 또는 단수적 균열들에 따라 끊이지 않는 이행의 역학을 가리키는 역동적 표현으로 받아들여야만 한다는 의미에서 그렇다. 분유의 역동성, 다시 말해 무위의 역동성, 무위로 이끄는 역동성. 어떤 공동체를 구성하는 것도, 만드는 것도, 자리 잡게 하는 것도 관건이 아니다. 마찬가지로 거기에서 어떤 신성한 힘을 숭배하는 것도, 두려워하는 것도 관건이 아니다. 공동체의 분유를 미완성의 것으로 내버려 두는 것이 관건이다.

우리의 계획들·의지들·기획들 그 이하에서, 공동체가 존재와 함께, 존재로서 우리에게 주어진다. 결국 우리에게 공동체를 상실한다는 것은 불가능하다. 사회는 가능한 한 최소의 정도로 공동체적일 수 있지만, 사회라는 사막에서 설사 미미하고 접근할 수 없다 하더라도 공동체가 완전히 없을 수는 없다. 우리는 공동으로-나타나지 않을 수 없는 것이다. 한계에서 파시스트적 대중만이, 육화된 연합이 가져오는 착란 속에서 공동체를 말살하는 데로 나아간다. 마찬가지로 수용소 — 학살의 수용소, 몰살의 수용소 — 는 그 본질에서 공동체를 파괴하려는 의지 자체이다. 그러나 의심할 바 없이 한 번도, 수용소에서조차, 공동체는 그러한 의지에 저항하기를 완전히 그만두지 않는다. 공동체는 어떤 의미에서는 저항 자체, 즉 내재성에 대한 저항이다. 결과적으로 공동체는 초월성이다. 어떠한 '신성한' 의미도 갖지 않는 그 '초월성'은 정확히 내재성에 대한(모든 자들의 연합에 대한, 또는 하나 또는 몇몇 사람을 배제하려는 정념에 대한, 주체성의 모든 형태와 모든 폭력에 대한) 저항 이외에 다른 어떠한 것도 의미하지 않는다.[37]

공동체가 우리에게 주어진다 — 또는 우리가 공동체를 따라서 주어지고 내버려진다. 이는 새롭게 되풀이해야 할 선물이며, 공동의 것으로 분유해야 할 선물이지, 해야 할 과제œuvre가 아니다. 이는 하나의 임무tâche이다. 다른 점은 ─ 그것이 유한성의 한가운데 놓여 있는 무한의 임무라는 것이다.[38] (하나의 임무와 하나의 투쟁, 즉 맑스가 그 의의 ─ 그것을 바타유는 이해했었다 ─ 를 갖고 있었던 이 투쟁, 이 투쟁의 명령은 결코 '공산주의적' 목적론에 부합하지 않으며, 소통의 질서 가운데 개입한다. 예를 들어, 자신에게 '저질러진 과오'에 대해 말할 수 있는 언어조차 갖지 못한 피착취자에게 행한 '절대적 과오'에 대해 리오타르가 말할 때,[39] 또한 ─ 의심할 바 없이 핵심은 같지만 ─ 내가 다시 말하게 될 척도 없는 '문학적' 소통 가운데에서 그렇다.)

---

37 공동체의 이 본질적인, 원原-본질적인 저항 ─ 그 저항에 대한 긍정은 어떤 '낙관주의'가 아니라 진리에서 나오며, 그 저항의 진리는 한계들의 체험에서 나온다 ─ 에 대해 로베르 앙텔므Robert Antelme가 나치 수용소에서 겪은 자신의 포로 생활을 바탕으로 쓴 이야기보다 더 나은 증언은 아마 없을 것이다. 나는 여러 대목들 가운데 다음을 되돌려 본다. "보다 더 친위대가 우리를 품위 없이 무차별적이고 무책임한 존재로 완전히 만들어 버렸다고 믿을수록(사실 우리는 분명 그러한 외양을 띠고 있다), 보다 더 우리의 공동체는 사실 품위를 간직하고 있으며, 보다 더 그 품위는 범접할 수 없는 것이 된다. 수용소의 인간은 차이들이 제거된 존재가 아니고, 반대로 실제적으로 차이들을 구현해 낸다"(*L'Espèce humaine*, Paris, Gallimard, 1957, p. 93). 공동체의 저항은 단수적 죽음이 스스로 자신의 한계를 설정한다는 사실에 근거한다. 우리는 단수적 죽음을 끝까지 과제[작품]로서 밀고 나갈 수 없는 것이다. 바로 죽음이 무위를 가져오는 것이다. "죽음은 친위대보다 강하다. 친위대는 친구를 죽음에서까지 뒤쫓을 수는 없다. (……) 친위대는 한계와 만난다. 우리가 스스로 죽일 수 있는 순간이 있다. 우리가 변해서 남긴 대상 앞에서, 즉 등을 돌려 버린 채 친위대의 법에 전혀 아랑곳하지 않는 시체 앞에서, 오로지 친위대를 한계에 부딪치도록 몰아붙이기 위해서, 그럴 수 있는 순간들이 있다"(같은 책, p. 99).

38 **임무**의 개념에 대해, "Dies irae", *La Faculté de juger*, Paris, Minuit, 1985 참조.

39 *Le Différend*, Paris, Minuit, 1984 참조.

*

바타유에게 공동체는 무엇보다 먼저, 결국 연인들의 공동체였다.[40] 환희는 연인들의 환희이다. 그러한 귀결은, 그것이 하나의 귀결이라면, 애매한 것이다. 내가 이미 말한 대로, 바타유의 연인들은 사회와 대면해서, 여러 점에서, 연합의 형상이나 자신의 탈자태에 결국 홀로 빨려 들어가는 — 사드적 주체는 아니라 할지라도 — 어떤 주체의 형상을 제시한다. 그러한 한에서 연인들에 내한 찬양에서, 또는 바타유의 연인들에 대한 열정적 관심에서, 연인들 고유의 공동체이든, 또 다른 공동체이든, 한 커플이 아니라 사회의 다른 모든 커플들과 모든 사랑을 분유할 공동체이든 접근할 수 없다는 특성을 갖고 있다는 사실이 드러난다. 바타유에 의하면, 그 연합의 형상이나 주체의 형상 아래에서, 연인들은 그들 자신과 그들의 환희 이외에 공동체 '자체'와 정치적인 것에 대한 절망을 재현한다.[41] 결국 그러한 연인들은

---

40 나는 여기서 예술가에 대한, 차라리 '예술의 최고주권적 인간'에 의한 공동체를 옆에 놓아둔다. 바타유가 가장 명백하고 지속적으로 사회와 국가에 대립시키는 것은 바로 연인들의 공동체이다. 하지만 그 공동체가 표방하는 소통이나 감염은 요컨대 — 모든 심미주의와 나아가 모든 심미적인 것으로부터 떨어져 나와 행해지는 — 예술에 대한 '최고주권적 포기'(그것은 이후에 '문학la littérature'에 대한 논의에서 문제가 될 것이다)를 통한 공동체의 소통이나 감염이다.

41 설사 승화되었다 하더라도 에로스적이거나 리비도적인 관계에 사회성을 결부시킬 수 없는 불가능성 앞에서, 프로이트는 스스로 '동일시identification'라고 부른 '정동적情動的affectif' 관계를 도입했다. 공동체의 물음은 동일시의 모든 문제들을 함의하고 있다. Ph. Lacoue-Labarthe · J.-L. Nancy, "La panique politique", *Confrontation* n° 2, 1979; "Le peuple juif ne rêve pas", *La Psychanalyse est-elle une histoire juive?*, Paris, Seuil, 1981 참조.

'사적인 것'과 '공적인 것'의 대립이라는 덫에 걸려들게 될 것이다. 원칙적으로 그 대립에 바타유는 관심이 없지만 — 사랑 속에서 공동체의 진리가 복수적·사회적이거나 집단적인 모든 다른 관계와 대치對峙되면서 노출되는 것처럼 보이는 한에서, 같은 말이지만, 결국 사랑이 (우리가 정치적인 것에 대한 사유를 위한 공모共謀와 구별하는, 내재성을 바탕으로 이루어지는 사랑의 비극적 변증법에 따라) 사랑 고유의 연합으로 나아가지 못하면서 사랑 자체와 대치되고 있지 않다면 —, 바타유에게서 그 대립은 되풀이되어 은밀하게 나타나고 있다. 따라서 사랑은 '현실' 공산주의가 포기했던 것을 드러내며, 또한 우리가 공산주의를 포기했던 이유를 드러내는 것처럼 보인다. 말하자면 사랑은 사회적 공동체에 오직 사물들과 생산과 착취라는 외부만을 남겨 둔 것이다.

바타유를 거슬러서, 또한 그와 함께 이렇게 말해야만 할 것이다. 사랑이 공동체 전체를 노출시킬 수 없으며, 사랑이 순전하고 단순하게 공동체 전체의 본질 —설사 그것이 불가능한 것 자체라 할지라도 —을 포착하거나 구현(그러한 모델은 사랑을 국가의 객관성과 연결시켜 승격시키지는 않지만 여전히 기독교적이고 헤겔적이다)하지는 않는다. 입맞춤은 어쨌든 말parole이 아니다. 의심할 바 없이, 연인들은 물론 말한다. 그러나 그들의 말은 한계 위에 놓여 있고 무력하며, 과도하게 빈곤하다는 점에서, 결국 과도하고, 그들의 말 안에서 사랑은 이미 매몰되어 있다. "연인들은 말한다. 그리고 그들의 혼란스러운 말들은 그들을 뒤흔들어 놓는 감정을 수그러들게 만드는 동시에 부풀린다. 왜냐하면 그들은 진리가 섬광의 순간에 붙잡은 것을 지속

가운데로 이전시켜 놓기 때문이다"(VIII, 500). 반면 도시에서 인간들은 껴안지 않는다. 평화의 입맞춤, 포옹에 담겨 있는 종교적이거나 정치적인 상징은 물론 어떤 것을 가리키지만, 다만 어떤 한계를 가리킬 뿐이고 너무나 자주 우스꽝스럽다. (그러나 사회적 — 문화적·정치적 등등 — 말은 연인들의 말과 마찬가지로 빈곤해 보인다……. 바로 여기서 '문학'이라는 물음을 다시 제기해야 할 것이다.)

연인들은 하나의 사회가 아니며, 사회에 대한 부정도 아니고, 사회가 드높여진 형태도 아니다. 바로 사회 일반과의 긴격 내에서 바타유는 연인들에 대해 사유한다. "나는 인간이 아주 오랜 시간 전부터 개인적 사랑의 가능성에 열려 있었다는 사실을 그려 볼 수 있다. 나로서는 사회적 끈이 은밀하게 느슨해지는 것을 상상해 보는 것으로 충분하다"(VIII, 496). 하지만 그는 연인들을 또한 하나의 사회로, 단순한 사회가 도달할 희망이 없는 불가능한 연합의 진리를 간직하고 있는 또 다른 사회로 간주한다. "사랑은 오직 소비하기 위해, 향락과 쾌락을 오가기 위해 연인들을 결합시킨다. 그들의 사회는 축적의 사회인 국가와는 반대로 소진燒盡된 사회이다"(VIII, 140). 여기서 '사회'라는 단어는 하나의 은유가 아니다 — 어쨌든 하나의 은유만은 아니다. 그 단어는 바타유에게서 축제·낭비·희생·영예의 사회라는 모티프와 나중에(1951년) 어렵게 어쩔 수 없이 공명하게 된다. 마치 연인들이 그 모티프를 간직하고 있으며, 그러면서 그것을 궁극에 이르러 정치종교적인 것의 거대한 실패로부터 살려 놓고, 사랑을 상실한 공동체를 대신하는 피난처로 제시하는 것처럼 말이다.

그러나 공동체가 '상실되지' 않은 것과 마찬가지로, 의심의 여지 없이 '소진된 사회' 역시 존재하지 않는다. 두 사회가 있는 것도 아니고, 공동체 내에 사회의 어느 정도 신성한 이상理想이 있는 것도 아니다. 반면 사회 **내에서**, 모든 사회 내에서, 모든 순간에 '공동체'는 사회적 결속이나 조직의 소진과 다른 어떠한 것도 아니다 ─ 소진, 그것은 사회적 결속 위에 직접 전개되며, 단수적 존재들이 유한성을 분유하는 데에 따라 전개된다. 따라서 연인들은 하나의 사회도 아니고, 융합적 연합 가운데 이루어지는 공동체 **자체도** 아니다. 만일 연인들이 관계의 진리를 간직하고 있다면, 이는 사회와의 간격 내에서 그런 것도 아니고 사회를 넘어서서 그런 것도 아니며, 그들이 연인들로서 공동체 내에서 외존된 한에서 그런 것이다. 그들은 사회에서 받아들여지지 않거나 감추어져 있는 연합을 구성하지 않고, 반대로 소통이 연합에 있지 않다는 사실을 드러낸다.

하지만 그러한 점에서 연인들에 대한 바타유의 표상은 오래된 전통을 ─ 아마 사랑의 정념의 모든 서양적 전통을, 그러나 분명하게 그 전통은 적어도 낭만주의 이후에 정치종교적인 것의 와해와 분명하게 마주해서 그것과 대응하고 있는 전통이다 ─ 이어받고 있으며, 그 표상에 연합에 대한 강박이 은밀하게 여전히 남아 있다. 의심할 바 없이 연인들의 최고주권은 순간의 탈자태와 다른 어떠한 것도 아니고, 그것은 **결합을 실현시키지 않는다.** 그것은 **아무것도 아니다** ─ 그러나 아무것도 아닌 것이, 그 자체의 '소진' 가운데, 그 자체 하나의 연합을 이룬다.

그러나 바타유는 사랑이 갖는 한계를 알고 있었다 ─ 역설적인 반전을 거쳐 사랑에 도시의 최고주권적 역량을 대립시키면서 적어도 어떤 시기에는 그랬었다.

"죽을 수밖에 없는 개인은 아무것도 아니며 사랑의 역설에 따라, 개인
이라는 거짓 때문에 사랑의 한계가 설정된다. 오로지 국가(도시)만이
정당하게 우리를 위해 개인 너머의 의의를 보장한다. 오로지 국가만
이 죽음을 통해서도, 사적인 이익을 추구하는 오류를 통해서도 변질
되지 않는 이 최고주권적 진리를 담지하고 있다." (VIII, 497.)

그러나 이후에 즉시 바타유는 어쨌든 국가가 (그가 말한 대로 적
어도 오늘날 여전히 노스탤지어에 근거한 논리 안에서) 빠져 있는, '세
계의 **총체성**'을 줄 수 없는 무능력을 다시 언급했다. 결국 그 총체성
을 사랑을 통해서만 접근할 수 있는 것으로 여겨야만 할 것이다. 그
총체성은 개인이라는 거짓 가운데에서만 상실되거나 완성되는 것이
다. 말하자면 우리는 환멸의 순환구조에서 빠져나오지 못하고 있다.
　다른 것에 대해 사유해야만 한다 ── 그러나 '총체성'(그것은 여
기서 내재성이나 주체의 또 다른 이름이다)에 성공적으로 접근하는
것에 대해서가 아니라, 사랑과 공동체가 분명해지는 또 다른 형태에
대해 사유해야만 한다.
　사실 연인들의 죽음은, 그들 밖에서뿐만 아니라 그들 사이에서,
그들을 공동체에 외존시킨다. 사랑이 갖는 알려진 한계는 외부적 한
계가 아니다 ── 바타유가 믿는 것처럼 보이는 바와는 반대로, 그 한
계는 개인의 '사적이고' 거짓을 낳는 불충분성에 따르는 한계가 아니
다. 그 한계는, 개인이 사랑을 가로지르고 정확히 사랑으로 외존되는

한에서, 공동체를 분유하는 것 자체에 있다. 사랑은 (도시국가에 대립하면서, 그 밖에서 또는 그 변두리에서) 공동체를 **완성시키지** 않는다. 사랑이 공동체를 완성시킨다면, 사랑은 공동체의 과제[작품]거나 공동체를 실현시키게 될 것이다. 반대로 사랑을 하나로의 연합이라는 정치적·주관적 모델로부터 조금이라도 벗어나서 생각해 보자. 그렇다면 사랑은 무위를, 따라서 공동체의 끊임없는 미완성을 드러내 보여 준다. 그것은 공동체를 **공동체의 한계에서** 드러내 보여 준다.

연인들은 공동체의 외부적 한계가 아니라 극단적 한계를 설정한다. 그들은 분유의 극단에 있다(또한 분유의 극단은 외부 테두리가 아니라 오히려 한가운데 있으며, 사실 그 외부 테두리는 존재하지 않는다……). 연인들은 "정념의 분출"에 따라 공동체와 대면한다. 이는 "정념들의 분출"에 따라 연인들이 공동체와 단순히 간격을 두게 된다는 점(바타유에게서는 저주받은 연인들, 금지된 정념과 같은 안이한 표현들이 자주 발견된다……)에서가 아니라, 반대로 그들이 공동체 한가운데에서, 결국 공동체에 직접 공동의-나타남의 극단을 공동체에 노출시킨다는 점에서 그렇다. 왜냐하면 연인들의 단수성이 그들을 분유하기 때문이다. 또는, 연인들은 짝짓기의 순간에 자신들의 단수성을 분유하기 때문이다. 연인들은 한계 위에서 단수적 존재들의 외존을 서로에게 외존시키고, 그 외존의 맥박소리를, 즉 공동의 나타남, 이행 그리고 분유를 드러내 보여 준다. 연인들 안에서 또는 ── 정확히 같은 것이지만 ── 연인들 사이에서, 탈자태, 즉 환희는 한계와 **접촉한다.** 연인들은 서로 접촉하지만, 동향인들은 그렇지 않다. (또는 동향인들도 광신적 대중의 착란 속에서 ── 또는 몰살당한 육체들의 시체더미 앞에서 ──, 즉 접촉이 과제가 되는 곳 어디에서나 여전히 접촉한다.) 그러한 진부하고 꽤나 우스꽝스러운 진리는, 접촉한다는 것이, 즉 이루어지지 않지만 (더 이상 말도 없이, 더 이상 시선도 없이) 약속된 것으로서 임박해 있는 내재성이 한계임을 의미한다.

한계 ── 한계 그 자체는 접촉한다는 것이다 ── 와 접촉하지만, 연인들은 그것에 도달하기를 지연시킨다. 한계를 깨뜨리고 접촉을 무로 돌리는 오래된 신화이자 오래된 욕망인 공동 자살을 통하지 않고서는 한계에 도달할 수 없다. 환희는 지연 가운데 발생한다. 연인들은 내밀성과 함께하는 순간에 침몰하는 것에 환희를 느끼지만, 이는 그 침몰이 또한 그들의 분유이기 때문이고, 그것은 죽음도 연합도 아니기 ── 환희이기 ── 때문이며, **그 자체에 이제 바깥으로 외존되는 단수성이 있다.** 그 순간에 연인들은 서로를 분유하며, 그들의 단수적 존재들 ── 그것들은 동일성을 이루지 않고 개인을 만들어 내지 않으며 아무것도 실현시키지 않는다 ── 은 서로를 분유하고, 그들의 사랑이 갖는 단수성이 공동체에 외존된다. 그 단수성은 이제 공동으로 나타난다. 예를 들어 문학적 소통 가운데에서.

그러나 그 예는 예가 될 수 없다. 다시 말해 여기서 '문학'은 그 말이 일반적으로 가리키는 것을 나타내지 않는다. 이것이 관건이다. 공동체적 외존이 **기입**된다는 것이, 그 외존이 그 자체로 기입될 수밖에 없거나 기입에 따라서만 주어진다는 것이 관건이다.

오로지 먼저 연애 문학이나 '문학적인' 문학이 문제되는 것이 아니며, 오로지 문학의 무위가, 즉 문학적일 뿐만 아니라 철학적·과학적·윤리적·미학적·정치적인 무위의 '소통'이 문제된다. 무위의 소통은, 바타유가 제시하는 연인들의 말이 뒤집어진 곳에 있을 것이며, 그 점에서 그 소통을 '문학'이 아니라면 적어도 '글쓰기'로 불러야 할 것이다. 연인들의 말은 환희를 위해 지속을 추구하지만 환희는 지속되는 가운데 사라져 간다. 반면 '글쓰기'는 반대로 소통의 순간에, 분유 가운데, 집단적·사회적 지속을 **기입시킨다**. '문학적 공산주의'는, 연인들이 정념을 통해 실현시키지 않고 다만 바깥으로 드러내 보여 주는, 최고주권의 분유일 것이다. 그들은 그 분유를 먼저 자신들의 단수적 존재들에 드러내 보여 준다. 연인들이 공동체 전체 내에서, 그 앞에서 서로 껴안고 있는 동안, 그들의 존재들은 그 자체 이미 공동으로 나타난다. 이는, 연인들과 공동체에서, 사랑과 글쓰기 가운데 고뇌 없이 ── 또한 환희 없이 ── 이루어지지 않는다. 탈자태는 에로스적이거나 파시스트적으로 죽음이라는 과제[작품]에 지나지 않게 될 수도 있지만, 유한성의 기입과 소통을 거쳐 간다. 다시 말해 탈자태는 필연적으로 (문학적·정치적 등등) **과제들**을 전제하지만, 기입되는 것, 기입되면서 한계를 거쳐 가고 외존되면서 (말로 어떤 의미를 충족시키기를 원하는 대신에) 소통되는 것, 분유되는 것, 그것은 과제들의 무위이다.

연인들은 더할 나위 없이 공동체의 무위를 드러내 보여 준다. 무위는 공동의 측면이고 내밀성이다. 또한 연인들은 이미 **그들의 내밀성을 분유하고 있는** 공동체에 무위를 드러내 보여 준다. 그들은 공동체의 한계 위에서 공동체를 위해 있으며, 그들은 밖이자 안이고, 그들은 한계에서 공동체와 글쓰기의 소통 없이 의의를 갖지 못한다. 그 점에서 그들은 자신들의 기이한 의의를 갖게 되는 것이다. 역으로, 바로 공동체가 그들의 사랑을 통해 그들에게 그들 자신의 단수성과 그들의 탄생과 그들의 죽음을 현시시킨다. 연인들은 자신들의 탄생과 죽음을 포착하지 못하지만 환희를 통해 순간적으로 거기에 접촉한다. 그들의 아이가 태어난다면, 그 아이의 탄생도 마찬가지로 그들에게 포착되지 않는다. 그 탄생은 또 다른 단수성의 분유이며, 만들어 낸 어떤 성과가 아니다. 아이는 물론 사랑이 낳은 아이일 수 있지만 사랑의 성과가 아니다. 아이는, 헤겔이 원했던 바와는 반대로, "불멸성의 배아胚芽, 연인들 사이의 모든 차별점을 제거하면서(지양하면서) 자기로부터 발전하고 생산되는 것의 배아"가 아니다. 아이가 나왔을 때, 아이는 이미 공동으로 나타난 것이다. 아이는 사랑을 완성하지 않고 다만 사랑을 다시 분유하며, 사랑을 다시 소통하게 하고 공동체에 드러내 보여 준다.[42]

이는 연인들 너머나 아래에서 그들의 진리를 간직하고 있는 어떤 도시국가나 국가가 있다는 것을 의미하지 않는다. 여기서 어떠한 간직할 것도 없다. 소통에서 써지는 것, 글쓰기가 소통하는 것, 그것은 간직되고, 전유되고 전수된 어떠한 진리도 아니다 — 비록 그 진리가 절대적으로 공동-내-존재의 진리라 하더라도 말이다.

---

42 그러나 그 사실을 헤겔 또한 알고 있었다 "하지만 이 통합된-존재, 아이는 하나의 결절점, 배아에 지나지 않으며, 연인들은 아이에게 아무것도 제 몫으로 분유해 줄 수 없다. (……) 새로 태어난 아이로 하여금 다양성을 띨 수 있게 하고 스스로 실존을 갖게 하는 것, 그것을 그 아이는 자기 스스로에게서 얻어 낸 것이다." 같은 의미에서 헤겔은 이렇게 쓴다. "사랑은 살아 있는 자의 감정이기 때문에, 연인들은 죽어 갈 수밖에 없는 한에서 서로 구별될 수 있다"(*L'Esprit du christianisme*, Paris, Vrin, 1971, p. 140 이하).

공동체가, 공동체의 분유가, 그리고 한계의 노출이 있다. 공동체는 연인들 너머에 있지 않으며, 그들을 포괄할 수 있는 원을 형성하지 않는다. 공동체는, 문학작품이 말의 가장 단순한 공적 교환과 뒤섞이는 한 번의 '글쓰기'의 필치로, 연인들을 가로지른다. 입맞춤을 가로지르고 분유하는 그러한 필치가 없다면, 공동체가 와해되는 만큼이나 입맞춤 자체는 절망스러울 것이다.

*

정치적인 것이 사회의 구성이 아니라 공동체를 분유하는 지향점 내에서의 공동체의 배치 자체를 가리키는 단어라면, 그것은 사랑과 죽음을 승격시키거나 과제[작품]로 만드는 데에 있지 않다. 그것은 이미 상실해 버린 것이거나 도래할 것인 어떤 연합을 발견하는 데에도, 재발견하는 데에도, 실현시키는 데에도 있지 않다. 정치적인 것이 힘들과 욕구들의 사회적·기술적 요소 내에서 소멸되지 않는다면 (거기서 사실 그것은 우리 눈앞에서 소멸되어 가는 것처럼 보인다), 그것은 분명 공동체를 분유한다는 사실을 기입해 둔다. 단수성의 윤곽, 단수성의 소통과 탈자태의 윤곽이 정치적이다. '정치적인' 것은 소통의 무위에 따라 배치되거나 그 무위로 향해 있는 어떤 공동체를, 자신이 분유 가운데에 있다는 것을 의식적으로 경험하고 있는 공동체를 의미한다. 그러한 '정치적인 것'의 의미에 도달한다는 것은 '정치적 의지'라 불리는 것과 상관없거나 단순히 그것과 상관되지는 않는다. 이는 이미 공동체에 참여하고 있다는 것을, 즉 어떤 방법으로든 공동체를 소통으로서 경험하고 있다는 것을 의미한다. 이는 글쓰기를 함의한다. 글쓰기가 중단되어서는, 우리의 공동-내-존재의 단수적 윤곽이 노출되는 것이 중단되어서는 안 된다.

그 사실이 다만 바타유 이후에 써졌던 것만은 아니며, 그가 우리에게 썼던 것과 똑같이 그에게 써졌다 — 왜냐하면 우리는 언제나 **누구에겐가** 쓰기 때문이다. 그러면서 그는 우리와 공동체의 고뇌에 대해 소통했고, 모든 종류의 고립 이전의 고독으로부터 썼고, 어떠한 사회도 포함하지도 못하고 (반대로 모든 사회가 포함되어 있는) 앞서지도 못하는 어떤 공동체를 불러 세웠다.

"하나의 책을 쓰는 이유들은 한 인간과 그 동류들 사이에 존재하는 관계들을 변형시키려는 욕망으로 요약될 수 있다. 그 관계들이 받아들일 수 없는 것으로 판단되고 끔찍스럽게 비참하게 느껴지는 것이다."

나아가 바로 공동체 자체가 — 그러나 그것은 아무것도 아닌 것**이며, 그것은** 집단적 주체가 아니다 — 쓰면서 스스로를 분유하기를 중단하지 않는다.

"네가 네 동류와 **소통하지** 못하고 있다는 고뇌는 어쨌든 무시되고 잘못 받아들여진 것이다. 그것은 오직 가장 약한 단계에서만 깊은 하늘에서 내려온 영광을 반영할 힘을 갖는다." (V, 444.)

『나의 어머니*Ma mère*』에서 어머니인 엘렌Hélène은 아들에게 이렇게 쓴다.

"나는 너에게 이렇게 쓴다는 데 대해 스스로 놀랍게 여기고, 내 편지
가 너에게 보낼 가치가 있다는 데에 스스로 감탄한다." (VI, 260.)
(……)
"그러나 쓰고 있는 이 손은 **죽어 가고 있으며**, 이 손에 예약된 죽음에
의해, 쓰면서 이 손은 받아들였던 한계들을 벗어난다." (III, 12.)

하지만 나는 차라리 이렇게 말할 것이다. 그 손은 그 한계들을 노
출시키지만 결코 뛰어넘지 못하고, 그것들을 공동체도 뛰어넘지 못
한다. 그러나 매 순간 어떤 단수적 존재들은 자신들의 한계들을 분유
하며, 자신들의 한계들 위에서 서로를 분유한다. 그들은 사회의 관계
('어머니'와 '아들', '저자'와 '독자', '공적 인간'과 '사적 인간', '생산자'와
'소비자') 내에 있지 않으며, 무위에 처해 공동체 가운데 있다.

**"나는 존재하는 공동체에 대해 말했다. 니체는 그 공동체를 긍정했지
만 혼자로 남았다. (……) 고립에서 나온 독창성으로부터가 아니라 바
로 나를 니체와 연결하는 공동체의 감정으로부터 내 안에서 소통의 욕
망이 탄생한다."** (V, 39.)

우리는 더 멀리 나아갈 수 있을 뿐이다.

주

「무위無爲의 공동체」의 첫 번째 버전은, 장-크리스토프 바이가 공동
체라는 테마에 할당했던 『알레아*Aléa*』 4호, 1983년 봄호에 게재되
었다. 이렇게 말할 수 있다면, 이 텍스트 이전에, 바이가 이 『알레아』
4호의 제목을 '공동체, 다수La communauté, le nombre'라고 붙이면서 내
놓았던 최소한의 언명으로 이루어진 텍스트가 있었다. 그것은 이미
하나의 텍스트였고, 글쓰기를 부르면서 다수를 이루게 하는 글쓰기
의 몸짓이었다.

　그해 말, 모리스 블랑쇼의 『밝힐 수 없는 공동체*La communauté
inavouable*』가 출간되었다. 이 책의 1부는 「무위의 공동체」로부터 출발
해서, "**공산주의***communisme*・**공동체***communauté* 같은 말들이 어떤 형태
로든 전체・그룹에 속해 있다고 생각할 사람들에게 **공통된 것**과는 완
전히 다른 것을 나타낸다고 본다면 결국 그 말들이 갖고 있는 것처럼
보이는 언어적 결함"에 대한, 또한 "공산주의의 요구에 대한 결코 중
단된 적이 없는 하나의 생각을 다시 붙들어 보"는 것에 개입하였다.

원칙적으로 하나의 신화나 하나의 신화들의 전체보다 한 공동체의 구성원들에게 더 **공통된** 것은 아무것도 없다. 신화와 공동체는 적어도 부분적으로는 ── 하지만 아마 전체성 내에서 ── 서로가 서로에 의해 정의되며, 따라서 공동체에 대한 반성이 신화라는 관점에서 이어지도록 요구되었다.

약간 후에 베를린의 베르너 하마허Werner Hamacher가 신화의 문제를 탐구하는 한 연구 모임을 위해 기고해 줄 것을 나에게 요청하였다. 그 기고문이 「단절된 신화」의 첫 번째 버전이었다. 우리가 판단할 수 있는 대로, 그것은 바타유의 "공동체에의" 요구를 다시 한번 따라가고, 블랑쇼의 "중단된 적이 없는" 생각을 다시 이어 가는 또 다른 방법일 뿐이었다.

그 생각은 중단될 수 없다 ── 그것은 정확히 신화와 같지 않다. 그것은 공동체의 저항이자 요청이다. 내가 방금 언급했던 이름들에 많은 다른 이름들이 덧붙여져야 할 것이다. 그 이름들을 가정해야만 한다. 그 이름들을, 또는 차라리 여기 사이에 개입된 그 이름들 아래에서 써졌던 것을 ── 그것은 **밝힐 수 없는** 공동체이다. **밝힐 수 없는**, 왜냐하면 그것은 지나치게 **많기** 때문이며, 또한 스스로 그 자신을 알지 못하고, 그 자신을 알 필요가 없기 때문이다.

……모든 텍스트들과 마찬가지로, 사이에 개입된, 뒤를 번갈아 이어 가는, 분유한 텍스트들, 그것들은 어느 누구의 것도 아니지만 모두에게 귀속된 어떤 것을 봉헌한다. 즉 글쓰기의 공동체를, 공동체의 글쓰기를.

다음 사실을 언젠가 나는 분명히 말할 것이고 그래야만 할 것이다—쓰지도 읽지도 않는 자들과 아무런 공동 내의 것도 갖지 않은 자들을 포함해서. 왜냐하면 사실 그러한 사람은 아무도 없기 때문이다.

2부
단절된 신화

우리는 이러한 장면을 알고 있다. 함께 모인 사람들이 있고, 어떤 이가 그들에게 하나의 설화를 들려준다. 모인 이 사람들, 우리는 그들이 집회를 하는 것인지, 떼거리인지, 아니면 부족인지 아직 알지 못한다. 그러나 우리는 그들에게 '형제들'이라는 이름을 붙인다. 왜냐하면 그들은 함께 모여 있기 때문이다. 왜냐하면 그들은 같은 설화를 듣고 있기 때문이다.

이야기를 하는 자, 우리는 그가 함께 모여 있는 이 사람들에게 속해 있는지, 아니면 이방인인지 아직 알지 못한다. 우리는 그가 그들에게 속해 있다고 말하지만, 그는 그들과는 다르다. 그는 설화를 전할 수 있는 재능 또는 단순히 ─ 의무가 아니라면 ─ 권리를 갖고 있기 때문이다.

그들은 설화가 전해지기 전에 함께 모여 있지 않았으며, 바로 설화가 낭송되는 데에 따라 함께 모여 있게 된 것이다. 이전에 그들은 서로를 알아보지 못하는 상태에서 서로 협력하거나 맞서면서 흩어져 있었다(이는 적어도 설화가 종종 말하는 바이다). 그러나 그들 중 하나가 어느 날 움직이지 않고 서 있었다. 아마도 그는 긴 부재로부터, 신비로 가득 찬 유배생활로부터 되돌아오는 것처럼 갑자기 나타났다. 그는 타인들로부터 떨어져 있지만 타인들을 위해서, 눈에 띄는 한 장소에, 흙무덤 위나 벼락 맞은 나무 아래에서 움직이지 않고 서 있었다. 그는 타인들을 함께 모이게 만들었던 설화를 전하기 시작했다.

그는 그들에게 그들의 역사 또는 자신의 역사를 이야기해 준다. 그것은 그들 모두가 아는 역사이지만, 오직 그만이 설화를 전할 수 있는 재능, 권리 또는 의무를 갖고 있다. 그것은 그들의 기원에 대한 역사이다. 그들은 어디로부터 왔는가, 어떻게 그들이 기원 그 자체로부터 왔는가 ─ 어떻게 그들이나 그들의 여자들이, 또는 그들의 이름들이나 그들 사이의 권위가 기원 그 자체로부터 나왔는가. 다시 말해 그것은 이러한 물음들에 대해 답하는 역사이다. 따라서 그것은 또한 세계의 시초에 대한 역사이자 그들의 집회의 시초 또는 설화 자체의 시초에 대한 역사이다(또한 그것은 경우에 따라서는 누가 이야기를 전하는 자에게 그 역사를 가르쳤으며, 어떻게 그가 그것을 이야기할 재능, 권리 또는 의무를 갖게 되었는가를 이야기한다).

그는 말하고, 그는 설화를 전하고, 때로 그는 노래하거나 흉내 낸다. 그는 스스로 자신의 영웅(주인공)이며, 이어서 그들이 설화의 영웅들이고 설화를 들을 권리와 알 의무를 가진 자들이다. 이제 처음으로 설화를 전하는 자의 이 말을 통해 그들의 언어는 다름 아닌 오직 설화의 배치와 현시에 봉사하게 된다. 그들의 언어는 이제 그들 사이에서 이루어지는 교환들을 위한 언어가 더 이상 아니며, 그들의 연합

을 위한 언어 — 토대와 서약의 신성한 언어 — 이다. 설화를 전하는
자는 그들과 그 언어를 분유한다.

*

그것은 아주 옛날부터 있어 왔던 아득한 장면이다. 그 장면은 단
한 번 벌어지지 않으며, 부족·우애·민족·도시국가의 기원을 알고
자 하는 떼거리들이 규칙적으로 모여드는 데에 따라, 무한정 반복되
어 나타난다. 그 떼거리들은 아득한 밤 사방에 피워 놓았던 불 주위
에 모여 있었다. 그 불을 몸을 덥히기 위해서 피워 놓았는지, 짐승들
을 쫓아내기 위해서 그랬는지, 아니면 음식을 익히기 위해서, 설화를
전하는 자의 얼굴을 비추기 위해서, 그가 (아마도 가면을 쓰고) 설화
를 말하고 노래하고 따라하는 것을 보기 위해서 그랬는지, 아니면 선
조들·신들·짐승들 또는 설화가 찬양하는 인간들에 대한 경의의 표
시로 (아마 자신의 살과 함께) 제물을 태우기 위해서 그랬는지 우리는
아직 알지 못한다.

설화는 자주 확실하지 않은 것으로 보이고 언제나 조리정연하지
도 않다. 그것은 기이한 힘에 대해, 다수의 변신에 대해 말하며, 또한
잔인하고 야만적이며 가차 없지만 때로 웃음을 불러일으킨다. 그것
은 알려지지 않은 이름들을 말하고 한 번도 보지 못한 존재들에 이름
을 붙인다. 그러나 함께 모였던 자들은 모든 것을 이해하고 자신들을
이해하며 들으면서 세계를 이해한다. 그들은 왜 자신들이 모여야만
하고, 왜 그것이 자신들에게 이야기되어야만 하는가를 이해한다.

＊

우리는 그러한 장면을 잘 알고 있다. 여러 사람이 그것에 대해 우리에게 이야기했다.[1] 그러면서 여러 사람이, 우리의 기원이 되는 것을 알려는 목적하에 학문적인 우애를 바탕으로 우리를 함께 모았다. 그들이 우리에게 말했던 바에 따르면, 우리 사회는 그러한 집단들로부터 유래하고, 우리의 믿음들·지식들·담론들과 시詩들은 그러한 설화들로부터 유래한다.

그러한 설화들, 그들은 그것들을 **신화들**mythes이라고 불렀다. 우리가 잘 알고 있는 장면은 신화의 장면, 그 창조와 전달과 전수의 장면이다.

그것은 여러 다른 장면들 가운데 하나의 장면이 아니다. 그것은 아마 모든 장면 가운데, 모든 무대나 모든 상연에서 가장 본질적으로 중요한 장면일 것이다. 아마 바로 그 장면을 바탕으로 우리는 모든 것을 표상하거나 우리의 모든 표상을 나타나게 한다. 레비-스트로스

---

1 완벽하게 말하려면 우리는 너무나 많은 사람들을 거론해야 할 것이다. 말하자면 그 장면의 완벽한 버전은, 헤르더로부터 슐레겔·셸링·괴레스Görres·바흐오펜Bachofen·바그너·인류학·프로이트·케레니Kerenyi·욜레스Jolles·카시러Cassirer를 거쳐 오토Otto에 이르러 만들어졌다. 우리는 그 기원에서 괴테Goethe를 잊을 수 없을 것인데, 『이야기*Conte*』라는 제목을 단 그의 신화적·상상적 설화는 요컨대 신화에 대한 근대적 신화의 원형이다. 최근에 독일의 한 이론가가, 자신의 관점에서 '새로운 신화언어nouvelle mythologie'를 낭만적으로 요청하면서(그러면서 그 역시 그럴 수밖에 없었지만 신화의 종말 또는 보다 정확히 신화언어의 자기 극복이라는 모티프를 덧붙였다), 그 장면을 이루는 모든 위대한 특성들을 종합시켜 보여 주고 거기에 현재성을 부여했다: Manfred Frank, *Der kommende Gott*, Frankfurt, a. M., Suhrkamp, 1982. 최근 몇 년 동안 신화의 모티프가 거의 모든 곳에서 다시 들리고 있다.

Lévi-Strauss[2]가 바라는 것처럼, 만일 신화가 무엇보다 먼저, 그 자체로 인해, 그 자체 안에서 시간을 공간으로 전환시키는 것이라고 정의된 다면 그렇다. 신화와 더불어 시간의 경과가 형상을 갖게 되고, 시간의 끊임없는 흐름은, 모든 것이 드러나고 밝혀지는 예시가 되는 한 장소 에 고정되는 것이다.

*

따라서 우리는 그 장면 자체가 신화적이라는 것을 안다.

그 장면은 신화적이며, 그것이 신화의 탄생 자체를 보여 주는 장 면일 때 더 명백하게 그렇게 보인다. 왜냐하면 신화의 탄생은 바로 인 간의 의식과 말의 기원 자체이기 때문이다 ─ 그리고 프로이트, 우 리는 그를 그 장면을 최후로 창안해 낸 자, 차라리 최후로 연출한 자 라고 여길 수 있을 것인데, 그는 스스로 그것을 신화적이라고 선언한 다.[3] 하지만 단순히 그 장면이 겉으로 보아 보다 덜 사변적이고 보다 더 실증적인 신화가 전수되는 장면이거나, 인간성이 자신의 신화들 과의 관계 안에서 구조화되는 ─ 인류학적·형이상학적이라 부를 수 있는 ─ 장면일 때라도, 그것은 마찬가지로 신화적이다. 왜냐하면 문제가 되는 것은 결국 언제나 신화의 기원적 또는 원리적 기능이기 때문이다. 신화는 기원에서 발생하며, 기원에 속하고, 신화적 토대와

---

2 *Le Regard éloigné*, Paris, Plon, 1983, p. 301.
3 *Psychologie collective et analyse du moi*, Appendice B 참조.

관계가 있으며, 그 관계에 따라 스스로의(어떤 의식의, 한 민족의, 한 설화의) 토대를 구축한다.

바로 그 신화의 토대의 구축이 신화적임을 우리는 안다. 우리는 이제 최초로 솟아난 신화적 힘의 '재구축' 자체가 모두 '하나의 신화'라는 것을 알 뿐만 아니라, 또한 신화언어mythologie가 우리가 창안해 낸 것이며 신화mythe가 그 자체로 "비길 데 없는 형식"[4]이라는 것을 안다. 우리는 신화들의 내용들이 어떠한가에 대해 ── 어떤 점까지는 ── 잘 알지만, **그것이 신화다**라는 말이 의미하는 바에 대해서는 알지 못한다. 또는 우리는, 우리 자신이 (여기서도 어떤 점까지는) 이야기를 만들어 내지는 않았지만, 이야기를 하고 있는 신화의 기능을 만들어 냈다는 것을 알고 있다. 신화의 장면에 표상된 인간성, 신화를 만들어 내면서 신화 자체 내에서 태어나는 인간성 ── 본래적으로 **신화화**되는 인간성, 또한 **신화화**를 통해 본래적으로 인간화되는 인간성 ── 은, 모든 원초적 장면들과 마찬가지로, 환상적인 장면을 구성한다. 모든 신화들은 원초적 장면들이며, 모든 원초적 장면들은 신화들이다(여기서도 바로 프로이트가 그러한 생각을 창안해 낸 자의 역할을 한다). 또한 우리는 '**새로운 신화언어**_nouvelle mythologie_'라는 생각, 새

---

4 Marcel Détienne, *L'Invention de la mythologie*, Paris, Gallimard, 1981. 보다 최근의 한 논문에서 마르셀 데티엔은 "신화의 덧없고 포착 불가능한 본질"에 대해 말하고 있는데, 그는 여기서 내가 제안하고 있는 것과 같은 생각에 도움이 되는 사실적이고 이론적인 요소들을 보다 풍부하게 제시하고 있는 것처럼 보인다. 신화에 대한 담론의 창조와 변화와 난점에 관해서는 『테러와 유희 ── 신화 수용의 문제』(*Terror und Spiel ── Probleme der Mythenrezeption*, München, 1971)에 포함되어 있는 여러 기고 논문들과 논의들을 참조할 것.

로운 시적·종교적 토대를 구축하려는 생각이, 낭만주의 시기에 신화언어를 근대적으로 창안해 내고 재-창안해 내려는 시도와 동시대에 나왔다는 것을 안다. 낭만주의 자체가, 토대로서의 신화의 장면을 창안한 것으로, 동시에 토대로서 신화의 힘을 상실한 것에 대한 의식意識으로, 기원의 살아 있는 그 힘과 그 힘의 기원을 동시에 되찾으려는 욕망 또는 의지로 정의될 수 있을 것이다. '새로운 신화언어'에 대한 낭만주의적 욕망을 적어도 부분적으로는 전수받은 니체의 경우, 그가 다른 누구보다도 그리스 민족에게서 빌려온 자유롭고 창조적인 힘은 "자유롭게 거짓말한다는 신화적 감정"⁵에서 비롯된다. 신화에 대한 욕망은 (창조적) 신화가 갖는 신화적(허구적) 본성과 명백하게 연관된다. 낭만주의 또는 신화의 힘에의 의지volonté de la puissance du mythe……

이 정식은 사실 낭만주의 너머에서, 낭만주의의 니체적 형태 너머에서 근대성 전체를 정의한다. 다시 말해서 그것은 최초로 **신화화된** 인간성에 대한 시적·민족적 노스탤지어와, 태고의 신화들을 부활시키고 **열광적으로 무대화**해서 낡은 과거의 유럽적 인간성을 재탄생시키려는 의지를 이상하고 불쾌하게 결합시켜 담아 놓고 있는 그 폭넓은 근대성을 정의한다. 나는 물론 여기서 나치 신화를 염두에 두고 있다.⁶

---

5 1872년의 단상, *Terror und Spiel*, p. 25에서 인용.

6 Léon Poliakov, *Le Mythe aryen*, Paris, 1971; Robert Cecil, *The Mythe and the Master Race —A. Rosenberg and Nazi Ideology*, New York, 1972; Ph. Lacoue-Labarthe·J.-L Nancy, "Le mythe nazi", *Les Mécanisme du fascisme*, Colloque de Schiltigheim, Strasbourg, 1980 참조. 근대 정치사상에,

우리는 이 모든 것을 안다. 그것은 우리의 숨을 막히게 하고 우리를 당황스럽게도 인간성의 극단으로 가져가는 앎이다. 우리는 원초적 장면이 보여 준 신화적 인간성으로 다시 돌아가지 않을 것이며, 아리안족의 신화의 불꽃 이전의 '인간성'이 의미했던 바를 다시 발견하지도 않을 것이다. 더 나아가 우리는 그 두 극단 사이에 밀접한 관계가 있으며, 신화를 창안해 낸다는 것과 신화의 힘을 사용한다는 것 사이에 밀접한 관계가 있다는 사실을 알고 있다. 이는 19세기 이후로 신화에 대해 사유했던 자들이 나치주의에 책임이 있다는 것을 의미하지 않는다. 이는 신화와 신화적 무대에 대한 사유와, 나치주의가 부여한 의미에서의 '폴크volk [민족]'와 '라이히Reich [제국]'를 실현하는 무대화 사이에 공속관계가 있다는 것을 의미한다. 사실 신화는 언제나 '민중적'이며 '천년이나 된 것'이다 — 적어도 우리의 해석에 따르면, 우리의 신화적 사유가 '신화'라 불리는 것과 관련해 내린 해석에 따르면 그렇다(왜냐하면 다른 사람들에게, 다른 '원초적 사람들'에게 '신화'라 불리는 같은 그것이 완전히 귀족적이며 덧없이 사라져 가는 것일 수도 있기 때문이다……).

예를 들어 소렐Sorel에게, 그 이전에 바그너에게 신화가 도입된 사실에 대해 — 보다 일반적으로 한나 아렌트가 의미하는 바에서의 이데올로기와 신화의 관계에 대해, 또한 신화의 이데올로기에 대해 — 보다 폭넓게 연구할 필요가 있다. 여기서 나중에는 지엽적이고 간략하게 하나의 사실을 정확히 하는 데에서 만족하려고 하는데, 토마스 만Thomas Mann은 1941년에 케레니에게 이러한 편지를 보냈다. "정신적인 파시즘에서 신화를 제거해야만 하고 신화의 기능을 인간적인 방향으로 전환시켜야만 합니다." 이는 내게는 바로 해서는 안 되는 것으로 보인다. 신화 그 자체의 기능은 전환될 수 없다. 그것을 단절시켜야만 한다(하지만 이는 "신화 가운데에서의 삶"이라는 유명한 정식을 만든 토마스 만이 그 정식이 명백하게 말하고 있는 것과 다른 것을 사유하거나 예감하지 않았다는 것을 의미하지 않는다).

그러한 의미에서, 우리는 신화와 관련해 더 이상 할 일이 아무것도 없다. 나는 이렇게까지 말하고 싶다. 우리는 신화에 대해 말할, 신화에 관심을 가질 권리조차 더 이상 갖고 있지 않다. 신화의 이념은 아마 오직 그 자체만으로, 우리가 때로는 전적인 환각이라고 부를 수 있는 것을, 때로는 —— 자기 고유의 힘에 대한 가공의 표상 가운데 쇠약해진 근대 세계의 —— 자기의식이라는 전적인 사기라고 부를 수 있는 것을 요약해 준다. 신화의 이념이 아마 오직 그 자체만으로, 서양이 자기 선언과 자기의 탄생과 관련해 절대적으로 동일성을 갖기 위해 자기 기원을 전유할 수 있거나 자기 기원의 비밀을 감출 수 있다고 자신하는 전적인 자만을 집약적으로 보여 준다. 신화의 이념이 아마 오직 그 자체만으로, 지속적인 자기 표상과 자기 충동 속에서 자기 고유의 근원으로 거슬러 올라가 인간성의 운명인 것처럼 다시 태어나려는 서양의 이념 자체를 보여 준다. 그러한 의미에서, 반복하지만, 우리는 신화와 관련해 더 이상 할 일이 아무것도 없다.

*

신화와 관련해 더 이상 아무것도 하지 않는 것이, 우리가 벗어나기를 원했던 것이 더 널리 확산되고 더 위협적인 것이 되도록 내버려두는 가장 확실한 방법은 아니라도 그렇게 해야만 한다. 신화가 신화적이라는 사실을 아는 것만으로는 아마 충분치 못할 것이다. 그 사실에 대한 앎은 너무 부족한 것이며, —— 증명해야 할 것이지만 —— 당연히 신화 안에 포함되어 있다. 그러한 신화의 논리를 교란시켜야만 한다. 그 논리가 어떻게 신화에 대한 앎 자체의 극단으로 나아갈 수 있는가를 이해하기 위해, 또한 우리에게 할 일로 남아 있는 것을 사유하기 위해 그렇게 해야만 한다. 우리는 신화가 아니라 신화의 종말과 관련해, 모든 것이 귀착되고 있는 신화의 종말과 관련해 할 일이 있다. 우리가 신화적 힘이 소진된 것을 한탄하든지, 아니면 신화적 힘에의 의지로 인간성에 반하는 범죄들을 실행하든지, 모든 것에 비추어 볼 때, 우리는 신화적 원천이 근본적으로 고갈된 세계로 나아가고 있다. 그 '고갈'로부터 우리의 세계를 사유하는 것이 분명 필연적으로 주어진 임무일 것이다.

바타유는 그 신화의 원형이 고갈된 상황에, 우리가 어쩔 수 없이 이름 붙인 상황에 이름을 붙인다. **신화의 부재**absence de mythe. 이후에 명확히 해야 할 것이지만, 몇 가지 이유 때문에 나는 바타유의 그 표현을 신화의 **단절**interruption로 바꾼다. 그러나 여전히 '신화의 부재'('단절'은 차라리 신화의 부재의 발원지와 양상을 가리킨다)는 우리가 도달한 곳과 우리가 마주해 있는 것을 정의한다. 그러나 신화의 부재와 마주하는 가운데, 관건은 신화의 완전한 부재와 신화의 현전 사이에서 양자택일을 하는 데에 있지 않다. '신화'가, 신화들을 넘어서, 나아가 신화 자체에 반하여 단순히 사라져 갈 수 없는 어떤 것을 가리킨다면, 관건은 신화의 한계로 이행하는 데에, 신화 자체가 제거된다기보다는 유예되고 단절되는 단계로 이행하는 데에 있다. 이러한 가정은 아마 바타유가 신화의 부재 자체를 신화로 고려해 보기로 제안했을 때 생각했던 것 이외에 다른 것을 의미하지 않는다. 신화의 부재라는 정식을 보다 자세히 검토해 보기 전에, 우리는 적어도 그것이 정확하게 어떤 극단을, 단절된 어떤 신화 또는 단절되고 있는 어떤 신화를 정의하고 있다고 말할 수 있다.

*

그 극단의 끄트머리로 나아가기를 시도해야만 한다. 이제부터 그 신화의 단절을 알아챌 수 있어야만 한다. 이미 영향력을 갖고 있는 신화의 암점 ── 블루트 운트 보덴*Blut und Boden*[피와 땅], 나흐트 운트 네벨*Nacht und Nebel*[밤과 안개] ── 에 한번 접촉하게 되면, 이것만이 해야 할 일로 남는다. 즉 신화의 단절로 향해 가기. 이는 우리가 최근에 '탈신화화démythologiser'라고 부르는 것과 같지 않다. '탈신화화'라는 몸짓은 '신화'와 '신앙'을 구분하며, 결과적으로 '신앙'과 같은 어떤 것을 정립할 가능성으로부터 따라 나온다. 반면 그것은 신화의 본질이라는 문제를 건드리지 않고 그대로 내버려 둔다.[7] 단절에 대한 사유는 그 같은 방식으로 진행되지 않는다.

그러나 단절에 대한 사유로 나아가기 이전에, 또한 거기에 다가가기 위해, 그것이 단절되는 극단에까지 뻗어 있는 영토를 답사했

---

7 '탈신화화'를 가장 첨예하게 사유한 사람들 중 하나인 디트리히 본회퍼Dietrich Bonhoeffer가 나치에 의해 살해되었다는 사실은, 여전히 웅변적으로 많은 것들을 말해 주며 기억되어야 한다. 반면 폴 리쾨르P. Ricœur는 '탈신화화démythologisation'와 '탈신비화démythisation'를 대립시켜서, 탈신화화의 사유에서 신화와 관련해 다루어지지 않고 그대로 남은 것을 분명하게 밝힌다. 보다 일반적인 관점에서 이 문제들에 대해 살펴보기 위해 다음 책에서 볼 수 있는 분석들과 전거들을 참조할 것: Pierre Barthel, *Interprétation du langage mythique et Théologie biblique*, Leiden, Brill, 1963.

어야만 한다. 따라서 신화 자체가 무엇인지에 대해서가 아니라(누가 그것을 알겠는가? 그것에 대해 신화학자들은 끝없이 논의하고 있다……[8]), 우리가 '신화'라고 불렀던 것에서, 그리고 우리가 실증적·역사적·문헌학적 신화학에 기대거나 기대지 않고 여전히 신화의 신화—그 말에 어떠한 의미를 부여하든, 거기서 어떠한 부분을 취하든—라고 불러야 할 것에 대해 탐색했던 것에서 남아 있는 것을 되돌려 보아야만 한다. (어쨌든 '심연에 빠져 있는' 신화—신화의 신화, 신화의 부재라는 신화 등등—에 대한 얇은 의심의 여지 없이 피할 수 없는 것이고 신화 자체에 내재해 있다. 이 경우 신화는, 우리가 생각했던 대로, 아마 **아무것도 말하지** 않지만, 그것을 말한다고 말하고, 자신이 말한다고, 또한 그것을 말한다고 말하며, 그러한 방법으로 인간의 세계를 인간 자신의 말과 함께 구성하고 배치한다.)

우리는 신화가 끝나면서 변형되어 남게 된 것으로부터 다시 시작할 수 있을 것이다. 인간성에 대한 신화적 체계의 총체성은 놀라운 어떤 구조적 결합 관계—거기에서 '신화는 자신의 의의를 상실하였을 것'이라고만 말해서는 안 되는데, 즉시 '그 의의의 공백'이 의심할 여지 없이 신화 자체에 속한다고 덧붙여야 한다—내에서 일제히 자체의 신비·부조리성과 마찬가지로 자체의 야생성을 잃어버렸다.

---

8 이미 인용한 책들 외에 1976년에 샹티이Chantilly에서 열린 콜로키움에서 발표된 논문들을 모아 놓은 『신화와 그 해석의 문제들』(*Problèmes du mythe et de son interprétation*, Paris, 1978)을 참조할 것. 또한 매우 의미 있는 방식으로 장-피에르 베르낭Jean-Pierre Vernant은 신화의 독특한 기능에 대한 이해를 목적으로 자신의 저작(*Mythe et société en Grèce ancienne*, Paris, Maspero, 1982)을 "로고스의 논리와는 다른 논리"를 요구하면서 끝맺고 있다.

그때 인간성에 대한 신화적 체계의 총체성은 체계적·구성적·결합적·분절적 총체성으로서 일종의 역설을 통해 '신화 등급'에 속한다고 분명 말할 수 있을 위치나 기능을 곧 다시 되찾았다. 그러한 총체성이 갖고 있는 언어는 의심의 여지 없이 신화들의 체계를 표현하는 언어와는(또한 각 신화가 "그 전체 판본들"[9]을 포괄한다면, 각 신화를 표현하는 언어와는) 다른 동류의 언어이다. 그러나 그것은 여전히 최초의 언어이다. 말하자면 그것은 교환과 분유 일반이 기초하거나 기입되는 개시의 소통을 이루는 요소이다. (레비-스트로스는 다시 이렇게 말한다. "모든 시대의 밑바닥으로부터 온, 정신의 깊은 곳에 나온 담론을 말하는 이 익명의 거대한 목소리."[10])

신화 가운데 놓여 있는 그 구조상의 신화가 우리를 데려갔던 그 끝을 우리가 아직 가늠하지 못했을 수 있다. 그 구조상의 신화가 그 끝으로 여러 번 우리를 애매하게 부르는 가운데, 신화가 한계에 이르고 신화 자체와 단절되는 마지막 단계가 사실상 적어도 알려지는 것이다. 그러나 우리는 그 사건을 가늠하지 못했는데, 왜냐하면 그 사건은 어쨌든 감추어져 있기 때문이다. 신화가(또는 구조가……) 구조상 신화이기에 '신화의 등급'이라는 위치에 이르는 데에 따라 그 사건은 은폐되기 때문이다.

'신화의 등급'이란 무엇인가? 다시 말해 신화에 대한 사유의 전

---

9 레비-스트로스가 말한 것이다. 레비-스트로스에게서, 블랑쇼의 표현에 따라 "신화 없는 인간의 신화le mythe de l'homme sans mythe"(*L'Amitié*, p. 97)를 찾아낼 수 있다면, 그러한 신화는 인간성의 신화적 체계의 총체성 내에서 만들어진다.

10 *L'Homme nu*, Paris, Plon, 1971, p. 572.

통에서 신화에 부여된 — 또한 구조상의 신화가 그대로, 또는 거의 그대로 간직하고 있는 — 특권들이란 어떠한 것들인가?

무엇보다 먼저 신화란 어떤 공동체의 내밀한 존재의 때로는 계시적이고 때로는 근본적인, 충만한 근원적인 말이다. 그리스의 **뮈토스**_muthos_ — 호메로스의 뮈토스, 즉 말, 말의 표현 — 가 그 근원적인 말을 이루며 힘 있고 고귀하게 만드는 동시에 기원에 대한 이야기와 운명에 대한 해명의 차원으로 격상시키는 일련의 가치를 가질 때, 그 것은 '신화'가 된다(호메로스 이후의, 나아가 근대의 '신화'에 대한 정의에서, 우리가 신화를 믿거나 믿지 않거나, 의심스럽게 생각하거나 생각하지 않거나는 중요하지 않다). 그 말은 지성의 호기심을 채워 줄 어떤 담론이 아니다. 그것은 어떤 물음에 대한 답이라기보다는 어떤 기다림에 대한, 또한 세계 자체의 기다림에 대한 답이다. 신화를 통해 세계가 알려지고, 세계는 어떤 선언이나 완벽하고 결정적인 어떤 계시에 따라 알려진다.

근대의 신화-언어mytho-logie는 이렇게 말할 것이다 — 그리스인들의 위대함은 그러한 말의 내밀성 가운데 살았고 거기에 자신들의 **로고스** 자체의 토대를 놓았다는 데에 있다. 그들에게 **뮈토스와 로고스**는 "같은 것이다".[11] 그러한 같음은, 말 속에서, 세계·사물·존

---

11 나는 이러한 규정이 갖는 특성들을 밝히기 위해 처음 시작하면서 인용했던 사람들 중 여 럿을 원용할 수 있다. 여기서 하이데거가 갖고 있는 특성을 덧붙일 수 있다. 하이데거가 신화에 대해 말한 점에 비추어 볼 때, 그는 여러 면에서 낭만주의의 전통과 신화의 '장면' 속에 들어가 있다. 하지만 그가 신화라는 모티프 앞에서 신중했고 유보를 표명했다는 사실 또한 마찬가지로 주목할 만하다. 그는 "신화는 가장 사유될 만한 가치가 있는 것이다"(*Essais et*

재·인간의 드러남과 출현과 개화의 같음이다. 그러한 말은, 탈레스Thalès가 했던 것으로 여겨지는 말대로, **판타 플레레 테온**_panta pléré théôn_, "신들로 충만한 모든 것들"을 전제하고 있다. 그것은 현전들이 단절되지 않은 세계 또는 진리들이 단절되지 않은 세계를, 또는 이미 너무 많이 말했다면, '현전'도 '진리'도 아니고 '신들'도 아니며 세계를 결합시키고 세계에 연결되는 방식을, 어떤 **렐리기오**_religio_[연결]를 전제하고 있다. **렐리기오**를 말한다는 것은 "위대한 말하기grand parler"이다.[12]

신화적인 "위대한 말하기"──"익명의 위대한 목소리"──의 표명은, "교환과 상징작용이 (······) 제2의 자연처럼 이루어지는"[13] 어떤 공간을 구성한다. 신화는 위대한 말하기라는 **제2의 자연**을 구성한다고 우리가 말한다면, 아마 이보다 더 신화에 대해 잘 정의할 수는 없을 것이다. 셸링이 원했던 대로, 신화는 (콜리지Coleridge의 표현에 의하면) '상징동어적tautégorique'이지 '알레고리적allégorique'이지 않다. 다시 말해 신화는 그 자신과 다른 것을 말하지 않고, 자연이 힘들을 생산해 내는 같은 과정에 따라 의식에서 생산되며, 그 자연의 힘들을 무대화할 뿐이다. 따라서 신화는 해석될 필요가 없으며 스스

---

conférence)라고 썼다. 그러나 마찬가지로 "철학은 신화로부터 발전되지 않았다. 철학은 사유에서만, 사유 안에서만 탄생한다. 그러나 사유는 존재에 대한 사유이다. 사유는 탄생하지 않는다"(_Chemins_, p. 287). 여기서 신화에 대한 사유보다 요컨대 신화의 끝에 대한, 횔덜린을 이어 가는 사유가 문제가 된다.

12 Pierre Clastres, _Le Grand parler_, Paris, Seuil, 1974 참조.

13 M. Merleau-Ponty, _Signes_, Paris, Gallimard, 1960, p. 156.

로를 설명한다. "디 지히 셀프스트 에어클레렌데 뮈톨로기*die sich selbst erklärende Mythologie*",[14] 신화언어는 스스로 설명하거나 스스로를 해석한다. 신화, 그것은 인간에게 무매개적으로 —— 왜냐하면 **스스로** 전하기 때문이다 ——, 동시에 매개적으로 —— 왜냐하면 전하기(말하기) 때문이다 —— 스스로를 전하는 자연이다. 그것은 결국 변증법dialectique의 반대이고, 차라리 변증법의 완성이며 변증법적 요소 너머에 있다. 변증법 일반은 주어진 것에 개입하는 하나의 과정이다. 우리는 변증법과 쌍둥이인 대화법dialogie에 대해서도 그렇다고 말할 수 있다. 언제나 주어진 것은 어쨌든 **로고스**에 속해 있거나 하나의 **로고스**(하나의 논리, 하나의 언어, 하나의 구조)이다. 그러나 무매개적-매개적인 신화는 그 자체가 매개하는 **로고스**의 주어짐이며, **로고스**의 구성의 출현이다. 우리는 엄밀하게, 또한 구조상의 신화라는 것에 정당성을 부여하면서, 신화는 그 탄생(신화의 탄생은 플라톤·비코Vico·슐레겔 또는 다른 한 인물에서 비롯된다)에서부터 **스스로 구조화되는 로고스**를 가리키는 이름이며, 또는, 같은 것이지만, **로고스에서 스스로 구조화되는 코스모스**를 가리키는 이름이다.

신화는 설화를 풀어놓기 이전에 어떤 개시를 알리는 태도에서 나오는 현출現出이다. "그것은 정해진 설화이기 이전에 어린아이와 같이 감정이 풍부한 인간의 심장에 사건을 구획 짓는 말·형상·몸짓이다"[15]라고 모리스 레엔아르Maurice Leenhardt는 썼다. 따라서 신화

---

14 *Philosophie de la mythologie*, 7e Conférence.
15 *Do Kamo*, Paris, 1947, p. 249.

는 그 최초의 몸짓(신화는 언제나 최초이거나, 최초의 것에 속한다)에서 **로고스**의 **폐부**肺腑를 재현再現하거나représente 차라리 현시現示한다 présente. 신화들을 창작하고 낭송하는 것으로 여겨지는(그러나 낭송은 창작과 구별되지 않는다) 신화언어는 "살아 있으며 체험된다". 신화언어 가운데 "세계에 현전하는 인간성의 입에서 솟아나는 말들이 들린다".[16] 그것은 근원적인 강렬한 말인데, 근원적이기에 강렬하고 강렬하기에 근원적이다. 그 말이 최초로 낭독되는 가운데 세계와 신들과 인간들의 여명이 밝아 온다. 따라서 신화는 어떤 최초의 문화 그 이상이다. 왜냐하면 그것은 '근원적 문화'이기 때문이다. 그것은 무한히 하나의 문화 그 이상이다. 신화는 직접적으로 현시되는 (신들과 인간과 말과 코스모스 등의) 초월성이며, 신화 자신이 초월하고 빛을 비추는 것, 운명으로 돌아가게 하는 것 자체에 직접적으로 내재적인 초월성이다. 신화는 한 우주를 직접적으로 종결짓는 입의 열림이다.

따라서 신화는 아무 말로나 만들어지지 않으며, 아무 언어나 말하지 않는다. 신화는 명백히 나타나는 사물들의 언어이자 말이며, 그 사물들에 대한 소통이다. 신화는 사물들의 외현外現apparence도, 외관도 말하지 않으며, 신화 속에서 사물들의 리듬이 말하고 사물들의 음악이 울린다. "신화와 **슈프라흐게장**Sprachgesang(언어의 노래)은 요컨대 하나의 같은 것이다."[17] 신화는 정확히 한 세계를 솟아나게 하고,

---

16 M. Détienne, 앞의 책, p. 230.

17 W. F. Otto, "Die Sprache als Mythos", *Mythos und Welt*, Stuttgart, 1962, p. 285. 오토는 자신이 만든 말인 (쇤베르크Schönberg의 **슈프레흐게장**Sprechgesang과 비슷한) **슈프라흐게장**으로, 그 자신에 의하면, "신성한 것과 사물들 자체에 가까운 지고의 존재"를 만들어 내며 언어에 현

한 언어를 도래하게 하며, 한 언어의 도래 속에서 한 세계를 솟아나게 하는 **주문**呪文이다. 따라서 신화는 의식儀式이나 제식制式과 분리될 수 없다. 사실 신화의 진술, 신화의 낭송은 그 자체로 의식이다. 신화적인 의식은 신화적 말의 공동체적 표명이다.

*

신화적 말은 신화에 덧붙여져서 표명되지 않는다. 다시 말해 그것은 본래 공동체적이다. 완전히 고유한 언어가 거의 없는 것처럼 개인적 신화도 거의 없다. 신화는 한 공동체에서만, 한 공동체를 위해서만 출현한다. 신화와 공동체는 무한히, 그리고 직접 서로가 서로를 낳는다.[18] 아무것도 신화보다 더 공동의 것은 없으며, 더 절대적으로 공동의 것은 없다. 대화법은 상징이 교환되고/되거나 작용하는 공간의 중심이나 부분에 자리 잡았던 자들에게만 통용될 수 있다. 그러나 바로 신화가 공간들을 마련하고/하거나 상징화한다. 신화가 가져오는 분유와 분할의 작용이 있으며, 그 작용에 따라 하나의 공동체가 자리잡고, 그 자신을 표명하며, 그 특징이 결정된다. 신화는 대화도 독백도 아니며, 그렇게 서로를 인정하고 소통하는 많은 사람들의 단일한 말이다. 그들은 신화 속에서 연합한다.

전하는 리듬과 멜로디를 동시에 가리킨다.
18 바그너는 이렇게 정의한다. "**신화**는 한 민족 공동의 시적詩的 힘을 간직하고 있다"(M. Frank, 앞의 책, p. 229). 또한 레비-스트로스: "개인적 작품들은 모두 잠재적으로는 신화일 수 있지만 집단적 양태로 수용될 경우에만 '신화적 위치'에 이른다"(앞의 책, p. 560).

다시 말해 신화에는 필연적으로 신화 그 자체를 인정한다는 협약이 포함되어 있다. 하나의 같은 움직임을 통해, 하나의 같은 문장에서 결국 신화는 존재하는 것을 말하고, 우리가 그것이 존재한다고 말하기에 동의한다고 말한다(따라서 신화는 또한 말함이 무엇인지 말한다). 신화는 어떤 참된 지식을 전하지 않으며 신화 **그 자체를** 전해 준다(그러한 점에서 여전히 **상징동어적**이다). 신화는 그 대상이 무엇이었든 모든 지식을 바탕으로 모든 지식의 소통 자체를 전해 준다.

신화는 그 자체가 계시하고 낭송하는 것 속에서 공동의 것과 **공유된-존재**/*l'être-commun*를 전해 준다. 결국 신화는 계시해 준 것들 각각과 동시에 공동체를 공동체 자체에 드러내 주고 공동체를 세운다. 신화는 언제나 공동체의 신화이다. 즉 그것은 언제나 신화를 창조하고 분유하게 하는 연합 —— 많은 사람들의 단일한 목소리 —— 의 신화이다. 신화들이 공동체를 통해(또는 민중을 통해) 드러난다는 신화 자체(신화가 그 신화 자체를 표명하지 않을 때)를 적어도 가정하지 않는 신화는 없다.

따라서 신화의 공동체는 정확하게 **신화화하는***mythante* 인간성을, 그 인간성 자체에 접근하는 인간성을 표방한다. 연합의 신화는, —— "인간에 의한, 그리고 인간을 위한 인간 본질의 현실적 전유로서의, 사회적 인간인 인간의 자기로의 전체적 회귀로서의"[19] —— 공산주의와 마찬가지로, 신화적 사유나 세계 한가운데서 이루어지는, 절대적

19 Marx, *Manuscrits de 1844*, *Œuvres*. II, Pléiade, p. 79.

으로 엄밀하게 신화와 공동체의 전체적 상호성을 통한 신화이다.

(그러나 신화가 동시에, 가장 많은 경우에 고립된 어떤 영웅의 신화라는 사실에는 변함이 없다. 이런저런 명목으로 그 영웅은 공동체를 연합하게 한다 — 또한 그는 언제나 결정적으로 그 자신 안에서 실존과 의의, 개인과 민중의 소통을 이루어 냄으로써 공동체를 연합하게 한다. "신화적 삶의 기준이 되는 형태는 정확히 영웅의 삶이다. 그 삶 안에서 실용적인 것은 동시에 상징적이다."[20])

또한 그 자신의 **신화화되는** 몸짓을 끊임없이 뇌살아나게 하지 않는 인간성은 있을 수 없다. 1789년경 예나에서 나타난 '새로운 신화언어'[21]에 대한 사유에는, 고대의 신화언어가 나왔던 지나간 세계의 토대 위에서 하나의 새로운 세계를 창출하기 위해 혁신이 필요하다는 이념과, 동시에 신화언어는 언제나 반드시 혁신되는 형태 — 또한 아마 본질 — 를 갖는다는 이념이 포함되어 있다. 하나의 새로운 인간성은 자신의 새로운 신화로부터(속에서) 출현해야 하며, 그 새로운 신화는 여전히 (슐레겔에 의하면) 근대 문학·근대 철학과 더불어 다른 민족들의 신화언어들과 결합되어 다시 살아난 고대의 신화언어가 총체화된 것이어야만 한다. 신화의 총체화는 총체화된 신화와 같이 가며, 요컨대, '새로운' 신화언어는 본질적으로 성취되는(또는 완성되

---

20 Walter Benjamin, *Les Affinités électives de Goethe, Essais*, I, Paris, Gonthier, 1983, p. 67.

21 그것은 셸링·횔덜린·헤겔과 슐레겔 형제가 서로 마주쳤던 덧없는 공동체의 신화였다. 다른 여러 텍스트들 가운데 『독일 관념론의 가장 오래된 프로그램*Le plus ancien programme de l'idéalisme allemand*』과 프리드리히 슐레겔의 『신화언어에 대한 담론*Le Discours sur la mythologie*』(Ph. Lacoue-Labarthe·J.-L. Nancy, *L'Absolu littéraire*, Paris, Seuil, 1980) 참조.

는) 중에 있는 인간성의 말들·담론들·노래들 전체를 결합시키고 총체화하며 세계에 (다시) 내놓을 말이 산출되는 가운데에 있다.

*

따라서 낭만주의·공산주의·구조주의는, 비밀스럽지만 매우 확실하게 결정된 어떤 공동체가 가져오는 효과에 따라, 신화의 마지막 전통을, 신화가 창조되고 전수되는(창조와 전수, 둘은 신화에서 하나의 것이다) 마지막 양상을 함께 구성한다. 신화의 마지막 전통은, 신화 자신이 **신화화되는** 전통이다. 즉 신화는 그 자신의 고유한 표명이, 고유의 진리와 고유한 완성을 보장해 주는 자신의 **상징동어***tautégorie* 가, 자신의 소멸과 완전히 새로운 시작이, 따라서, 신화가 언제나 그랬듯이, 시작의 마지막 시작이 된다 ── 고유의 힘에의 의지에 따라, 되기를 **원한다**. 신화는 변증법적으로 완성된다. 즉 그것은 절대적으로 근본적이며 상징화하거나 베푸는 어떤 말의 순수한 신화-언어를 표명하기 위해 자신의 모든 '신화적' 형상들을 넘어선다.[22]

---

22 그러나 그 전통은 신화의 개념이나 신화의 신화만큼이나 오래된 것이다. 가령 플라톤은 이전의 신화들의 유혹으로부터 도시국가를 보호하고 그 구원을 약속하는 하나의 새로운 신화 언어를 내세웠던 최초의 사람이다: M. Détienne, 앞의 책, chap. V 참조.

*

여기서 그것은 단절된다.

전통은 완성되는 그 순간 중단된다. 전통은 정확히 이 지점에서 단절된다. 우리가 그 장면을 잘 아는 곳에서, 우리가 그것은 모두 신화라고 아는 곳에서.

의심할 바 없이 우리는 '신화'라 부르는 것 한가운데에서 살아가는 인간들의 신화적 진리가 결국 무엇이었는지, 무엇인지 알지 못한다. 그러나 우리 — 만일 있다면 우리의 공동체, 우리의 근대적 그리고 탈-근대적 인간성 — 는 스스로 신화를 완성하거나 완성하기를 원하는 반면, 우리가 말하는 신화와 스스로 아무 관계가 없다는 것을 안다. 어떤 의미에서 우리에게는, 신화와 관련해, 그 완성이나 그 의지 이외에 더 이상 아무것도 남아 있지 않다. 그러나 우리는 신화적 삶 가운데에도, 신화적 창조 가운데에도, 신화적인 말 가운데에도 있지 않다. 우리가 '신화', '신화언어'라는 말을 쓰자마자 우리는 그에 대한 부정을, 어떤 것에 대한 긍정만큼이나 그러한 부정을 적어도 의미하고 있는 것이다. 바로 그렇기 때문에 우리의 신화의 장면, 우리의 신화에 대한 담론, 우리의 모든 신화적 사유는 하나의 신화를 구성한다. 다시 말해 신화에 대해 말한다는 것은 언제나 오직 신화의 부재에 대해서만 말한다는 것이었다. 또한 '신화'라는 단어 자체가 그것이 명명하는 것의 부재를 가리킨다.

그렇게 신화는 증발된다. '**신화**'는 그 고유의 의의 위에서, 그 고유의 의의에 따라, 그 고유의 의의와 단절된다. 적어도 신화가 어떤 고유의 의의를 갖고 있다면 그렇다…….

신화는 하나의 신화다(신화는 **하나의 신화**다, 또는 '신화'는 하나의 신화다……)라고 말하기 위해서는, '신화'라는 단어가 갖는 분명히 구별되고 대립되는 두 의미에 대해 고려해야만 한다. 사실 신화는 하나의 신화다라는 문장이 의미하는 바는, 시작 또는 근원으로서의 신화는 하나의 신화, 즉 하나의 허구, 하나의 단순한 창조물이라는 것이다. '신화'가 가질 수 있는 의미들의 이 차이는 플라톤과 아리스토텔레스만큼이나 오래된 것이다. 하지만 그 문장을 근대의 관점에서 살펴보면, 신화에 대한 우리의 앎의 기초가 되는 이러한 요청이 있다. 즉 신화는 하나의 신화다라는 문장이 기지機智 있게 심연의 구조를 보여 준다는 사실은 우연이 아니라는 것이다. 그 문장에서, 신화라는 말이 갖는 상이한 그 두 의미와, 동일한 신화적 현실이나 동일한 신화의 이념이 동시에 문제된다. 그러나 동일한 신화적 현실이나 신화의 이념이 내적으로 분열되어 있기에, 신화의 그 두 의미와 더불어 양자 사이의 무한히 아이러니한 관계가 발생하는 것이다. 즉 같은 신화를 두고, 우리는 신화의 전통에서 토대라고도 생각하고 허구라고도 생각했던 것이다. 내적 분열이라는 판결에 따라 신화 그 자체의 한가운데에서 이전의 은밀하고 심오한 결합시키는 힘이 가동된다.

어쨌든 신화가 갖는 두 가지 의미의 변증법적 지양[23]에 따라 전

---

23 물론 간소화시켜 그렇게 말할 수 있다. 신화적 사유의, 즉 유일하게 '토대'와 '허구'라는 두 개념을 설정할 수 있는 철학적 사유의 전개에서 **이미** 그 두 의미가 구별되었고 구성되었다(**뮈토스**의 의미가 어떻게 플라톤적으로 생성되는가에 대해, Luc Brisson, *Platon, les mots et les mythes*, Paris, 1982 참조). 진정한 사유, 그것은 1) 신화의 진리를, 2) 신화와의 관계 속에서 (신화와 대

개되는 신화적 사유는 사실 **토대를 이루는 허구의 사유 또는 허구에 의한 토대의 사유이다.** 그 두 개념은 서로 대립되기는커녕 신화에 대한 신화적 사유 속에서 결합된다. 슐레겔이 '새로운 신화언어'를 요구할 때, 그는 매우 명백히 예술에, 포에지와 창조적 상상력에 호소한다. 바로 상상력이 유일하게 진정한 시작始作을 알릴 수 있는 자연의 근원적 힘의 비밀을 간직하고 있다. 시적 허구는 세계의 진정한 ── 또는 진실한 ── 기원이다. 또한 셸링이 신화언어를 하나의 허구로 생각했다고 비판하는 (어떤 점에서는) 슐레겔과 모든 이들에 반대할 때, 그가 신화 안에서 가동되는 힘은 "단순한 상상의 힘이 아니라 신적 생성의 진정한 힘이었다"[24]라고 선언할 때, 그의 비판은 여전히 자연의 자기-상상력 또는 자기-허구화라 불러야 할 어떤 것을 위해 전개된다.

셸링의 신화언어에 대한 분석은 구조주의적 분석 이전까지는 의심할 바 없이 가장 강력한 것이었다. 그 두 분석이, 신화언어가 만들어 내는 동일한 신화와 신화가 만들어 내는 동일한 신화 ── 언어에 대한 두 가지 해석 ── '관념론적' 해석과 '실증적' 해석 ── 을 구성한

립해서) 진리를 언제나 ── 근본으로부터 ── 말하기를 원했던 철학이다. 그 두 진리는 함께 신화의 논리적/변증법적 지양이라는 철학적 신화를 구성한다. 그 지양 속에서 허구는 전체적으로 '토대'로 전환된다. 그렇기에 예를 들어 페디에F. Fédier는 횔덜린에게서 신화는 "현재의 일반적 의미를, 크게 보아 허구의 의미"를 갖지 않는다고 쓴다. 반대로 신화는 "순수한 말, 명백한 말"이다(*Qu'est-ce que Dieu?*, 앞의 책, p. 133). 말하는 주체 또는 주체로서의 말의 형이상학에 깊이 종속되어 있기는 하지만 ── 지양은 어떤 진실성 속에, 말의 '명백성' 속에, 즉 허구와 가장 무관하고 가장 섬세한 규정 속에 진리를 토대 짓는 데에 있다. 즉 말함이라는 규정 속에. **디히퉁***Dichtung*의 모든 철학적 문제가 거기에 있다.

24 *Philosophie der Offenbarung*, Stuttgart, 1858, p. 379.

다고 생각할 수 있을 것이다.[25]

그러한 신화에 의하면, 또는 그러한 논리에 의하면, 신화언어는 하나의 허구로 격하될 수 없는데, 왜냐하면 **신화언어에서 허구는 하나의 작용을 가져오기** 때문이다. 그것은 셸링에게서는 발생 작용이고 구조주의자에게서는 교환의 분배 작용이다. 만일 신화가 신화로서 그 자체 작용의 힘을 갖고 있고, 그 신화 고유의 작용의 힘이, 셸링에게서는 의식이 완성하고 구조주의자에게서는 과학이 완성하는 다르지만 유사한 작용들에 근본적으로 이질적이지 않고 동질적이라면, 신화는 '하나의 신화'가 아닐 것이다. 그러한 의미에서 신화는 그 자체의 진리와 다른 진리에 의거해 분석될 수 없고, 특히 '허구'의 관점에서 분석될 수 없다. 신화는 그 자체의 허구가 전해 준 진리에 의거해, 보다 정확히, **신화화하는** 허구화에 따라 **신화적** 말들·이야기들에 전해진 진리에 의거해 분석되어야만 한다. 이를 셸링은 '상징동어'라는 개념으로 요구한다. 신화는 그 자체를 의미하고, 따라서 그 고유한 허구가 **의미** 자체의 근원 또는 시작이 되도록 만든다.

따라서 신화는 다만 **고유한**_sui generis_ 진리로 이루어질 뿐만 아니라 진리 자체가, 즉 일반적으로 철학의 본질적 사유에서와 마찬가지로 스피노자에게서도 그 **자체 스스로 명백해지는**_se ipsam patefacit_ 진리

---

25 이렇게 놀랍게도 [셸링과 구조주의를] 가깝게 놔두는 것과 관련해 『헐벗은 인간_L'Homme nu_』 마지막(p. 605)의 이러한 레비-스트로스의 문장을 참조해 보자. "신화들은 (⋯⋯) 사유가 전개될 때 사유에 드러난 사유의 발생과정을 일반화하는 것 이외에 다른 것을 하지 않았다. 그 사유의 발생과정은 어디에서나 동일한데, 사유와, 사유를 포괄하고 사유가 포괄하는 세계는 하나의 같은 현실을 두 가지로 드러내기 때문이다."

가 되는 데로 나아간다. 여전히 신화의 그 '명백화patéfaction'가, 정확히 바로 그것이 신화에 — 자기 허구화에 따라 — 허구의 특성을 부여한다. 셸링이 인정하듯이, "신화언어의 표현들이 비유적으로 형상화된 것은" "어쨌든 사실이다". 그러나 그것들은, "신화적 의식"의 입장에서 보면, 우리의 "비유적으로 형상화된 대부분의 표현들"이 갖는 부적절성과 같은 것을 갖는다. 다시 말해 언어에서 비유가 적절한 것처럼, 신화언어 내부에서 부적절성은 적합한 것이고, 신화의 진리와 허구성에 적절한 것이다. **따라서 신화언어는 적합한 비유이다.** 그것이 신화언어의 비밀이며, 모든 서양적 의식에게는, 신화언어가 만들어 낸 신화의 — 진리의 — 비밀이다.[26]

적합한 비유라는 것, 고유한 것의 고유한 비유라는 것, 그것은 고유하게 — 마치 고유성을 보충supplément[27]하는 것처럼, 고유하지 않게-고유하게 — 고유한 것 자체를 완성시킨다는 것이다. 자연은, 자연적**이자** 비유적으로 형상화된, 실재적**이자** 의식에 표상된, 자연 자신의 **뮈토스**에 현시되고 연명된 '신적 생성'의 **이중의** 진행과정이 없다면, 자신의 힘과 함께 자신의 진리에 이르지 못할 것이다.

셸링에게 어떤 2차적 표상이, 어떤 원초적인 의식에 의한 자연

---

26 *Philosophie der Mythologie*, Stuttgart, 1857, p. 139. 철학의 — 신화의 지양과 대칭적인 — 시적·신화적 완성에 대한 분석을 위해, Ph. Lacoue-Labarthe, *Le Sujet de la philosophie*, Paris, Flammarion, 1979(특히 "Nietzsche apocryphe") 참조.

27 자크 데리다가 『그라마톨로지에 대하여*De la grammatologie*』나 「백색의 신화언어La mythologie blanche」(*Marges*, Paris, Minuit, 1971)에서 형이상학적 억압들을 가져온다고 분석한 '고유성'의 논리를 따랐다.

에 대한 해석이 관건이 되지 않는다. 차라리 자연이 그 근원에서 신들을 낳고 (그에 따라, 오직 그에 따라 진정한 의식이 되는) 직접적 의식에 충격을 준다는 사실이 관건이 된다. 자연은 외부로부터 의식에 충격을 주며, 셸링이 말하듯(거의 마비에 이르도록 놀라게 한다*stupefacta quasi et attonita*[28]) 의식을 마비*stupor*시켜 사로잡는다. 그것이 모든 표상 이전의 마비 가운데 탄생하는 **표상** 그 자체이다. 그것은 표상의 파열 자체이며, 레비-스트로스가 말하는, "신화적 사유가 일으키는 최초의 파열", 보다 정확히, "신화적 사유의 최초의 도식"[29]이 일으키는 그 파열이다.

여기서 '도식'은, 칸트에게서처럼 "경험적 이미지들이 생겨나는 데에 규칙"을 주는 "비감각적 이미지들"을 만들어 내는 선험적 상상력의 본질적 작용을 가리킨다. 반면 레비-스트로스에게서 신화는 반대되지만 대칭적인 움직임을 통해 패러다임 안에서 개체성들을 포함하며, 신화에 의해 "주어진 구체적인 것들은 경험적 질서와 상징적 질서를, 이어서 상상적 질서를, 결국 도식을 가르는 불연속적으로 놓여 있는 문턱들을 넘어서고, 확장되는 동시에 축소된다". 신화는 결국 자연과 인간성의 선험적 자기-형상화, 또는 보다 정확히, 인간성으로서의 자연과 자연으로서의 인간성의 자기-형상화 ── 또는 자기-상상력 ── 이다. 따라서 신화적인 말은 자연의 인간화(그리고/또는 자연의 신격화)와 인간의 자연화(그리고/또는 인간의 신격화)를 수행하

---

28 *Einleitung in die Philosophie der Mythologie*, Stuttgart, 1856, p. 193.

29 *L'Homme nu*, p. 603, 607.

는 언표이다. 요컨대 뮈토스는 가장 탁월한 **언어 행위**, 로고스가 로고스 자체의 본질과 힘을 투영하기 위해 스스로 허구화되는 데에 따라 구성되는 패러다임의 수행이다.

그 점에서, 시적·유희적·수행적이자 허구화하는, 상상의 새로운 신화언어라는 낭만주의적 목표에 따라, 오직 신화의 신화를 만들어 내는 사유가 밝혀지게 될 뿐이다. 다시 말해 그 목표는, 허구화하는 시적 존재론의 사유에서, 즉 존재가 **스스로 형상화되고** 스스로에게 고유의 본질의 고유한 이미지와 그 현전과 현재의 자기-표상을 부여하면서 발생한다는 존재 발생의 형상을 통해 제시되는 존재론의 사유에서 설정된다. **스스로 명백해지는 신화언어**_Die sich selbst erklärende Mythologie_는, 본질적으로 **신화화되는** 존재의, 존재의 신화화되는 본질의 상관항이다. 신화의 신화, 신화의 진리는, 그 시작의 존재 발생 속에 허구가 있다는 것이다. 결국 허구화가 존재의 근거에 있다. 미메시스는 신들과 인간들과 자연의 진정한 세계로서의 세계의 **포이에시스**_poiesis_[생산]이다. 신화의 신화는 전혀 존재론적 허구가 아니며, 전적으로 허구의, 또는 표상의 존재론이다. 따라서 그것은 주체성의 존재론 일반이 독특하게 완성된, 또한 그것을 독특하게 완성하는 하나의 형태이다.

그러나 거기에 또한 단절하지 않을 수 없게 만드는 것이 있다. 셸링으로부터 레비-스트로스까지, 신화적 사유의 최초의 판본으로부터 그 최후의 판본까지 우리는 단절에 단절을 거듭했던 것이다. 처음에는 신화의 힘이 의식을 **마비시켜** 사로잡고 의식을 '자기 밖'에 놓아둔다(즉 의식을 의식적으로 만든다). 마침내 자기의식이자 신화의 총체성에 대한 의식이 되어 버린 의식은, 모든 것들이 '자기'라는 신화적인 총체성에 대한 의식이 되어 버린 의식은, 모든 것들이 '자기'라는 신화적(또는 주관적) 본질에 대한 의식 가운데 ── 또는, 으로서 ── 중단된다. 레비-스트로스는 이렇게 쓴다.

"따라서 나의 분석은 대상들의 신화적 특성을 부각시킨다. 우주·자연·인간은 수천, 수백, 수십억 년에 걸쳐, 명백한 쇠락 속으로 휘말려 무화되기 이전에, 신화언어의 거대한 시스템에 따라 결합관계를 유지시킬 수단들을 개발해 왔던 것이다."[30]

또는

"인간에게 지혜란, 자신이 그렇게도 완벽하고 강렬하게 보냈던 것이 한 세기 후의 인간들에게 그대로 나타날 신화라는 것을 (다른 영역에서) 정확히 알면서, 자신의 역사적이고 임시적인 내면성을 경험하고 있다는 것을 스스로 보는 데에 있다. (……)"[31]

허구라는 이유로 신화에 가해지는 비난을 물리치고자 하는 사유 한가운데에서, 토대를 이루고 허구적인(허구에 기초한 토대로서의) 연합을 꾀하는 사유 한가운데에서, '신화'의 의미들의 대립이 다시 전

---

30 *L'Homme nu*, pp. 620~621.
31 *La Pensée sauvage*, Paris, Plon, p. 338.

개된다. 바로 같은 레비-스트로스가, 결국 셸링과 매우 비슷한 어조로, 신화들은 "현실에 등을 돌린 상상적 우화를 만드는 작용의 결과이기는커녕 근대 과학이 성과들을 이루기 만 년 전에 언제나 우리 문명의 기층을 이룬 성과들을 만들어 낸 관찰과 성찰의 양태들을 보존해 왔다"고 단언했다.[32]

'신화는 하나의 신화다'라는 문장은, 미혹에서 깨어나게 만드는 아이러니가 갖는 가치('토대라는 것은 하나의 허구다')와 존재론적·시적·언어적 긍정이 갖는 가치('허구라는 것은 하나의 토대이다')를 **동시에 똑같은 사유 안에서** 표현한다.

바로 그렇기 때문에 신화는 단절된다. 신화는 그 신화에 의해 단절된다.

바로 그렇기 때문에 '새로운 신화언어'라는 이념은 단순히 위험하기만 한 것이 아니다. 그것은 공허한데, 왜냐하면 새로운 신화언어는, 그 가능성의 조건으로서, 셸링과 레비-스트로스 사이에서[33] — 또

---

32 같은 책, p. 25.

33 오직 '새로운 신화언어'라는 이념만이 아니라, 나아가 지도적 또는 규제적 허구에 기초한 모든 이념이 문제가 된다. 이와 관련해 '규제적 이념'이라는 칸트의 모델은 어느 정도까지는 신화의 기능이 근대적으로 변형되어 남은 하나의 결과에 지나지 않는다. '규제적 이념'은 구성되지는 않지만 사유와 행동에 어떤 기초를 주는 하나의 신화적 허구로 이해된다. 또한 신화언어와 물론 혼동될 수는 없지만 여전히 그것과 비교될 수 있는 경향이 있는(우리가 아는 『가정假定의 철학Die Philosophie des als Ob』의 한스 파이힝거Hans Vaihinger의 것일 뿐만 아니라 니체와 프로이트의 것이기도 하고, 사유의 근대적 양태 전체에 걸쳐 있는) '가정comme si'의 철학 전체가 있다. 언제나 허구에 기초한 토대가 문제가 되는 것이다. 최근 리오타르가 (『분쟁』에서) 규제적 이념을 분명 신화와 구별시키고 대립시켜 사용했지만, 이는 내게는 신화의 기능으로부터 완전히 벗어날 정도로 분명히 결정적이지는 않아 보인다. 즉 그러한 이념을 단절시키거나 중단시킬 것을 사유하는 데에까지 나아가야만 한다. 그 이념이 보게 하는 것이 중

는 플라톤과 우리 사이에서 —— 전개되어 온 엄밀한 논리에 종속되지
않으려 하지만 의심할 바 없이 본질적으로 허무주의적 논리이거나
무화無化의 논리 —— 또는 그 **신화적인 것** —— 가운데 있는 신화의 신화
를 전제할 것이기 때문이다. 그 허무주의적 논리 또는 무화의 논리란,
신화가 발생시킨 존재가 신화 고유의 허구 안에서 내부 파열을 일으
킨다는 것이다.

*

　두 번의 단절, 즉 순수한 자연의 단절과 신화 자체의 단절 사이에
서 신화의 힘이 넓게 확장되었다. 신화의 힘에 호소하는 것(그 호소
는 시적이기도 정치적이기도 하지만 필연적으로 둘 모두일 수밖에 없
으며, 그것이 바로 신화, 정치적인 것의 시성詩性이고 시적인 것의 정치
성 —— 토대와 허구 —— 인데, 시적인 것과 정치적인 것이 신화의 사유
의 공간에 속해 있는 한 그렇다), 그 호소 또는 신화의 힘에의 의지는
그 두 번의 단절 사이에 놓여 있다. 즉 자연적 힘의 자기-형상화에 의
해 열린 자연과 환상적인 형상들의 자기-결정에 의해 닫힌 문화 사
이에.
　본질적으로 그 신화의 힘에의 의지는 전체주의적이었다. 나아가
그것은 아마 (내가 내재주의immanentisme라고 지칭한) —— 마찬가지로

단되어야만 하고, 그 형상이 보게 하는 것이 완성되지 않아야 한다.

엄밀한 의미에서 단절되어야 할 — 전체주의를 정의한다.

명확하게 말한다면, 좋지 않은 구분이기는 하지만, 신화의 (힘에 의) 의지는 두 가지 점에서, 그 형식과 그 내용에서 전체주의적 또는 내재주의적이다.

그 형식에서, 왜냐하면, 신화화의 의지로 스스로를 보다 명백히 드러내는 신화의 의지는 아마 의지의 의지[34]와 다른 것이 아닐 것이기 때문이다. 의지에 관해 칸트의 정의를 택해야만 할 것이다. 즉 이성에 따라 의욕하기로 결정된 능력과 다르지 않은 의지는 **자신의 표상들의 근거를 그것들의 현실에 일치시키는 능력이다.** 셸링의 **신화화하는** 자연은 어떤 의지이다. 나아가 그것은, 쇼펜하우어를 예상하게 하지만, 세계의 의지이자 의지로서의 세계이다. 신화는 단순한 표상이 아니고, 활동 중에 있으며 스스로를 힘의 작용 속에서 생산하는 표상 — 자기-시적詩的인 **미메시스** — 이다. 즉 그것은 어떤 허구적 세계(그것은 셸링과 레비-스트로스가 거부하는 것이다)가 아니라 하나의 세계를 만들어 내는 허구화의, 또는 허구화하는 세계의 생성의 토대가 된다. 달리 말해 주체가 하나의 세계를 만드는 것의, 주체성의 세계의 생성의 토대가 된다.

신적 생성, 우주의 생성, 신화의 생성과 신화언어, 신화의 의지는, 의지의 신화에 대한 의지이다. 이미 말했듯이, 본질적으로 신화는 그 자신을 전할 뿐 다른 아무것도 전하지 않는다. 그 자신을 전하면서 신

---

34 거기에 하이데거는 니체의 힘의 의지를 귀착시켰고, 주체성의 궁극적 본질의 경계를 확정 짓는다.

화는 자신이 말하는 것을 존재하게 하고 자신의 허구의 토대가 된다. 그러한 신화의 효과적인 자기 소통, 그것이 의지이다 — 또한 의지, 그것은 여분을 남겨 두지 않는 전체성으로 현전하는 (그 자신을 표상하는) 주체성이다.

신화를 만들려는 의지에 담겨 있는 것은 전체주의적인데, 왜냐하면 그 의지는 언제나 연합의 의지이기 때문이다. 인간과 자연의, 인간과 신의, 인간과 자기 자신의, 인간들과 그 자신들의 연합, 모든 연합들이 문제가 된다. 신화는 그 자신을 필연적으로 공동체 고유의 신화로 전하며, 어떤 공동체의 신화를 전한다. 연합·공산주의·공동연합주의communautarisme·소통, 간단하지만 절대적으로 받아들여진 공동체 자체, 절대적 공동체. 거기에 예시적 형상(신화)을 부여하는, 피에르 클라스트르Pierre Clastres가 말하는 과라니족Guarani 인디언들의 공동체가 있다.

> "그들의 위대한 신 나만두Namandu는 흑암에서 솟아올라 세계를 창조한다. 먼저 말이, 즉 신들과 인간들 공동의 실체가 생겨나야 한다. (……) 사회, 그것은 말이라는 공동의 재산이 만들어 내는 향락 가운데 있다. 신의 — 자연의! — 결단에 따라 **평등** 속에 세워진 사회는 하나의 전체, 즉 분할되지 않은 전체 속에 결집된다. (……) 이 사회의 인간들은 **모두 하나**인 것이다."[35]

---

35 Pierre Clastres, *Recherches d'anthropologie politique*, Paris, Seuil, 1980, p. 125.

절대적 공동체 — 신화 — 는 개인들의 전체적 융합보다는 공동체의 **의지**에 의해, 즉 신화가 표상하고 의지들의 연합 또는 소통으로 표상하는 연합을 신화의 힘에 따라 이루려는 의욕에 의해 구성된다. 이어서 융합이 이루어진다. 신화는 그 고유의 허구에 다수의 실존이 내재적이라는 사실을 표상하고, 신화 고유의 허구는 다수의 실존을 결집시키며, 말 가운데, 말로서 공동의 형상을 다수의 실존에 부여하는 것이다.

이는 다만 공동체가 하나의 신화이고, 공동체적 연합이 하나의 신화라는 것을 의미하지 않는다. 이는 신화와 신화의 힘과 토대가 공동체에 본질적이며, 따라서 신화 밖에서 공동체는 없다는 것을 의미한다. 신화가 있었던 곳에서, 그러한 것이 있었고, 우리가 이 말이 말하는 바를 이해한다면, 필연적으로 공동체가 있었다. 그 역도 마찬가지이다 — 그러나 신화가 단절된다는 것은 또한 필연적으로 공동체가 단절된다는 것이다.

*

새로운 신화언어가 없다면, 새로운 공동체가 없고 없을 것이다. 신화가 하나의 신화라면, 공동체는 신화와 함께 그 심연에 빠지거나 그 아이러니 속에서 붕괴된다. 따라서 '공동체의 상실'에서 비롯된 탄식에, 너무나 자주 신화들의 힘을 '상실'한 데에서 비롯된 탄식이 이어지는 것이다.

그렇지만 공동체가 여분을 남기지 않고 완전하고 단순하게 지워진다는 것은 불행이다. 감정적 불행도 아니고 윤리적 불행도 아니며 존재론적 불행 — 재난 — 이다. 그것은, 본질적으로, 본질적인 것 그 이상으로 공동 내 존재être en commun인 존재에게서 존재를 박탈하는 것이다. 공동 내 존재는, 단수적 존재들êtres singuliers이 공동으로-나타나는, 서로가 서로에게 외존되고 현시되고 주어지는 한계에서만 존재하고 현시되며 나타난다는 것을 의미한다. 그러한 공동의 나타남comparution이 그들의 존재에 부과되는 것이 아니라, 그들의 존재가 그 공동의 나타남 가운데 존재로 도래하는 것이다.

따라서 공동체는 사라지지 않는다. 공동체는 결코 사라지지 않는다. 공동체는 저항한다. 어떤 의미에서, 내가 말한 대로, 그것은 저항 자체이다. 존재 — 또는 단수적 존재들 — 의 공동의 나타남이 없다면, 아무것도 없거나, 차라리 그 자신에게만 나타날 뿐 그 자신과 함께 **공동 내에** 있지도 못하는 존재만이, 두꺼운 외양parence 속에 잠겨 버린 내재적 **존재l'Être**만이 있을 것이다. 공동체는 이 무한한 내재성에 저항한다. 단수적 존재들 — 또는 존재의 단수성singularité de l'être — 의 공동의 나타남 가운데, 어떤 열린 틈이 유지되고, 내재성에 가해지는 공간화가 이루어진다.

그 공동의 나타남의 공동체를 위한 어떤 신화가 존재하는가? 그러한 신화는 존재하지 않는다. 신화가 언제나 결합을, 공동체의 연합을 위한 신화를 의미한다면 그러한 것은 존재하지 않는다. 반대로 신화가 단절됨에 따라 공동체의 분리되어 나오는, 포착되지 않는 본성이 우리에게 드러난다. 신화 속에서 공동체는 선포되어 왔다. 단절된 신화 속에서 공동체는 블랑쇼가 '**밝힐 수 없는 공동체**la communauté *inavouable*'라고 명명한 그것임이 확증되는 것이다.

밝힐 수 없는 것에 어떤 신화가 있는가? 당연히 어떠한 신화도 없다. 밝힐 수 없는 것은 말도, 설화도 만들어 내지 않는다. 그러나 공동체가 신화와 분리될 수 없다면, 밝힐 수 없는 공동체에도 역설적 요구에 따라 하나의 신화가 있어야만 하지 않는가? 하지만 이는 불가능하다. 다시 반복해야만 한다. 신화가 단절됨에 따라, 공동체적 연합 또는 공동체적 법열[탈자태]이 퇴로에 놓인다는 사실이 드러난다. 단절은 하나의 신화가 아니다. 바타유는 "신화의 부재와 관련해 이의를 제기한다는 것은 불가능하다"라고 썼다.

따라서 우리는 그 "신화의 부재"에 내던져져 있다. 바타유는 그 부재를 이렇게 정의했다.

"만일 현재의 인간은 탐욕스럽게 신화를 추구하는 존재로 정의된다고 우리가 매우 단순하고 명료하게 말한다면, 또한 그는 진정한 신화를 창조할 수 있는 가능성에 접근하기 불가능하다는 의식을 갖고 있다고 덧붙인다면, 우리는 **신화의 부재**라는 일종의 신화를 정의하는 것이다."[36]

바타유는, 새로운 신화들을 창조해야 한다는 초현실주의에서 (즉 낭만주의의 한 변형에서) 나온 명제를 검토한 후 그러한 정의에

---

36 "L'absence de mythe", *Le surréalisme en 1947*, Maeght, 1947 그리고 강연록 "La religion surréaliste", *Œuvres*, t. VII, Paris, 1970, p. 381 이하.

이르렀다. 그는 즉시 한 걸음 더 나아가 "그러한 신화들도, 그러한 제의들도 진정한 신화들이나 제의들이 아닌데, 왜냐하면 그것들은 공동체의 동의를 얻을 수 없을 것이기 때문이다"라고 말했다. 신화가 이미 공동체에서 ─ 설사 거기에 자신의 단수적 목소리를 부여하는 단 하나의 존재의 입을 거쳐서라 할지라도 ─ 유래하지 않는다면, 그러한 공동체의 동의는 얻을 수 없다. 그러한 의미에서 신화의 창조라는 이념 자체가 용어상 모순이다. 공동체, 그리고 결국 개인(시인·성직자 또는 그들의 청중)은 신화를 창조할 수 없다. 반대로 신화 속에서 공동체와 개인이 창조되거나 스스로를 창조하는 것이다. 또한 신화가 공동체의 상실로 정의되는 한에서 현대 인간은 신화의 부재로 정의된다.

동시에 바타유는 신화의 부재 자체를 '일종의 신화'로 정의한다. 그는 이렇게 설명한다.

"만일 우리 자신을 신화에 이를 수 없고 그렇게 미결인 채로 남아 있다고 정의한다면, 우리는 현재의 인간성의 밑바닥을 신화의 부재로 정의하는 것이다. 신화의 부재를 체험하는 자, 즉 그것을, 우리가 납득하는 대로, 이전에 맥 빠진 현실이 아니라 신화적 현실에서 살아가기를 원했던 자들을 움직였던 정념을 통해 체험하는 자 앞에서 신화의 부재가 발견될 수 있을 것이다. (바타유 자신 또한 여기서 신화를 하나의 **신화**로 정의하고 있다.)[37] 신화의 부재는 그자 앞에서, 일상적 삶에 관여했던 신화들이 이전에 그랬던 것보다 무한히 더 그자 자신을 고양高揚시키는 것으로 발견될 수 있을 것이다."

신화의 부재라는 신화를 만들어 내는 것은 더 이상, 어쨌든 더 이상 직접적으로는 공동체적 속성이 아니다. 반대로 '신화의 부재'와 맺는 신화적 관계는 겉으로 보아 한 개인의 관계로 현시된다. 만일 신화의 부재가 현재의 인간에게 공통된 조건을 구성한다면, 그에 따라 공동체는 구성되지 않고 차라리 해체된다. 신화에 따라 삶의 기능을 보장하는 것, 그것은 여기서 신화의 내용 —— 여기서는, '신화의 부재' —— 을 분유할 수 있게 하는 정념passion이나 고양이다. 바타유가 '정념'이라는 말로 이해하는 것은 한계로, 또한 존재의 한계로 나이가는 어떤 움직임이다. 만일 존재가 존재들의 단수성 속에서 정의된다면(이는 요컨대 의식적이든 아니든 바타유가 존재의 유한성에 대한 하이데거적 사유를 옮겨 쓰는 방법이다), 다시 말해 존재가 자신 속에서 자신과 연합하는 존재l'Être가 아니라면, 존재가 그 고유의 내재성이 아니고 존재들이 갖는 단수적인 것이라면(그렇게 나는 하이데거와 바타유를 서로에게 연관시켜 옮겨 쓸 것이다), 존재가 단수성들을 분유하고 단수성들이 존재를 분유한다면 그에 따라 정념은 단수성들의 한계에 이를 것이다. 말하자면 논리적으로 그 한계가 공동체의 장소이다.

그 장소 또는 그 지점은 재발견되고 다시 의욕되고 재再무대화된 어떤 내재성 속에서 일어나는 융합·소진燒盡·연합의 장소 또는 지점일 수도 있을 것이다. 그것은 하나의 새로운 신화, 즉 언제나 그 자

---

37 (옮긴이) 괄호 안은 저자가 덧붙인 말이다.

체와 동일한 옛 신화의 부활일 수도 있을 것이다. 그러나 그 지점에서 — 공동체의 지점에서 — , 정확히 공동체는 존재하지 않는다. 따라서 신화도 존재하지 않는다. 바타유는 곧바로 말하는데, 신화의 부재는 공동체의 부재로 이어진다. 신화의 부재로 향해 있는 정념은 공동체의 부재와 연관된다. 바로 그 점에서 그 정념은 (힘에의 의지와는 다른 것인) 하나의 정념이 될 수 있다.

그 지점은, 자신의 신화 속에서, 그리고 자신의 신화에 의해 결집된 어떤 공동체에 대한 반대나 부정의 표시가 아니다. 왜냐하면 바타유가 공동체의 부재라고 부르는 것은 공동체의 단순하고 완전한 붕괴가 아니기 때문이다. 공동체의 부재는, 모든 공동체가 본질적으로 추구하는 그 융합을 거쳐, 가령 "고대의 축제"를 거쳐 "집단적 개인이라 부를 어떤 새로운 개인을 반드시 창조한다"는 사실을 알아보는 데에서 나타난다. 공동체적 융합에 따라, 그 융합의 움직임이 전파되는 대신 분리가, 즉 공동체에 반하는 공동체가 다시 자리 잡는다. 공동체의 완성은 그 소멸이다. 내재성에 도달한다는 것은 또 다른 내재성에 의해 차단된다는 것이다. 내재성에 도달한다는 것은 내재성 자체를 차단시킨다는 것이다.

그러나 공동체의 부재는 반대로 공동체가 완성되지 못하게 하는 것을, 또는, 공동체가 완성되지 않고 한 새로운 개인처럼 발생하지 않는다면, 공동체 자체를 재현한다. 그러한 의미에서 "모든 가능한 공동체가 내가 공동체의 부재라고 부르는 것에 (……) 속해 있다는 사실이, 모든 가능한 공동체의 토대여야 한다". 공동체의 부재 속에서, 공동체의 과제는, 과제로서의 공동체는, 공산주의는 완성되지 않지만,

공동체로 향해 있는 정념은 무위 가운데 모든 한계와 개인의 형태를 고정시키는 모든 **완성**을 넘어서기를 요구하고 호소하면서 전파된다. 따라서 이는 어떤 부재가 아니다. 이는 어떤 움직임이다. 이는 단수적 '능동성activité' 속에서의 무위이다. 이는 어떤 전파이다. 다시 말해 이는 전파, 나아가 전염, 또는 전파되거나 **자신의 단절 자체**를 통해 그 전염을 전달하는, 공동체 자체의 소통이다.

공동체 자체의 소통은 융합을 단절시키고, 연합을 중단시킨다. 그 정지, 그 절단絶斷은 다시 공동체의 소통으로 귀결된다. 그 단절에 따라, 단수성은 스스로 닫히지 않으며 다시 자신의 한계에, 즉 또 다른 단수성에 노출된다. 공동체는 죽음이라는 과제[작품]를 추구하면서 주체의 내재성 속에서 완성되지 않고, 탄생의 반복에서 비롯된 전염과도 같은 영향력에 따라 그 자체를 전한다. 각각의 탄생에서 어떤 또 다른 단수성이, 부과된 어떤 한계가 노출되며, 따라서 어떤 또 다른 소통이 나타난다. 이는 죽음의 반대가 아닌데, 왜냐하면 탄생했던 이 단수적 존재의 죽음은 자신의 한계에 의해 기입되고 소통되기 때문이다. 그 존재는 이미 자신의 죽음에 노출되어 있고, 또한 그 자신과 함께 우리를 노출시키기 때문이다. 그러나 이는 이 죽음과 이 탄생이 우리로부터 멀어져 갔고, 우리의 과제[작품]가 아니며 집단의 과제[작품]도 아니라는 사실을 의미한다.

단절에 따라 공동체는 하나의 중심을 향해 집결하지 않고 바깥으로 향한다 —— 또는 그 중심은 무한정으로 증가하는 외존의 기하학적 장소이다. 단수적 존재들은 공동으로 나타난다. 다시 말해 그들이 공동으로 나타난다는 사실이 그들의 존재를 이루며 서로에게 서로를 전한다. 그러나 공동체의 단절은, 공동체를 완성시킬 어떤 전체성의 단절은 공동의 나타남이라는 법 자체이다. 단수적 존재는 다른 단수적 존재들에게 나타나며, 그들에게 단수적으로 전해진다. 그것은 어떤 접속이며, 어떤 전염이다. 어떤 접촉, 존재의 **가장자리**에서 진동震動의 전달, 우리를 동류의 인간들로 만드는 어떤 정념의, 동류의 인간들로 남고 공동 **내** 존재가 되려는 정념의 전달.

단절된 공동체는 스스로부터 돌아서지 않는다. 그러나 그 공동체는 자신에게 속해 있지 않으며 스스로 결합하지 않고 이 단수적 자리에서 저 단수적 자리로 자신을 전한다. 블랑쇼는 이렇게 썼다. "소통의 근거는 필연적으로 말, 나아가 말의 근본이자 말의 구두점인 침묵일 필요가 없다. 그것은 죽음으로의 노출, 나의 죽음이 아닌 타인의 죽음으로의 노출이다. 거기서 타인의 더할 나위 없이 가까이 다가와 있는 살아 있는 현전은 이미 영원한 그리고 참을 수 없는 부재이다."

따라서 ── 단절된 공동체에 응답하는 ── '신화의 부재라는 신화'는 그 자체가 하나의 또 다른 신화가, 하나의 부정 신화mythe négatif가 (신화에서의 부정적인 것도) 아니다. 그것은 신화의 단절 속에 있는 한에서 신화이다. 그것은 하나의 신화가 아니다. 신화의 단절이라는 신화란 없다. 그러나 신화의 단절에서 신화를 추구하는 정념에 견줄 수 있는 어떤 정념이 분명하게 표명된다. 하지만 그 정념은 신화를 추구하는 정념이 중단되는 데에서 분출된다. 그것은, 바타유가 말한 대로, "의식된", "명철한" 어떤 정념이며, 공동으로 나타나기 위해, 공동으로 나타나는 데에 따라 열리는 정념이고, 서로 융합되는 데에서가 아니라 외존되는 데에서 비롯되는 정념이다. 그것은 **공동체 자체**

가 **공동체의 한계를 설정할 수 없다**는 사실을, 공동체가 언제나 저 너머에, 즉 각각의 단수성 바깥에서 주어져서 바깥에 있으며, 그렇기에 공동체가 단수성들 가운데 최소의 것의 가장자리에서 언제나 단절된다는 사실을 아는 데에서 비롯된다.

단절은 가장자리에서 발생한다. 차라리 단절은 존재들이 서로 접촉하고, 서로가 서로에게 외존되며 서로 분리되고, 그에 따라 소통하고 그들의 공동체를 전파하는 가장자리를 만들어 낸다. 그 가장자리에서, 그 가장자리로 향해 있고 그 가장자리에서 야기되며 단절에서 태어나는 어떤 정념이 있다 ──그 정념은 말하자면 신화에서 남은 것이고, 차라리 **그 자체가** 신화의 **단절**인 것이다.

*

신화의 단절에 따라 ──공동체의 정념이자 공동체를 위한 정념이 가져온 신화의 단절에 따라 ──신화는 그 자체와 분리되고 그 자체에서 철회된다. '신화는 하나의 신화다'라고 말하는 것은 충분치 못한데, 왜냐하면 그 아이러니한 정식은, 내가 이미 말했던 대로, 결국 신화의 정체성(신화의 신화적 정체성……)을 규정하는 정식과 같은 것이기 때문이다.

신화가 언제나 어떤 완성, 어떤 종결인 한에서, 단절 속에서 신화와 관계해서 해야 할 아무것도 더 이상 없다. 그러나 단절 속에서 ──그 자체로 하나의 신화를 가질 수 있거나 하나의 완성된 신화 자체일 수 있는 침묵이 존재하는 것도 아니다. 신화의 단절 속에서 어떤 것이

들린다. 신화가 단절될 때, 신화에 남아 있는 것이 들린다 ─ 아무것도 아닌 것이, 아니면 단절의 목소리 자체라고 말할 수 있는 것이 들린다.

그러나 그 목소리는 공동체의 목소리 또는 공동체의 정념의 목소리이다. 만일 신화가 공동체에 본질적임을 인정해야 한다면 ─ 하지만 신화가 공동체를 완성한다는 의미에서, 공동체를 위해 개인과 완성된 전체성의 울타리와 운명을 결정한다는 의미에서 본질적이라면 ─, 그에 따라 신화의 단절 속에서 단절된 공동체의 목소리가, 완성되지 못한 채 노출된 공동체의, 어떠한 점에서도 신화적 말이 아니지만 신화처럼 말하는 목소리가 들린다는 것을 인정해야만 한다.

그 목소리에 여전히 신화의 선언들이 간직되어 있는 것처럼 보이는데, 왜냐하면 단절 속에서 들어야 할 새로운 아무것도 없기 때문이다. 나타날 어떠한 새로운 신화도 없다. 다만 우리가 듣고 있다고 믿은 것은 옛날에 했던 낭송이다. 어떤 목소리 또는 어떤 음악이 갑자기 중단되었을 때, 우리는 바로 그 순간에 다른 것을, 소리가 감추어 둔 여러 소음들과 침묵의 혼합이나 그 사이를 듣는다. 그러나 그 다른 것 속에서 우리는 목소리 또는 음악을, 어쨌든 그 자체 고유의 단절로부터 나오는 목소리 또는 음악을, 즉 반향하는 것을 반복하지 않는 일종의 메아리를 다시 듣는다.

목소리 또는 음악은 그 자체 안에서, 그 현전과 완성 속에서 사라진다. 목소리 또는 음악은 소멸되었다. 신화언어의 연기는 끝났으며, (그것이 기능적이고 구조적이며 연합을 위한 우리의 신화언어 속에서 행해져야만 한다고 우리가 생각했던 대로 언젠가 한 번이라도 행해졌다면) 이제 더 이상 통하지 않고, 이제 더 이상 행해지지 않는다. 그러나 어쨌든 단절된 목소리 또는 음악은 그 사라짐의 도식을 단절에 따라 나타난 중얼거림 또는 웅얼거림 속에 각인시켜 놓는다. 이는 더 이상 연기 ── 또는 언어학자들이나 예술가들이 말하는 언어 수행 또는 퍼포먼스 ── 가 아니지만 목소리와 음악 없이 행해지지도 않는다. 어떤 단절의 목소리가 있으며, 그 도식은 그 자체 고유하게 흩어지도록 노출된 공동체의 웅얼거림에 각인된다. 신화가 방송을 멈출 때, 완성되지 않고 융합되지 않으며 퍼져서 전해지는 노출되는 공동체는, 그 공동체는 어떻게든 들린다. 의심할 바 없이 그 공동체는 말하지 않으며, 어떤 음악을 만들어 내지도 않는다. 내가 말했던 대로, 그 공동체는 그 자체가 신화의 단절이며 단수적 존재들의 노출 위에서 신화는 단절된다. 그러나 단절 자체 속에 어떤 단수적 목소리가, 물러나 억제되어 있지만 되찾은 목소리가, 동시에 반복하지 않는 메아리 속에서 노출된 목소리 또는 음악이 있다. 공동체의 목소리, 그것은 아마 나름대로 밝힐 수 없는 것을 말하지 않으면서 밝히고, 공동체의 비밀을 폭로하지 않으면서 말하며, 끝이 없는 공동–내–존재의, 공동 **내의** 이 존재의 신화 없는 진리를 말하지 않으면서 현시한다. 공동–내–존재 être-en-commun, 공동 **내의** 그 존재는 '공유된 존재être commun'가 아닌데, 따라서 공동체는 그 한계를 설정할 수 없는 것이고, 신화가 그 토대가 되거나 포섭할 수 없는 것이다. 단절 속에서, 또한 단절 자체에 따라 분명히 분절되는 공동체의 어떤 목소리가 있다.

우리는 그 단절의 목소리에 하나의 명칭을 부여했다. 즉 문학(또는 글쓰기, 우리는 여기서 이 두 단어를 서로 부응하는 뜻에 따라 받아들인다). 의심의 여지 없이 이 명칭은 적합하지 않다. 그러나 여기서 어떠한 명칭도 적합하지 않다. 단절의 장소와 순간에 들어맞는 어떠한 적합한 것도 없다. 블랑쇼는 "이제 유일하게 적합하지만 문학의 부적합성과 관계 있는 소통"에 대해 말한다. 문학에서 부적합한 점은, 문학이 공동체의 신화에도, 신화의 공동체에도 적합하지 않다는 것이다. 문학은 연합에도, 소통에도 적합하지 않다.

하지만 '문학'이라는 명칭이 항상 "문학의 부적합성" 자체에 적합하지 않은 상태에 있다면, 바로 문학이 신화와 가장 밀접한 관계를 맺고 있기 때문은 아닌가? 신화는 문학의 기원이, 모든 문학의 기원이, 아마 어떤 의미에서는 문학의 유일한 내용, 그 유일한 설화가 아닌가? 신화가 문학의 유일한 포즈(그 주인공인 독창하는 사람의 포즈)는 아니더라도 말이다. 신화언어가 만들어 낸 장면의 **반복**이 아닌 문학의 장면이 있는가(같은 방식으로 문학이라는 '장르'에 속해 있는 철학의 장면이나 장면들도 마찬가지이다)?

문학이 신화의 상속자(또는 메아리)일 뿐만 아니라, 또한 문학은 그 자체로 신화로 생각되어졌고 의심할 바 없이 신화 —— 신화가 부재하는 사회에서의 신화[38] —— 로 생각되어야 한다. 블랑쇼의 경우에도, 그의 초기 텍스트에서 우리는 문학에서 "모든 것이 신화적 창조에 이르러야 한다. 계시적 이미지들의 근원이 열리는 곳에서만 작품이 있

---

38 우리는 낭만주의로부터 우리에 이르기까지, 설사 '새로운 신화언어'라는 슐레겔적 문맥 바깥에서라도, 문학을 신화언어 또는 신화-시詩로 보는 그러한 관점이 단절되지 않고 이어져 왔다는 증거들을 찾을 수 있을 것이다. 그에 대한 최근의 예가 있다: Marc Eigeldinger, *Lumières du mythe*, Paris, PUF, 1983.

다"[39]라는 문장을 읽을 수 있다. 블랑쇼가 오늘날 이 문장에 만족할지는 확실하지 않다. 물론 '계시'(여기서 이 말 '계시'로 무엇을 말하고자 하는가, 그것은 '신화'와, 게다가 '이미지'와 관계 있지 않은가라고 물으면서 나를 즉시 가로막을 수 있다 ― 그러나 바로 여기서 절대적 부적합성의 공간이 있는데, 말하자면 이 말들은 각각의 고유한 단절을 의미한다)가 있는 경우에만 작품이 있다. 그러나 문학의 계시는 신화의 계시와는 달리 어떤 완성된 현실도, 어떤 완성의 현실도 계시하지 않는다. 그 계시는 일반적인 방식으로 **어떤 것**을 계시하지 **않는다** ― 그것은 차라리 드러날 수 없는 것을 계시한다. 말하자면 어떤 전망과 그에 따라 구성된 연합을 계시하고, 그것들에 다가가게 하는 작품으로서의 그것 자체가 본질적으로 단절되었다는 사실을 계시한다.

작품에는 신화의 부분이 있고, 문학 또는 글쓰기의 부분이 있다. 후자는 전자를 단절시키며, 정확히 신화의 단절에 따라(설화와 담론의 미완성에 따라) '계시한다' ― 후자는 무엇보다 먼저 그 단절을 계시하며, 바로 그 점에서 ― 이렇게 말할 수 있다면, 그러나 이렇게 말하지 못할 수도 있다 ― , 하나의 '신화적 창조'라고 말할 수 있다.

---

39 *Faux pas*, Paris, Gallimard, 1943, p. 222. 이 문장 바로 앞에서 블랑쇼는 심리학과 대립하는 신화적 차원을 "우리가 우리 자신에게 거슬러서 비극적인 노력을 통해 이르는 위대한 현실의 기호"라고 정의했다. 나의 텍스트를 쓴 후에 나는 블랑쇼의 논문("Les intellectuels en question", *Le Débat*, 1984년 5월)을 알게 되었고, 거기서 이러한 문장을 읽을 수 있었다. "유대인들은 (……) 신화에 대한 거부와 우상의 포기를, 그리고 법의 존중을 통해 명백히 드러나는 윤리적 질서에 대한 인지를 육화한다. 유대적인 것에서, '유대인의 신화'에서 정확히 히틀러는 바로 신화에서 벗어난 인간을 절멸시키기를 원했던 것이다." 이는 언제 어디에서 신화가 결정적으로 단절되는가를 보여 준다. 나는 이렇게 덧붙인다. "신화에서 벗어난 인간"은 이제 우리가 도래하게 하고 써지게 해야 할 어떤 공동체에 속해 있다.

그러나 작품 한가운데에서 신화의 부분과 문학의 부분은 분리될 수 없고 대립될 수 없다. 그것들은, 공동체가 작품들을 다른 방식으로, 즉 때로는 신화의 방식으로, 때로는 문학의 방식으로 분유하거나 함께 분유한다는 의미에서 두 부분이다. 후자는 전자의 단절로부터 따라 나온다. '문학(또는 글쓰기)'은, 문학에서, 즉 작품들의 분유 또는 소통에서 — 어떠한 신화도 갖지 않으며 가질 수도 없는 공동-내-존재에 목소리를 부여하면서 — 신화를 단절시키는 그것이다. 또는 차라리, 공동 내 존재가 어디에도 **존재하지** 않으며 드러날 수 있는 신화적 장소에 존속하지 않기 때문에, 문학은 공동 내 존재에 목소리를 부여하지 않지만, 바로 공동 **내** 존재가 문학적(또는 글쓰기적)**이다.**

*

이는 무엇을 말하는가? 이는 어떤 것을 말하는가?

나는 제기된 단 하나의 문제는 '문학적 공산주의'라는 문제, 나아가 '공동체의 문학적 경험'이라는 문제라고 썼다. 블랑쇼는 이렇게 강조했다. "공동체에, 그 실패 자체 가운데, 어떤 종류의 글쓰기와 연관된 부분이 있다." 그리고 "문학적 소통을 통해 이루어지는 이상적 공동체". 이는 여전히 또 한 번 어떤 신화를, 어떤 새로운 신화를 만들 수 있지만, 몇몇 사람들이 믿을 수 있는 것과는 반대로, 그렇게 새로운 것도 아니다. 바로 예나의 낭만주의자들에게 최초로(사실상 아마 최초도 아닐 것이다) 문학적 공동체라는 신화가 그려지며, 그 신화는 '예술가들의 공화국'이라는 이념이나 그 자체로 글쓰기에 현전하는 공산주의(예를 들어 어떤 마오주의)와 그 혁명이라는 이념과 유사한 모든 것을 거쳐 여러 다른 방식으로 우리에게까지 이어진다.

그러나 신화의 단절이 하나의 신화를 만들어 내지 않기 때문에, 내가 말하는 — 우리가 여럿이 말하고자, 즉 쓰고자 하는 — 공동-내-존재는, 문학을 통한 연합이라는 신화와 관련해서도, 공동체를 통한 문학적 창조와 관련해서도 아무런 할 일이 없다. 만일 우리가 부적합성을 완전히 의식해서 공동-내-존재는 문학**적이다**라고 말할 수 있거나 적어도 그렇게 말하고자 한다면, 즉 공동-내-존재가 자신의 존재 자체를 '문학' 속에 (글쓰기 속에, 즉 어떤 목소리 속에, 어떤 단수적 음악 속에, 어떤 회화 속에, 어떤 무용 속에, 또한 사유의 연습 속에……) 갖고 있다고 말하고자 한다면 우리는 '문학'이라는 것으로, 공동-내-존재 자체를 그 자체 내에서 가리켜야 할 것이다. 즉 '문학'이라는 것으로 공동-내- 존재를 공동 **내에** 내어 주며, 공동체 이전 또는 이후에 연합을 자체의 완성 속에서 완성시키는 인간·신 또는 국가의 본질로서 그 존재를 보존하는 것이 아니라 공동으로 분유하게 하고 차라리 그것의 특성과 본성과 구조를 분유(또는 외존)로 결정하는 단수적 존재론적 질을 가리켜야 할 것이다.

분유의 구조는 그렇게 서투르게 묘사되고 그 본성은 그렇게 서투르게 규정된다. 분유는 분유하고 서로 분유된다. 그것은 공동 내에 있다. 우리는 분유를 바탕으로 설화를 만들어 낼 수 없으며 그 본질을 규정할 수 없다. 분유에 대한 신화도, 철학도 없다. 그러나 '문학'이 분유를 실행한다. '문학'은 그것을 실행하거나, 정확히 신화를 단절시키는 한에서, 분유이다. 정확히 문학이 완성에 이르지 않는 한에서, 신화는 문학에 의해 단절된다.

문학이 완성에 이르지 않는다면, 낭만주의가 염원한 '무한의 포에지poésie'라는 신화적 의미에서 그런 것이 아니다. 작품을 통해 블랑쇼의 '무위'에 이르고 작품을 통해 그 '무위'가 현시된다는[40] 의미에서 그런 것도 아니고, 또한 그 '무위'가 작품의 완전한 바깥이라는 의미에서 그런 것도 아니다. 문학은 그것이 완성되는 곳 자체에서 완성에 이르지 못한다. 즉 그 가장자리에서, 정확히 분유의 선 —— 때로는 곧게 뻗은 선(책의 가장자리, 테두리), 때로는 믿을 수 없을 만큼 뒤틀리거나 끊어진 선(글쓰기, 독서) —— 위에서 문학은 완성에 이르지 못한다. 문학은, 작품이 한 저자로부터 한 독자에게로, 그 독자로부터 다른 한 독자나 다른 한 저자에게로 넘어가는 곳에서 완성에 이르지 못한다. 작품이 그 저자의 다른 작품으로 넘어가는 이곳에서, 작품이 다른 저자들의 다른 작품들로 넘어가는 다른 곳에서 문학은 완성에 이르지 못한다. 문학은, 설화가 다른 설화들로, 시가 다른 시들로, 사유가 다른 사유들로, 또는 사유가 사유나 시의 불가피한 유예상태로 넘어가는 곳에서 완성에 이르지 못한다. 또한 문학이 문학이라면, 그것이 오직 공동 **내** 존재 이외에 다른 아무것도 가동시키지 않는 —— 써졌든 써지지 않았든, 픽션이든 담론이든, 문학이든 아니든 —— 어떤 말(어떤 언어, 어떤 방언, 어떤 글쓰기)이기 때문이다.

신화를 단절시키는 것으로 여겨지는 '문학'은 —— 오직 소통 자체

---

40 "설사 작품이 무위에 도달할 수 없다 하더라도, 무위는 작품에 출몰한다"(*La Communauté inavouable*, p. 38).

만을, 서로가 서로로 넘어가는 이행을, 서로서로에 의한 분유만을 가동시키고 발효시키며 무위로 이끈다는 의미에서 — 다만 소통할 뿐이다. 문학은, 자신에 기초한 연합을 설파하면서 자신과만 소통하는 신화와 다르게, 그 자신을 목적으로 삼지 않는다. 물론 문학 작품이 그 깊이 감추어진 조직의 결에서 같은 목적에 부응하는 것처럼 보이는 것은 사실이다. 물론 텍스트가 오직 그 자체 이외에 아무것도 재현하지 않으며, 그것이 말하는 이야기는 언제나 그 자체 고유의 이야기이고, 그것이 전하는 담론은 그 자체의 담론인 것은 사실이다. 그러한 한에서 텍스트의 신화가 있을 수 있다.[41]

그러나 그 자체 고유의 이야기를 이야기하는 텍스트는 어떤 완성되지 못한 이야기를 이야기하며, 그 이야기를 단절시킨 채로 이야기하고, 그 이야기를 낭송하는 것을 근본적으로 중단시킨다. 텍스트는 — 모든 순간에, 네게서, 그에게서 또는 그녀에게서, 너·나·그들에게서 — 분유되는 곳에서 중단된다. 이는 어떤 의미에서 신화를 분유하는 것이다. 거기에 신화를 전하고 주고받는 공동체가 있다. 부족이나 민족의, 나아가 인간성의 토대가 되고 그 연합을 이루는 우리의 신화와 그보다 더 가까운 것은 아무것도 없다. 하지만 그게 아니다. 그것은 더 이상 우리의 연합을 보여 주는 근원적 장면이 아니다. 이는 어떠한 연극 무대도 없다는 것을 말하지 않는다 — 마치 연극 무

---

41 나아가 마찬가지로 신화를 단절시키는 동시에 분유하고 '문학' 내에 다시 기입시키는 어떤 신화의 텍스트가 있다. 다시 말해 '문학'은 아마 언제나 신화들로부터 자양을 얻겠지만, 오직 신화들의 단절을 통해서만 써진다.

대 없는 문학이 있기라도 한 것처럼 말이다. 그러나 여기서 연극 무대는 재현의 장면이 갖는 가치를 더 이상 갖지 않는다. 다시 말해 그것은 그 재현의 장면의 극단의 가장자리에 놓인 것으로서, 서로가 서로에게 외존되는 분유의 선으로서 가치를 가질 뿐이다.

극단의 가장자리에 놓여 있고 그리기 어려운 그 선 위에서 분유하는 것은, 연합이 아니고, 모두를 하나로 만드는 완성된 동일성이 아니며, 어떠한 동일성도 아니다. 분유하는 것은, 분유를 무효화시키는 그러한 것들이 아니고, 분유 그 자체이며, 결과적으로 모두의 비-동일성, 각자의 각자에 대한 그리고 타인에 대한 비-동일성, 작품의 작품 자체에 대한, 결국 문학의 문학 자체에 대한 비-동일성이다.

따라서 텍스트가 그 자체 고유의 이야기를 하고, 그 이야기를 완성시키지 못한 채 하며, 그 자체 중단될 때 ── 또한 다시 자체의 중단에 대해 이야기하고, 마지막에 다시 중단될 때 ──, 그 텍스트는 그 자체를 목적으로도, 결말로도, 원리로도 삼지 않는다. 어떤 의미에서, 문학은 문학으로부터만 오고 문학으로 되돌아간다. 그러나 다른 의미 ── 그 의미는 방금 말한 첫 번째 의미와 중첩되는데, 그에 따라 각각의 중첩에서 바로 신화가 단절된다 ── 에서, 텍스트 또는 글쓰기는 오직 단수적 존재들의 단수적 관계에서만 발생한다(우리는 그 단수적 존재들을 부르며, 지금까지 그것들을, 즉 인간들과 신들을, 또한 동물들을 불러 왔지만, 그것들은 여전히 신화언어의 이름들이다). 텍스트는 거기에서 발생하거나 **그것은 그 관계 자체이며**, 그 관계의 존재론적 혈관을 낸다. 다시 말해 공동 **내** 존재로서의 존재는 문학(의) 존재이다. 그것은 하나의 문학적 존재가 아니다. 즉 하나의 허구가 아니고, 설화적이지도 이론적이지도 않다. 이는 오히려, 적어도 우리가 문학이라는 단어로 신화의 단절을 이해하면서부터, 문학이 단수적 존재들의 공동의 외존을, 그 공동의 나타남을 그 존재로(괜찮다면, 그 본질로, 나아가 그 선험적 구성으로) 삼는다는 것을 의미한다. 가장 고독한 작가는 오직 타자만을 위해서 쓴다(동일자를 위해, 그 자신 또는 구별되지 않는 익명의 군중을 위해 쓰는 자는 작가가 아니다).

문학이 있기 때문에 공동체가 있는 것이 아니다. 의심할 바 없이 우리는 문학이 있기 때문에 연합의 신화가, 나아가 문학적 연합의 신화가 있다고 말할 수 있다. 그 점에서 보면, 근대에 신화들을 장중하게 단절시켰던 문학은 당시에 고유의 신화를 즉시 낳았다. 그러나 이어서 단절된 것은 바로 문학 고유의 신화이다. 그 단절에 따라 공동체가 있기 때문에 문학이 있다는 사실이 밝혀진다. 다시 말해 문학은 공동-내-존재를, 타인을 위한, 타인에 의한 존재를 기입시킨다.[42] 문학은 우리를 서로에게 외존시켜, 그리고 서로가 서로에게 — 한계에 — 서로 이르게 하는 우리 상호 간의 죽음들에 외존시켜 기입시킨다. 서로가 서로에게 — 한계에 — 이르는 것은, 모두의 토대가 되는 전체라는 다른 한 몸에 다가간다는 것인 연합한다는 것이 아니다. 서로가 서로에게 이르는 것, 서로가 접촉하는 것, 그것은 존재 자체, 공

---

42 그 점에서 문학은 사랑이 아니며, 사랑을 배제하기조차 한다. 연인들의 공동체는 어떤 점에서는 분유를 초과해서 나아가며 기입되지 않는다. 공동체를 승천시키는 것으로 여겨지는 사랑은 정확히 하나의 신화이고 나아가 신화 자체이다. 문학은 문학 자체가 단절된다는 사실을 기입해 둔다. 문학 자체의 단절 속에서 더 이상 연인들의 하찮은 목소리일 수 없고 그들의 사랑으로부터 나오는 어떤 목소리가 공동체에서 들린다.

동-내-존재가 우리를 벗어나면서 우리를 서로로부터 벗어나게 하는 한계와, 우리를 타자 앞에서 타자로부터 끄집어내면서 타자에게 노출시키는 한계와 접촉한다는 것이다.

그것은 하나의 탄생이다. 우리는 끊임없이 태어나 공동체에 눈 뜬다. 그것이 죽음이다 ── 이렇게 말하는 것이 허락된다면, 그것은 비극적 죽음이 아니며, 또는 이렇게 말하는 것이 더 정확할 텐데, 그것은 신화적 죽음이 아니고 부활로 이어지는 죽음도, 완전한 심연에 빠져드는 죽음도 아니다. 그것은 분유로서의, 또한 외존으로서의 죽음이다. 그것은 살해가 아니고 ── 그것은 전멸로서의 죽음이 아니고 ──, 그것은 과제[작품]로서의 죽음도, 죽음을 부정하는 장식粧飾도 아니며, 그것은 우리를 결합시키는 이 무위, 즉 죽음이다. 왜냐하면 이 무위는 우리의 소통과 우리의 연합을 단절시키기 때문이다.

*

우리의 공동 내 존재를 분유하는 이것이, 이 무위가 있기 때문에 '문학'이 있다. 한계와 접촉하고 한계를 가리키고 기입시키는, 그러나 한계를 넘어서지 않고 공동의 몸이라는 허구 속에서 한계를 무너뜨리지 않는, 무한정으로 다시 취한, 이어서 무한정으로 유예된 몸짓이. 타인을 위해 쓴다는 것은 사실은 타인 때문에 쓴다는 것을 의미한다. 글 쓰는 자는 아무것도 예정해서 타자들에게 주지 않으며, 메시지든, 자기 자신이든, 무엇이든, 자신의 계획에 따라 그들에게 전하고자 하지 않는다. 의심의 여지 없이 언제나 메시지들이 있으며, 언제나 인물들이 있고, 메시지들과 인물들이 —지금 동일하게 다루어질 수 있다면 — 서로 소통해야 한다는 사실은 중요하다. 그러나 글쓰기는 한계를 노출시킨다는 단 하나의 필연성에 종속되는 몸짓이다. 그 한계는 소통의 한계가 아니라 **소통을 발생시키는 한계이다.**

사실 소통은 한계가 없으며, 공동 내 존재는 단수성들의 무한에서 소통된다. 우리의 소통 방법이 (우리가 말한 대로) 엄청나게 늘어났다는 사실에 대해 걱정하고 그에 따라 메시지가 약해진다는 사실에 대해 두려워하는 대신, 이를 평정 가운데 기뻐하는 것이 나을 것이다. 다시 말해 소통 '자체'는 유한한 존재들 사이에서 무한하다. 유한한 존재들이 자신들 고유의 무한성에 대한 신화를 서로 소통하기를 원하지 않는다는 조건하에서 그렇다. 왜냐하면 그것을 원하는 경우 그들의 소통은 즉시 끊어질 것이기 때문이다 — 반면 소통은 한계 위에서, 우리가 노출되고 한계가 우리를 노출시키는 공동의 한계들 위에서 발생한다.

그 한계 위에서 발생하는 것이 신화의 단절을 요구한다. 그것은 어떤 말, 어떤 담론 또는 우화가 한계 너머에서(또는 그 이하에서) 우리를 회집한다는 말을 더 이상 하지 말 것을 요구한다. 그것은 마찬가지로 단절 자체가 단절의 단수적 목소리와 함께 들리기를 요구한다. 그 목소리는 신화의 목소리가 단절됨에 따라 남은 베인 자리 또는 각인된 것과 같다.

매번 그것은 말하고 낭송하며 때로는 노래하는, 떨어져 나온 한 사람의 목소리이다. 그는 어떤 기원과 어떤 종말 —사실은 기원의 종말 — 을 말하며, 그것들을 무대화하고 스스로 무대에 선다. 그러나 그는 무대의 가장자리로, 극단의 가장자리로 오며, 자신의 목소리의 한계에서 말한다. 또는, 가장 물러나 있는 극단에 놓여서 한계에서 그의 목소리를 듣는 자는 바로 우리이다. 이 모든 것의 관건은, 어떤 목소리가 그렇게 단수적으로 분출하는 주위에서 실존적·윤리적·정치적 ── 정신적이라고 덧붙이면 왜 안 되겠는가? ── 배열들을 만들어 내는 데에 있다. 이 목소리, 또는 또 다른 어떤 목소리는 ── 우리의 한계로 다시 보내면서 ── 언제나 그 신화를 단절시키기를 다시 시작할 것이다.

그 한계 위에서, 스스로 외존되고, ── 우리가 듣는다면, 우리가 읽는다면, 우리의 윤리적·정치적 조건이 듣고 읽는 데에 있다면 ── 우리 스스로가 외존되고 있는 그자는 우리에게 어떤 토대의 말을 전해 주지 않는다. 그는 오히려 그것을 중지시키고 단절시키며, 그것을 단절시킨다고 말한다.

하지만 그것 자체는, 그의 말은 개시開始하는 어떤 것을 담고 있다. 각각의 작가는, 각각의 작품은 어떤 공동체를 개시한다. 그에 따라 부인할 수 없고 억누를 수 없는 문학적 공산주의가 존재하게 되며, 거기에, 스스로 외존되면서 ── 스스로 군림하지 않으면서(조금도 외존되지 않고 군림하는 자는 더 이상 쓰지 않고, 더 이상 읽지 않으며, 더 이상 사유하지 않고, 더 이상 소통하지 않는다) ── 쓰거나(또는 읽거나) 쓰려고(또는 읽으려고) 시도하는 자는 누구나 속해 있다. 그러나 여기서 공산주의는 개시하며, 결말을 내지 않는다. 그것은 완성되지 않으며, 오히려 신화적 연합과 연합의 신화가 단절되는 데에 따라 나온다. 이는 단순히 그것이, 강한 의미의 신화가 약간 물러나는 데에서 비롯된 '하나의 이념'이라는 것을 말하지 않는다. 공동 내 존재와 글쓰기(공동-내-존재의 글쓰기)의 공산주의는 하나의 이념도, 하나의 이미지도 ─ 하나의 메시지도, 하나의 우화도 ─ 하나의 토대도, 하나의 허구도 아니다. 공산주의 그 전부 ─ 전체적인 전부, 그러나 전체주의적이지 않은 전부 ─ 는 각각의 작품이 다시 취하고, 각각의 텍스트가 다시 그려 내는 개시의 몸짓 가운데에 있다. 즉 한계로 오고, 한계 그 자체를 나타나게 하며 신화를 단절시키는 가운데에 있다.

개시는 그렇게 앞으로 나아가는 데에, 분유의 선線 위에서 여기에서 앞으로 ─ 너로부터 나에게로, 침묵으로부터 말로, 모두로부터 단수적인 자에게로, 신화로부터 글쓰기로 ─ 나아가는 데에 있다. 그러나 어떠한 귀결점도 없다. 다시 말해 개시의 몸짓은 어떠한 것에도 토대가 되지 않으며, 어떠한 것도 정립하지 않고, 어떠한 교환체계도 관리하지 않는다. 그것에 따라 어떠한 공동체의 역사도 탄생하지 않는다. 어떤 의미에서 신화의 단절은 그 탄생과 마찬가지로 셸링이 말하는 **마비** 속에서 이루어지는데, 왜냐하면 **마비**는 공동체적 계획과 역사와 운명에 대한 어떤 담론이 단절되었음을 보여 주기 때문이다. 그러나 단절에 따라 동시에 어떤 참여가 이루어진다. 즉 단절에 따라 단절의 몸짓을 무효화시키지 않는 데에, 오히려 그것을 재개하는 데에 참여하게 된다. 또한 어떤 의미에서는 다시 역사가 있게 된다. 우리에게 도래하는, 신화의 단절 이후에 우리에게 도래하고 있는 어떤 또 다른 역사가 있다.

이제 대大역사Histoire와 결합하거나 그것을 드러내는 문학도, 대역사를 완성시키는 공산주의도 더 이상 관건일 수 없을 것이다. 우리에게 문학적 공산주의 속으로 도래하는 하나의 역사가 관건이 될 것이며, 사실상 이미 관건이다. 그 공산주의, 그것은 거의 아무것도 아닌 것이다 — 그것은, 우리가 어떤 의미에서 공산주의라는 말을 받아들이든, '하나의 공산주의'조차도 아니다. (하지만 이렇게 말해야 될 것이다. 만일 그 말이 사실 의미를 갖지 않았다면, 그 말이 신화적이거나 현실적인 그 복합적 의미들을 갖지 않았다면 내가 말하는 역사는 우리에게 도래하지 않을 것이다.) 그것은 우리에게 지금으로서는 이러한 보잘것없는 진리만을 가져다준다. 만약 우리의 존재를 분유하지 않았다면, 우리는 글을 쓰지 않을 것이다. 따라서 그 진리는 결국 이러한 것이다. 만일 우리가 글을 쓴다면(글을 쓴다는 것은 또한 말을 하는 하나의 방식일 수 있다……), 우리는 공동 내 존재를 분유하거나, 바로 우리가 공동 내 존재에 의해 분유되고 외존되는 것이다.

따라서 신화가 한 번 단절되면, 글쓰기는 여전히 우리에게 우리의 역사를 말해 준다. 그러나 그것은 더 이상 어떤 설화가 — 거대 설화도, 작은 설화도 — 아니며, 차라리 어떤 봉헌offrande이다. 즉 어떤 역사가 우리에게 봉헌된 것이다. 다시 말해 어떤 사건 — 또한 어떤 도래 — 이 우리에게 알려졌지만, 그 전개과정이 우리에게서 결정된 것은 아니다. 우리에게 봉헌된 것은,[43] 공동체가 도래한다는 사실, 차라리 공동 **내의** 어떤 것이 우리에게 도래한다는 사실이다. 어떤 기원이 아니고 어떤 결말도 아닌, 공동 **내의** 어떤 것. 다만 — 우리가 분

---

43 봉헌이라는 모티프는 다음에 나타나 있다: "L'offrande sublime", *Poétique* n° 30, 1984[「숭고한 봉헌」, 『숭고에 대하여』, 김예령 옮김, 문학과지성사, 2005].

유하고, 우리를 분유하는 ─ 어떤 말이, 어떤 글쓰기가.

　마치 어떤 그룹이 신화를 들으면서 자신을 이해했던 것처럼, 어떤 의미에서 우리는 그 글쓰기를 분유하면서 우리 자신과 세계를 이해한다. 하지만 우리는 다만 공동체에 대한 공유된 이해란 없으며, 분유가 어떤 이해를(개념도, 직관도, 도식도) 만들어 내지 않고 지식을 만들어 내지 않으며 분유에 따라 누구도, 공동체 자체도 공동 내 존재를 지배할 수 없다는 사실을 이해할 뿐이다.

*

　의심할 바 없이 글 쓰는 자는 어쨌든 언제나 신화를 이야기하고 서술하고 지어내는 사람이며, 또한 언제나 그는 자신이 만들어 낸 신화의 주인공이다. 또는, 글쓰기 자체나 문학은 그 자체를 고유하게 낭송하는 데에 있으며, 여전히 신화적 무대가 재구축되도록 그 자체를 무대화한다. 그럼에도 불구하고 그러한 불가피한 반복 한가운데에서 어떤 것이 신화의 단절 이후에 글 쓰는 자에게 도래한다. 왜냐하면 글 쓰는 자[작가]의 신화 역시 단절되었기 때문이다 ─ 아마 그 신화는 일반적 신화들만큼이나 오래된 신화이지만, 글 쓰는 자에 대한 근대적 개념만큼이나 최근의 신화이고, 특히 그 신화를 매개로 (다른 것들 가운데에서) 신화에 대한 근대적 신화가 구축되었다. 즉 최초의 이야기하는 자라는 것은 글 쓰는 자로부터 상상되었고, 글 쓰는 자의 근원적 모델로 다시 되돌려서 주어졌던 것이다. (이는 한마디로 문학의, 말 또는 글쓰기의 **주체**라는 문제를 보여 주는데, 그 주체는 단순한 낭송자·제창자提唱者에서부터 영감받은 천재를 거쳐 텍스트의 자가-발생에 이르기까지 모든 형태들을 가질 수 있다.)

글 쓰는 자의 신화는 단절되었다. 더 이상 가능하지 않은, 글 쓰는 자의 어떤 무대와 어떤 태도 그리고 글 쓰는 자의 창조성이라는 것이 있다. '글쓰기'라고 불릴 것과 '글쓰기'에 대한 사유는, 정확히 그것들을 불가능하게 만드는 것을 임무로 삼을 것이다. 따라서 결국 어떤 유형의 토대·발언과 문학적·공동체적 완성과, 결국은 어떤 정치를 불가능하게 만드는 것을 임무로 삼을 것이다.

말할 수 있다는(또한 선물들과 권리들에 대해 말할 수 있다는) 선물 또는 권리는 이제 이전과 똑같은 선물도, 이전과 똑같은 권리도 더 이상 아니며, 아마 하나의 선물조차도, 하나의 권리조차도 아니다. 신화가 자신의 낭송자에게 부여한 정당성, 즉 신화의 정당성은 이제 더 이상 없다. 오히려 글쓰기는 정당화될 수 없는 것으로, 결코 권위를 부여받지 못한 것으로, 위험을 감수해야 하는 것으로, 한계에 노출된 것으로 알려진다. 그러나 이는 하나의 순응적인 무정부주의가 아니다. 왜냐하면 글쓰기는 그렇게 —— 공동체의 —— 법에 복종하기 때문이다.

글 쓰는 자의 신화가 단절되었다는 것은, 글 쓰는 자가 사라진다는 것이 아니다. 그것은 특히 블랑쇼가 제시했던 대로의 "최후의 글 쓰는 자의 죽음"이 아니다. 반대로 자신의 신화가 단절되었을 때, 글 쓰는 자는 다시 거기에 있고, 보다 정확히 말하자면(따라서 보다 부적절하게 말하자면), 거기에 있다. 그는 자신의 신화가 뒤로 물러나는 데에 따라 단절에 의해 각인된 자이다. 즉 그는 저자가 아니고 영웅도 아니며, 아마 우리가 시인이라 불렀던 자도 아니고 사상가라고 불렀던 자도 아니며, 어떤 단수적 목소리(어떤 글쓰기, 그것은 또한 말을 하는 하나의 방식이다······)이다. 그 단수적인, 단호하고 환원 불가능하게 단수적인(치명적인) 목소리, **공동 내에서** 그는 바로 그것이다. 또한 우리는 오직 **공동 내에서**만 '하나의 목소리'('하나의 글쓰기')가 될 수 있다. 단수성 가운데에서, 공동체에 대한 문학적 경험 ── 즉 글쓰기에 대한, 목소리에 대한, 주어져서 연주된, 서약되고 봉헌된, 분유한, 내맡긴 말에 대한 '공산주의적' 경험 ── 이 자리 잡는다. 말은 그 자체의 단수성을 기준으로 해서 공동체적이며, 말은 그 자체의 공동체적 진리를 기준으로 해서 단수적이다. 그러한 교차적 형식이 갖고 있는 속성propriété은 오직 내가 여기서 말이나 목소리나 글쓰기나 또는 문학이라고 부르는 것에만 귀속된다 ── 또한 그러한 의미에서의 문학은 그 속성 이외에 다른 최후의 본질essence을 갖지 않는다.

3부
'문학적 공산주의'

> "문학은 집단적 필연성을
> 지시하는 임무를
> 맡을 수 없다."
>
> (바타유)

단절된 신화에 의한 공동체, 다시 말해 어떤 의미에서는 공동체 없는 공동체 또는 공동체 없는 공산주의는 우리의 지향점이다. 다시 말해 그 공동체(또는 그 공산주의)로 우리는 마치 우리의 가장 가까운 미래로 호출되거나 넘어가듯이 호출되거나 넘어간다. 그러나 그 공동체는 '하나의 미래'가 아니고, 그것은 지연되면서 접근하거나 무르익거나 쟁취하는 방향에서 완성되어 가고 있는 목적으로 주어진 최후의 어떤 실재성이 아니다. 왜냐하면 그 경우 그 공동체의 실재성은—그 이념의 실효성 또한 마찬가지이지만—신화적일 것이기 때문이다.

공동체 없는 공동체는 모든 집단성 한가운데로 언제나, 끊임없이 **도래하고 있다는 점**에서 **도래해야 할**_à venir_ 어떤 것이다(바로 그 공동체가 거기로 끊임없이 도래하고 있기 때문에, 바로 거기에서 개인이라는 것에 저항하는 것과 마찬가지로 집단성 자체에 끝없이 저항한다). 그 공동체는 다만 이러할 뿐이다. 즉 공동의 나타남의 한계로, 우리가 소환되고 부름을 받고 내몰린 그 한계로 — 또한 그 한계로부터 우리는 소환되고 부름을 받고 내몰린다 — 도래할 뿐이다. 우리를 소환하는 부름을, 우리가 한계 위에서 서로에게 전하는 부름(그것은 의심할 바 없이 서로로부터 서로에게 전하는 같은 부름이지만 똑같은 것은 아니다)과 마찬가지로 부득이 글쓰기 또는 문학이라 부를 수 있을 것이다. 그러나 무엇보다 먼저, 그 본질은, 우리가 어떻게 이해하든(예술 또는 스타일로 이해하든, 텍스트들의 생산으로 이해하든, 사유와 이미지적인 것의 유통이나 소통으로, 또한 다른 것으로 이해하든), '문학적인 것'이 되는 데에 있지 않으며, '부름'이라는 단어가 이해하도록 하는 바대로 기원·포고·선언 그리고 어떤 엄숙한 주체성의 토로와 같은 것에 있지도 않다. 그 본질은 오직 단번에 — 어떤 각인 그리고/또는 어떤 기입에 따라 — 신화의 제작과 신화의 무대를 단절시키는 몸짓으로만 이루어져 있다.[1]

의심의 여지 없이 신화가 단절된 것은, 신화가 제 모습을 드러내거나 '신화'로 규정된 것만큼이나 오래되었다. 이는 '문학'이…… 문학(서사문학·비극문학·서정문학·철학적 문학, 그러한 구분은 여기서 거의 중요하지 않다)과 함께 시작된다는 것을 의미한다. 신화가 완성된 장면 — 신화가 체험적으로 경험되고 전개되는 장면 — 은 우리의 역사에서 어떤 의미로는 매우 때늦게 나타난 몽타주인데, 왜냐하

---

1 일반적으로 의미의 기원 자체에서 의미의 단절·유예와 '차이', 또는 그 가장 고유한 구조(즉 결코 속성의 구조가 아닌 구조) 가운데에서의 '살아 있는 현재'의 (언제나 이미 윤곽 지어진) 존재-흔적l'être-trace은, 다시 되돌려 본다면, 자크 데리다가 '글쓰기' 또는 '원-글쓰기'라는 용어를 통해 사유했던 것의 근본적 특성들을 구성한다.

면 그 장면은 결국 문학이 가진 신화의 장면, 문학이 신화를 각인시킬 수 있게 했던 글쓰기의 필치를 지우기 위해 (재)구성했던 장면이기 때문이다.

그러나 이는, 모든 것을 고려해 본다면, 아마 다음 사실 이외에 아무것도 의미하지 않을 것이다. 신화는 단지 문학이 창조해 낸 것일 뿐이다. 문학은 신화를 단절시키면서 끊임없이 그 단절을 넘어서 어떤 연속성을 다시 정립시킨다.

문학은 자신이 단절시켰던 것에 대해 **알지 못한다**. 문학은 단지 하나의 필치, 하나의 각인을 통해 자신이 시작된다는 것을 알 뿐이며, 그 필치 아래에서 현전했다고 자신에게 재현한 것을 '신화'라고 부른다. 따라서 문학에 고유한 신화는 '신화'와 다시 연결되는 데에, '신화' 속에서(그 시적·생산적이고 수행적인 힘 속에서), 즉 **문학 자체 속에서** 토대를 마련하는 데에 있다……. 그러나 문학에 고유한 신화가 문학에 출몰하는 만큼이나, 글쓰기의 필치는 그 사실을 무시하면서 다시 단절 가운데 놓아둔다.

문학은 단절된다. 바로 그 점에서 본질적으로 문학은 문학(글쓰기)이고 신화가 아니다. 오히려 단절되는 그것 ─ 담론이든 노래든, 몸짓이든 목소리이든, 설화이든 증명이든 ─, **그것**이 문학(또는 글쓰기)이다. 그 자체 고유의 **뮈토스**(즉 그 자체의 **로고스**)를 단절시키거나 유예시키는 그것 자체가.

*

여기에서, 그 유예 가운데 단수적 존재들의 연합 없는 공산주의가 자리 잡는다. 여기에서 공동체의 **자리-잡음**이, 현전을 위해 마련되고 축성된 공간이 없는, 장소 없는 그 자리-잡음 자체가 자리 잡는다. 그것이 공동체를 완성시킬 어떤 작품 속에서가 아니고, 과제[작품]로서의 공동체 자체(가족·민중·교회·국가·당·문학·철학) 속에서는 더더욱 아니며, 무위 속에서, 공동체의 모든 작품들의 무위로서 자리 잡는다.

공동체에서 개인들(글쓰기의 양태가 어떠하든, '글 쓰는 자들')의 작품들이 처하게 된 무위가 존재하며, 공동체가 그 자체로부터, 그 자체로서 만들어 내는 작품들(민중들·도시들·보물들·국가 재산·전통·자본 그리고 집단 소유의 지식과 생산물)의 무위가 존재한다. 그것은 같은 무위이다. 다시 말해 공동체에서의 작품과 공동체의 작품(나아가 그 두 작품 각각은 다른 하나에 속해 있고, 다른 하나에서 때로는 재再전유되고 때로는 무위에 이른다)은 그 전개의 완성에도, 그 **오푸스**_opus_[작품]의 실체와 단일성 속에도 자체의 진리를 갖고 있지 않다. 반면 작품 속에서 또는 작품들을 통해서 노출되는 것은 작품 그 이하 그리고 그 너머에서 ── 작품의 전개과정에서의 중심화 그 이하 그리고 그 너머에서(즉 우리에게 작품을 가져다주며 동시에 작품의 중심화를 와해시키고 작품이 공동체의 무한한 소통 가운데 주어지게 하는, 작품 한가운데에서 벌어지는 그 노출에 의해, 우리가 지금까지 인간들·신들·동물들이라고 불러 왔던 것들이 서로가 서로에게 **외존되는**

곳에서) ── 무한히 시작되고 끝난다.

작품 ── 그것이 우리가 '하나의 작품'이라고 가리키는 것이든, 작품처럼 현시되는 공동체이든(이 경우 언제나 하나는 다른 하나 속에 존재하며, 영리화되거나 자본화되거나 다시 노출되는 다른 하나에 의해 존재할 수 있다) ── 이 소통 가운데 봉헌되어야만 한다.

이는 작품이 '소통 가능'해야 한다는 것을 의미하지 않는다. 이는 작품에 대한 어떠한 형태의 이해 가능성 또는 전달 가능성도 요구하지 않는다. 메시지가 문제되지 않는다. 한 권의 책도, 한 곡의 음악도, 한 민중도 그 자체로는 메시지의 전달자나 매개자가 아니다. 메시지의 작용은 사회와의 관계 안에서 이루어지며, 공동체 내에서는 이루어질 자리가 없다. (바로 그렇기 때문에 작품의 '엘리트적' 특성을 강조하는 대다수의 비평은 정당성이 없다. 작가, 그리고 정보와 공부의 부족으로 그의 독자조차될 수 없는 사람 사이에서, 소통이란 메시지의 소통이 아니다 ── 다만 소통이 자리 잡는 것이다.[2])

작품이 소통 가운데 봉헌되어야만 한다는 것, 그것은 작품이, 단수적 존재들이 서로를 분유하는 공동의 한계 위에서 사실상 **봉헌되어야만**, 즉 현시되고 제시되며 내맡겨져야만 한다는 것을 의미한다. 작품은 작품이 되자마자 완성의 순간에 ── 즉 작품이 계획되자마자, 작품의 조직 자체 내에서 ── 공동의 한계에 내맡겨져야 한다. 이는 오직 작품이 그 자체에 의해, 또한 그 자체를 위해 공동의 한계의 윤곽

---

2 그 사실에 대한 생각에 이르게 되는 한에서만 우리는 '문화'라는 사회학적 개념으로부터 해방될 것이다.

을 그리고 다시 그리는 것 외에 다른 것을 하지 않을 경우에만 발생한다. 달리 말해 이는 작품이 단수성/공동체를 기입시키거나 그 자체를 단수적/공동적으로, 무한히 단수적/공동적으로 기입시키는 경우에만 발생한다.

(나는 '⋯⋯야만 한다'라고 말한다 ── 그러나 그것은 어떠한 의지에 의해 내릴 수도 없고, 어떠한 의지에 내릴 수도 없는 명령이다. 그것은 공동체의 하나의 도덕도, 하나의 정치도 지향할 수 없는 대상이다. 하지만 그것은 지시된다⋯⋯. 또한 언제나 그 시시에 따라 정치에서 자유의 길을 낸다는 것이 어쨌든 목표로 주어질 수 있다.)

작품이 그렇게 소통 가운데 봉헌될 때, 그것은 절대로 어떤 공동의 공간 내로 넘어가지 않는다. 반복해서 말하자면, 오직 한계만이 공동적인데, 한계는 하나의 장소가 아니고 장소들의 분유, 장소들의 공간화이다. 공동의 장소란 없다. 작품으로서의 작품은 물론 공동의 작품일 수 있다(나아가 그것은 어떤 관점에서든 그러하며, 결코 우리는 홀로 해나가지 않으며 홀로 쓰지 않고, 고립된 개인이 '단수적 존재'를 대표하지 않는다). 작품은 자체의 무위 가운데 주어지기에 공동의 어떤 실체 속으로 들어가지 않으며, 공동의 교환을 통해 유포되지 않는다. 작품은 그 자체가 과제[작품]인 공동체 속에 토대를 마련하지 않고, 사회 내에서 상업의 테두리 속에서 작용하기를 시작하지도 않는다. 오직 작품으로서 내맡겨졌다는 조건하에서만 작품이 갖게 되는 **소통**의 특성은 단일한 어떤 내재성 가운데 있지도 않고, 일반적으로 유포되는 데에서 나타나지도 않는다. 그 특성은, 맑스가 말하는 원시 '공동체들'에서의 노동이 갖는 '사회적' 특성과 같다.

"시골에서 족장族長이 주조하는 산업에서 (······) 방적공과 직조공은 같은 지붕 밑에서 거주했고, 여성들은 실을 잣고 남성들은 가정의 생필품을 얻기 위해 직물을 짰는데, 실과 직물은 **사회적** 생산물이었으며, 방적과 직조는 가족의 한계 내에서의 **사회적** 노동이었다. 그러나 그러한 사회적 특성은, 실이 일반적 등가물로서 또 다른 등가물인 직물과 교환된다는 사실이나, 그것들 둘 모두가 동시간의 일반적 노동의 등가적 표현들로서 서로 교환된다는 사실에 있지 않았다. 반대로 바로 자연적 분업에 따라 가족이 유기체적 조직이 된다는 사실이 노동 생산물에 고유한 사회적 특성을 각인시켰다. (······) 여기에서 사회적 관계를 구성하는 것은, 자연 그대로 주어져서 결정된, 개인의 노동이다. 그것은 노동의 특수성이지 일반성이 아니다. (······) 개인들의 노동이 사적私的 노동으로, 마찬가지로 생산물이 사적 생산물로 되지 못하게 막는 것은, 전적으로 생산 이전에 정립된 공동체이다. 바로 그 공동체가 개인의 노동을 사회적 유기체의 한 구성원이 직접 행한 기능으로 나타나게 만든다."[3]

"우리가 모든 문명화된 민족들의 역사의 문턱에서 만나게 되는, 원시적 형태의 공동 노동"이라는 진리를 맑스에게서 찾는 그러한 해석에 담겨 있을 회고적 환상의 부분을 인지하는 것이 지금으로서는 중요하지 않다. 다른 이데올로기들과 함께 맑스에게 남아 있는 노스

---

3 *Œuvres*, Pléiade, t. I, pp. 284~285.

탤지어에 물든 이데올로기를 거쳐 넘어서 어쨌든 거기에 제시된 공동체에 대한 사유만이 오직 중요하다 — 왜냐하면 그것은 다만 하나의 목가적 설화이기만 한 것은 아니며, 유토피아적 전망으로 전환될 수 있는 사유이기 때문이다. 여기서 공동체는 사회적으로 드러나 노출된 특수성을 의미하며, 자본주의의 일반성인, 사회적으로 내부 파열을 일으키는 일반성과 대립한다. 맑스적 사유에서 하나의 사건이 있다면, 그리고 우리가 그것을 해결하지 못했다면, 그것은 맑스적 사유의 열림 자체에서 발생한다.[4]

자본은 공동체를 부정하는데, 왜냐하면 자본은 공동체 이전에 생산과 생산물들의 동일성과 일반성을, 다시 말해 제작물들의 거래 과정에서 연합이 이루어질 수 있고 일반적 유통의 기준이 성립될 수 있다는 사실을 가정한다. (또한 자본이 차이들을 증식시키는 유희를 벌일 때, 누구도 틀릴 수 없다. 차이는 제작물이나 생산물 자체에 속해 있지 않은 것이다.) 이미 말했듯이, 이는 죽음의 과제[작품]이다. 이는 ('선진 자유주의 사회'라 불리는 것을 포함해서) 자본주의적 공산주의와, 마찬가지로 ('현실 공산주의'라 불리는) 공산주의적 자본주의의 죽음의 과제[작품]이다. 그 두 체제 앞에서, 또는 그 두 체제와 떨어져서 — 또한 각 사회에서 그 두 체제에 저항해서 — 맑스가 공동체에서 가리킨 것이, 즉 어떤 미리 결정된 일반성(마치 사회와 인간성이 떠맡아야 할 일반적인 어떤 임무가 먼저 주어지고 알려져 있는 것

---

4 위에서(1부의 각주 2 참조) 공산주의에 대해 다시 물었던 것도 그 사건에 따르고 있다.

처럼…… ─ 오직 자본의 집적만이 그러한 일반적 임무에 대한 표상일
수 있었다)을 분담해서 승인하는 것이 아니라 단수성들을 서로 분절
시키는 것인 임무의 분담이 존재한다. 그것은 융합이 아니라 분유로
서의, 내재성이 아니라 외존으로서의 '사회성socialité'이다.[5]

맑스가 여기서 가리키는 것, 또는 ─ "우리가 더 나아갈 수밖에
없"도록 ─ 적어도 그가 사유하도록 부추기는 것, 마찬가지로 자신
의 사유의 한계에서, 사적 소유와 사회주의적인 사적 소유의 철폐 그
너머에서, 그가 '개인적 소유'라는 관념(예를 들어, "실제로 공동의 재
산은 개인 소유자들의 재산이지 도시국가에서 개별 개인들과 다른 실
존을 영위하는 전체 소유주들의 재산이 아니다"[6])을 제시할 때마다 지
시하는 것 ─ 맑스가 가리키는 것, 그것은 단수적 존재들을 해소시
키거나 인수하고 자체로 존속하는 자율적 본질에 토대를 두지 않으
며 '개별성들particularités'의 분절에 따라 형성된 공동체이다. 공동체
가 "생산 이전에 정립"된다면, 그 공동체는 제작물들에 앞서 존재하
고 제작물들 내에서 발효되는 공유된 존재가 아니라 단수적 존재의
공동 **내** 존재이다.

---

5 자본주의의 질서를 규정하는 그 획일성과 일반성에서 파생되어 나오는 것은 ─ 그 사회적
임무의 분담과는 구별되는 ─ 노동 분업을 위한 업무들의 세분화와, 그에 따라 나오고 끊임
없이 따라 나오는 개인들의 고독한 분산이다. 그렇기에 단수성과 개인이, 차이를 가져오는
분절과 '개인들 사이의' 벽 쌓기가 서로 혼동될 수 있으며, 그 혼동을 바탕으로 공동체적이거
나 공산주의적 사회 또는 연합된 사회에 대한 꿈들, 이상들 또는 신화들이 세워진다 ─ 거기
에는 물론 맑스 자신이 분유했거나 불러일으킨 꿈들, 이상들 또는 신화들이 포함된다. 그러
한 혼동을 멈추게 하는 것, 신화를 단절시키는 것, 그것은 동류의 인간들과의 관계에 자신을
가져다 두는 것이다.

6 *Œuvres*, Pléiade, t. II, p. 323.

이는, 공동체를 형성하고 분유하게 하는 분절은 (맑스는 다르게 지칭할 수 없었지만) 유기체적 분절이 아니라는 것을 의미한다. 그러한 분절은 의심할 바 없이 단수적 존재들에게 핵심적이다. 즉 단수적 존재들은 서로가 서로 위에서 분절되는 한에서, 힘·균열·흔들림·운운(運)의 선들(그 그물망이 단수적 존재들의 공동-내-존재를 이룬다)을 따라 분배되고 분유되는 한에서 자신들 자체이다. 나아가 그러한 조건은, 단수적 존재들이 서로가 서로에게 목적이라는 것을 의미한다. 마찬가지로 이는 필연적 함의에 따라 그 존재들이 자신들의 단수성들 한가운데로부터, 스스로 분절되는 작용 속에서, 어떠한 점에서든 또는 어떻게든 공동의 목적 —— 또는 서로가 서로를 위하고 서로가 서로에게 대립해서 제시하는 모든 목적들 가운데에서의 공동 목적(공동체) —— 을 세우는 **전체성**totalité과 연관된다는 사실을 의미한다. 따라서 그 사실은 유기체와 유사하다. 하지만 그 전체성 또는 공동체의 전체는 유기체적 전체가 아니다.

유기체적 전체성은, 부분들의 상호적 분절이 편성의 일반법칙(그것은 전체적인 형태와 **궁극 목적**으로서의 전체를 생산하고 유지하도록 전개된다) 아래에 놓인 전체성이다(이는 적어도 우리가 칸트 이후로 '유기체'라는 명목 아래에서 생각하는 바인데, 그 모델을 통해서만 살아 있는 기관에 대해 생각할 수 있다는 것은 확실하지 않다). 유기체적 전체성은 수단으로서의 기능의, 그리고 목적으로서의 과제[작품]의 전체성이다. 그러나 공동체의 —— 내가 이해하는 대로는, 고유하게 실현되기를 거부하는 공동체의 —— 전체성은 분절된 단수성들의 전체에 있다. 분절은 유기체적 구성이 아니다. 그것은 도구라는 모티프에도, 기능과 과제[작품]라는 모티프에도 부응하지 않는다. 분절은 —의심의 여지 없이 언제나 어떤 체계와 연관되거나 체계에 통합될 수 있음에도 불구하고 —목적들의 작용 체계에 그 자체로 관련되지 않는다. 분절은 그 자체에 의해 접합일 수밖에 없고, 보다 정확히, 접합의 작용일 수밖에 없다. 그것은, 서로 다른 부분들이 합쳐지지 않은 채 접촉하고 서로가 서로 위에서, 서로가 서로의 한계에서 —정확하게 그 한계에서 —미끄러지면 회전하거나 동요하는 곳에서, 서로 구별되는 단수적 부분들이 구부러지거나 세워지고 휘거나 서로가 서로에 의해, 서로에게 직접 함께 향해 나아가는 곳에서 —그러나 동시에 그 상호 **작용**은 끊임없이 그것들 **사이의** 작용으로 남지만 실체나 전체의 상위의 힘을 형성하지 않는다 —발생한다. 그러나 여기에서 **전체성은 그 자체로** 분절들의 **작용**이다. 바로 그렇기 때문에 하나의 전체인 단수성들의 전체는 그것들 자체를 전체의 힘으로 격상시켜 통합시키기 위해 자체 위에서 스스로 닫히지 않는다. 그 전체는 본질적으로 단수성들의 분절들 속에서 단수성들의 열림, 단수성들의 한계들의 윤곽과 부딪힘이다.

그 전체성은 대화의 전체성이다. 대화의 신화가 존재한다. 그것은 **로고스**와 그 단일한 진리의 '상호 주관적'이고 정치 내적인 토대에 대한 신화이다. 하지만 그러한 신화의 단절이 존재한다. 그 단절 속에서, 대화는 이제 소통 불가능한 단수성/공동체에 대한 소통으로 이해될 수밖에 없다. 그 단절 속에서, 나는 타자가 (내게) **말하고자 하는 것**을 더 이상(본질적으로 더 이상) 들을 수 없지만, 그 속에서 나는 타자 또는 어떤 타자가 말한다는 사실과 공동 **내** 존재 자체를 이루는, 목소리와 목소리들의 원-분절이 존재한다는 사실을 듣는다. 다시 말해 목소리 **자체**는 언제나 그 자체 내에서 분절되어(그 자체와 차이가 나고, 그 자체 스스로 차이를 가져오게) 있으며, 바로 그렇기 때문에 목소리는 존재하지 않고, 단수적 존재들의 복수적 목소리들이 존재한다. 그러한 의미에서 대화는 더 이상 "주체들 안에서의 이념의 생동"(헤겔)이 아니며, 입[口]들의 분절들만을 만들어 낼 뿐이다. 말하자면 오직 한 단수적 존재의 공간화를 이루기 위해서만 ── 그 존재에게 그 자신과 타자들에 의해 공간을 내주면서 ── 하나의 장소로 남고 그 존재를 처음부터 공동체의 존재로 구성하는 그 장소에서, 각각의 입은 타자와 마주해, 자기 자체와 타자의 한계에서, 자기 자체 위 또는 안에서 분절되는 것이다.

말의 그 분절, 대화 또는 차라리 ── 말 자체의 분절된 존재(또는 써진 존재)인 ── 목소리들의 분유partage des voix, 그것이, 내가 말하고자 하는 의미에서 '문학'이다(결국 **아르**art[예술]라는 용어 자체가 **주엥튀르**jointure[접합]와 **디스포지시옹 드 라 주엥튀르**dis-position de la jointure[접합의 배치]와 같은 **어원**etymon을 갖는다[7]).

그러한 의미에서, 맑스의 공동체가 어떤 문학의 공동체이다 ── 또는 적어도 그러한 공동체로 열려 있다 ── 라고 말하는 것은 전혀 과장이 아니다. 유기체적 조직이 아니라 분절의 어떤 공동체, 따라서,

───────────────

7 (옮긴이) 프랑스어 **아르**art는 라틴어 **아르스**ars에 기원을 두고 있는 단어이며, **아르스**는 예술·과학·발명 직업을 나타내지만, 또한 프랑스어 **콩비네종**combinaison과 대응해서 결합 또는 배합을 의미한다.

"그 자체가 목적인, 즉 자유가 진정으로 군림하는 것인, 인간적 역능의 개화가 시작되는" 곳에서, "엄밀한 의미에서의 물질적 생산의 영역 저 너머에"[8] 위치하는 어떤 공동체.

그러한 맥락을 참조하면서 모든 것을 고려해 본다면, 오직 형용어 '인간적humaine'에 주어진 신뢰만이 과장되었을 것이다. 왜냐하면 무위의 공동체, 분절의 공동체는 단순히 **인간적**일 수 없기 때문이다. 이는 너무나 단순하지만 결정적인 이유에 따라 그렇다. 즉 공동체의 진정한 움직임 속에서, 공동체를 분절하는 휘어짐 속에서(변환에서, 발음법에서……) 결코 인간이 관건이 될 수 없으며, 언제나 인간의 종말fin de l'homme이 관건이 된다. 인간의 종말, 그것은 인간이라는 귀결점도 인간의 완성도 의미하지 않는다. 그것은 전혀 다른 것을, 즉 인간만이 이를 수 있고, 이르면서 단순히 인간적, 너무나 인간적이기를 끝내게 되는 한계를 의미한다.

인간은 신dieu으로도 동물로도 변형되지 않는다. 인간은 전혀 변형되지 않는다. 인간은 자연을 상실한 채, 내재성과 마찬가지로 초월성도 상실한 채 인간으로 남는다. 그러나 ── 한계에서(인간은 한계 이외에 다른 것일 수 있는가?) ── 인간으로 남아 있으면서, 인간은 어떤 인간 본질을 발생시키지 않는다. 반대로 인간은 어떠한 인간 본질도 자리 잡을 수 없는 극점을 나타나게 한다. 인간은 바로 한계, 즉 ── 자신의 죽음으로의, 타인으로의, 자신의 공동-내-존재로

---

8 *Œuvres*, Pléiade, t. II, pp. 1487~1488.

의 — 외존이다. 다시 말해 결국 언제나 자신의 단수성으로의 외존이다. 자신의 단수성으로의 단수적 외존.

단수적 존재는 공유된 존재도 개체도 아니다. 공유된 존재와 개체에 대한 어떤 개념이 존재한다. 공동적인 것과 개별적인 것의 어떤 일반성이 존재한다. 단수적 존재에는 그러한 것이 존재하지 않는다. 단수적 **존재**란 존재하지 않으며, 다른 점은, **존재** 자체의 어떤 본질적 단수성(하이데거의 용어에 의하면, 존재의 유한성)이 존재한다는 것이다. 다시 말해 '단수적 존재'는 존재자들 가운데 한 종류의 존재자가 아니다. 어떤 의미에서 모든 존재자는 절대적으로 단수적이다. 결코 하나의 돌이 다른 하나의 돌의 자리를 차지할 수는 없는 것이다. 그러나 존재의 단수성(다시 말해 존재는 하나씩 주어진다 — 이는 개체라는 관념을 만들어 내는 분할 불가능성이라는 관념과 전혀 관계가 없는데, 반대로 단수적 존재의 단수성은 끊임없이 존재와 존재자들을 분할하거나 존재자들의 존재를 분할하는데, 존재자들의 존재는 그 분할을 통해서만 그리고 그 분할로서만 단수적/공동적이다) — 존재의 단수성은 존재가 외존되는 한계에서 단수적이다. 말하자면 지금까지 인간·동물·신은 자체로 다양한 그 한계의 다양한 이름들이다. 원래 그 한계로 외존된다는 것은, 그 한계에서 동일성이 변형될 위험 — 또는 기회 — 에 처한다는 것이다. 신들도, 인간들도, 동물들도 자신들의 동일성을 보장할 수 없다. 그 점에서 신들·인간들·동물들은 공동의 한계를 분유하고 있다 — 그 공동의 한계 위에서 신들·인간들·동물들은, 예를 들어 신들의 종말이 증명해 주고 있듯이, 자신들의 종말로 외존되어 있다.

그 한계를 분유한다는 것은 신들·인간들·동물들과 세계의 전체성을 함께 지탱하고 구조화시키고 있는 신화에 얽혀 들어 가는 것과 혼동되리만큼 유사하다. 그러나 신화는 그치지 않고 한계의 횡단을, 연합·내재성 또는 융합을 표명한다. 반면 글쓰기 또는 '문학'은 분유를 기입시킨다. 즉 한계에서 단수성은 도래하며 동시에 물러난다 (다시 말해 그것은 결코 분할될 수 없는 것으로 생겨나지 않고 작품을 만들어 내지 않는다). 단수적 존재는 한계에서 발생한다. 이는 단수적 존재가 분유를 통해서만 발생한다는 것을 의미한다. 하나의 단수적 존재('당신' 또는 '나')는 매우 정확하게 글쓰기적 존재의, '문학적' 존재의 구조와 본성을 갖는다. 단수적 존재는 자신의 필치와 자신의 물러남을 소통(연합을 이루지 않는 소통)시킴으로써만 존재한다. 그것은 자신을 내주고 유예 상태에 놓아둔다.

*

글쓰기를 통한 소통 가운데 단수적 존재는 무엇이 되는가? 그것은 이미 자신이 아닌 어떠한 것도 되지 않는다. 그것은 자기 고유의 진리가 되고, 단순히 **진리**가 된다.

이는, 벤야민이 말하는 대로,[9] "진리의 문제가 더 이상 제기되지 못하는" 신화적 사유로 이어질 수 없다. 신화에서 또는 신화적 문학

---

9 앞의 책, p. 75.

내에서, 실존들은 자신들의 단수성 가운데 주어지지 않는다. 다만 아무것도 물러나지 않으며 단수적 한계 아래에 아무것도 남아 있지 않은 체계, 즉 모든 것이 소통되기는 하지만 동일화를 강요하는, 하나의 '예시적 삶'의 체계가 특수성의 특성들을 통해 세워진다(다시 지적하지만, 이는 마찬가지로 글쓰기에서만큼이나 독서에서 발생할 수 있으며, 공동체에서의 과제[작품]의 기입·작용 또는 무위의 양태이다).

신화적 문학이 단순히 영웅의 문학이고, 반면 진리의 문학이 알 수 없는 어떤 반反영웅의 문학임을 말하고자 하는 것이 아니다⋯⋯. 모델들 또는 문학적 장르들과 다른 어떤 것이 관건이 된다. 모든 장르에서 모든 것이 행해질 수 있다. 그러나 ── 장르가 어떠하든 또는 영웅이 누구이든, 아이아스, 소크라테스, 블룸Bloom, 신통기, 방법 서설, 고백록, 인간 희극 또는 신적 희극, 낮의 광기, 매춘부, 서한집, 시에 대한 증오 ── 작품의 소통에 의해 완성되기는커녕 미완성으로 남고, 분명 제시되기는 했던 영웅적·신화적 형상(좁은 의미에서의 영웅의 형상, 작가의 형상, 문학 자체 또는 사유 또는 소통의 형상, 허구의 형상 또는 진리의 형상⋯⋯)의 완성이 유예되는 데에 따라, 작품의 공동체적 실존이 관건이 된다. 왜냐하면 글쓰기가 **하나의 형상** 또는 어떤 형상화를 **완성하지 않고** 그에 따라 그 내용 또는 그 예시적(그 의미하는 바는 즉각적으로, 전설적인, 즉 신화적인) 메시지를 제시하지 않거나 강요하지 않는 곳에서, 무위가 주어지기 때문이다.

작품이 어떠한 예시도 현시시키기를 포기한다는 것이 아니다. 왜냐하면 그것을 포기하는 경우, 작품은 결코 하나의 작품일 수 없을 것이며, 존재하기 전에 끝날 것이기 때문이다.[10] 만일 작품이 작품이라면, 또는 작품이 작품을 만든다면, 어떠한 명목으로든, 또한 아무리 미약하다 하더라도 작품은 적어도 그 자체(또는 동시에 그 영웅, 그 저자 등등)를 예시적일 수밖에 없는 윤곽으로 제시한다. 그러나 마지막에 작품에서 글쓰기에, 동시에 공동체에 응답하는 것은, 그러한 윤곽(그것이 하나의 예가 될 수 있다면……)을 통해 그 윤곽 그 자체에 고유한 예시성의 한계 — 유예, 단절 — 를 예시하는 그것이다. 그러한 윤곽은 그 자체가 갖는 단수성의 물러남을 납득하게(들리게) 하며, 단수적 존재들은 결코 서로가 서로를 위한 최초의 토대로서의 형상들이, 여분을 남기지 않는 동일화의 장소들이나 힘들이 아니라는 사실을 전한다. 단수성이 예시로서 소통되고 자체 고유의 형상과 예시를 만들고 **또한 파괴하는** 한계 자체 위에서, 단수성이 물러난다는 사실에 대한 소통 가운데 무위가 자리 잡는다. 무위는 물론 어떠한 작품에서도 자리 잡지 않는다. 그것은 지워지면서 내보여지면서 결코 예시적으로 자리 잡지 않지만, 모든 작품들에 의해 분유될 수 있다. 그것은 소통에 봉헌되는데, 왜냐하면 그것은 공동체를 공동체의 무위라는 과제[작품] 가운데 이미 노출시켜 놓았던 바로 그것이기 때문이다.

여기서 신화적 영웅 — 또한 영웅적 신화 — 은 포즈 잡기를 그만두고 자신의 서사敍事를 단절시킨다. 그는 진리를 말한다. 즉 자신

---

10 필립 라쿠-라바르트Philippe Lacoue-Labarthe는 문학에서의 예시성의 구성적 기능을 분석하고 —해체라는 단어가 갖는 엄정한 의미에서 —해체한다. 특히 다음을 참조: "Typographies", *Mimesis des articulations*, Paris, Flamarion, 1975.

이 영웅이 아니며 글쓰기나 문학의 영웅조차 아니고 특히 그렇지 않다고 말한다. 영웅이란 없다는 것, 다시 말해 공동으로 단수적인 존재들의 삶과 죽음에 남아 있는 영웅주의를 홀로 감당하고 현시하는 어떠한 형상도 없다는 것. 그는 자신의 신화가 단절되었다는 진리를, 토대로서의 모든 말들이, 창조적이고 시적인 말들이, 하나의 세계를 도식화하고 근원과 종말을 허구적으로 설정하는 말이 단절되었다는 진리를 말한다. 따라서 그는 토대·포에지·도식이, 모두와 각자에게, 공동체에, ── 우리로 하여금 소통하게 하고, 공동체의 의의가 아니라 **단수적인 공동의 의의들이 무한히 유보된다**는 사실을 서로 소통하게 하는 ── 연합의 부재에 언제나 끊임없이 주어진다는 사실을 말한다.

공동체의 글쓰기 가운데 영웅이 영웅적 신화의 단절의 흔적을 그린다면, 그의 몸짓에 더 이상 영웅주의라고 적절하게 부를 수는 없을지라도 적어도 분명히 용기에서 나온 어떤 것이 결여되어 있기 때문이 아니다. 단절의 단수적 목소리는 용기 없는 목소리가 아니다. 그렇지만 여기서 용기는, ── 우리가 먼저 믿을 준비가 되어 있는 대로 ── 공표하는 것이 위험한 어떤 것을 말하는 용기가 아니다. 물론 그러한 용기는 존재한다 ── 그러나 단절의 용기는 오히려 과감하게 입을 다무는 데에 있으며, 보다 풀어서 말한다면, 누구도 ── 어떠한 개인도, 어떠한 대변인도 ── 말할 수 없을 어떤 것이 **말해지도록 내버려 두는** 데에 있다. 어떤 것, 즉 어떠한 주체의 목소리도 아닐 어떤 목소리, 어떠한 지성에 의한 선고일 수도 없을, 단지 신화의 단절 가운데 나오는 공동체의 목소리와 사유일 어떤 목소리. 동시에, 단절된 **어떤 목소리**, 그리고 일반적이거나 개별적인 모든 목소리의, 목소리 없이 이루어지는 단절.

*

　바로 거기에 내가 잠정적이기는 하지만 '문학적 공산주의'라고 부르는 것이 있다. 그러나 그것은 어떠한 점에서도 우리가 아는 대로의 '공산주의'에 대한 관념이나 '문학'에 대한 관념에도 들어맞지 않을 것이다. 그렇게 '문학적 공산주의'라는 용어는 도발적으로 주어졌다——비록 동시에 그 명칭이 우리 역사의 한 시대에, 한편으로는 공산주의와 공산주의자들이, 다른 한편으로는 문학과 작가들이 말하고자 했을 바를 필연적으로 기리고 있기는 하지만 말이다.

　사실은 공동체의 분절이 관건이다. '분절'은 어쨌든 '글쓰기'를, 다시 말해 미결정적이고 구성적으로 지연되는 초월성과 현전을 담고 있는 어떤 의의가 기입되는 것을 의미한다. '공동체'는 어쨌든 더불어-있음의 현전을 의미하는데, 더불어-있음은 죽음이라는 과제[작품]를 만들기 위한 경우가 아니라면 내재성을 갖기 불가능하다. 여기서 전제는 이러한 것이다. 문학이라는 예술도, 소통도, 말이 배제된 내재성과 어떤 말씀의 초월성을 동시에 경계하라는, '문학적 공산주의'의 이중의 요구에 부응할 수 없다는 것이다.

　공동체——언제나 무위의 공동체, 모든 집단성 한가운데에, 모든 개인의 중심에 저항하는 공동체——가 있기 때문에, 또한 신화——언제나 중단된, 자체 고유의 표명을 통해 와해된 신화——가 단절되었기 때문에 '문학적 공산주의'라는 요구가 존재한다. 다시 말해 사유에 대한, 목소리들의 분유라는 실천에 대한, 오직 공동 내에만 의존되어 있는 단수성과 오직 단수성들의 한계에만 주어져 있는 공동체를 존재하게 하는 분절의 실천에 대한 요구가 존재한다.

이는 사회성에 대한 어떤 특수한 양태를 규정하지 않으며, 어떤 정치의 토대를 이루지 않는다 ― 단 한 번이라도 정치가 '토대 위에 세워진' 적이 있다면 말이다. 그러나 적어도 이는 모든 정치가 멈추고 시작하는 한계를 설정한다. 그 한계 위에 자리 잡는, 사실은 그 한계를 구성하는 소통은 하나의 정치라고 부를 수 있는, 공동 내에서 함께 나아가는 이 방법을, 공동체를 어떤 문명 또는 어떤 미래보다도 차라리 공동체 자체로 열리게 하는 이 방법을 요구한다. '문학적 공산주의'는 적어도 다음 사실을 지적한다. 자신을 (완성이라는 단어가 갖는 모든 의미에서의) 완성으로 이끌려는 모든 것에 대한 저항 속에서 공동체는 억누를 수 없는 어떤 정치적 요구를 의미하며, 그 정치적 요구가 이어서 '문학'의 어떤 것을, 우리의 무한한 저항의 기입을 요구한다는 것이다.

이는 **하나의** 정치도, **하나의** 글쓰기도 정의하지 않는데, 왜냐하면 반대로 이는 정치적이든 미학적이든 철학적이든 정의定義와 프로그램에 저항하는 것에 부합하기 때문이다. 이는 모든 '정치'와 '글쓰기'에 만족하지 않는다는 것이다. 이는, 우리가 만들어 낸 것이라기보다는 오히려 우리를 앞서나가는 ― 공동체의 밑바닥에서 우리를 앞서나가는 ― '공산주의적이고 문학적인' 이 저항을 옹호하기로 결정했음을 나타낸다. 그 사실에 대해 아무것도 알기를 원하지 않는 정치는 하나의 신화언어이거나 하나의 경제이다. 그 사실에 대해 아무것도 말하기를 원하지 않는 문학은 하나의 오락이거나 하나의 거짓말이다.

여기서 내 말도 단절되어야만 한다. 아무도, 어떠한 주체도 말할 수 없지만 우리를 공동 내에 외존시키는 것이 스스로 말하도록 내버려 두는 것이 너에게 달려 있다.

4부

공동-내-존재에 대하여

I

(공동-내-존재에 대하여)

무엇이 있음보다, 존재보다 더 공동적일 수 있는가? 우리는 있다. 우리가 분유하고 있는 것은 존재 또는 실존existence이다. 비-실존, 우리는 그것을 분유하기 위해 여기 있는 것이 아니며, 그것은 분유할 수 없는 것이다. 존재는 우리가 공동으로 소유하는 하나의 사물이 아니다. 존재는 매번 단수적인 실존과 어떠한 점에서도 다르지 않다. 따라서 우리는 존재가 공동 재산이라는 의미에서 공동적이지 않으며, 존재는 공동 내에 있다고 말할 것이다. 존재는 공동 내에 있다. 무엇이 그보다 더 입증하기 간단할 수 있는가? 하지만 무엇이 지금까지 존재론에서 그보다 더 무시되어 왔을 수 있는가?

우리가 존재론이 직접 지체 없이 공동체적인 것으로서 주어질 지점에 도달하기에는 아직 멀었다. 어디에서 존재가 ── 존재의 물러남과 존재의 차이에 대한 가장 엄격한 논리에 따라 ── 실존하는 것들의 공동-내-존재(여기서 '실존'이 모든 존재자들로, 또는 다만 인간들·동물들과 같은, 그것들 중 몇몇 존재자들로 확장되어 연관된다는 사실을 말할 필요도 없을 것이다) 안으로 물러날 것인가? 공동체의 존재가 아니라 ── 존재의 공동체, 또는 이것이 더 낫다면 ── 공동체의 본질이 아니라 ── 실존의 공동체, 바로 그것이 지금부터 관건이 된다.

(그렇지만 철학적 인식이 점진적으로 발전해 온 단계를 표시함으로써 공동체적 존재론에 '도달'할 수 있는지 확실하지 않다. 존재의 공동체는 집요하게 개인주의적·유아론적이거나 모나드적인 전통에서 단순히 무시되거나 감추어진 어떤 진리가 아니다. 의심할 바 없이 존재의 공동체에 대한 경험은 마찬가지로 그러한 전통 전체에서 은닉되어 있으며, 그 '이론적' 은닉을 증명하고 있다고 말할 수 있는 어떤 **프락시스**_praxis_로만, 의심할 바 없이 원리적인 이유들에 따라, 나아갈 수 있을 뿐이다. 공동-내-존재의 경험은 의심할 바 없이 실존의 데카르트적 명백성 ── 그것은 데카르트에게 이미 **공동의** 명백성과 **공동의** 경험이다 ── 보다 더 명백하고 더 뒤에 숨어 있으며, 다른 표현으로 말하자면, 더 '반성되지 않은' 것이다. 그러나 '실천'으로서의 그 '반성되지 않음'은 우리가 '사유'라고 부르는 것을 구성하는 영구 전복 또는 영구 혁명의 모든 역능을 담고 있다. ── 어쨌든 나는 오늘 다만 그러한 의미에서 '사유'를 받아들이는 데에 필요한 선결 조건들만을 드러내 보여 주고자 한다.)

*

존재에 대한 칸트의 테제를 모방하면서 우리는 이렇게 말할 수 있을 것이다. 공동체는 존재나 실존의 한 술어가 아니다. 우리는 실존 개념에 공동체가 갖는 특성을 덧붙이거나 제거함으로써 그 개념에서 아무것도 바꿀 수 없을 것이다. 그러나 공동체는 단순히 실존이 실제적으로 자리를 잡는 데에 있다.

이러한 칸트의 언명에 대한 모방은 의심할 바 없이 어떤 교육적인 장점을 갖고 있다. 그것은 공동-내-존재 또는 함께-있음이 부차적이고 부대적으로 자기-존재와 혼자인-존재에 덧붙여지지 않는다는 사실을 알려 준다. 그것은 하이데거가 공동존재Mitsein, 나아가 공동-현-존재Mit-da-sein라고 명명한 것이 그에게서 급진적으로도 필요한 만큼 결정적으로도 아직 사유되지 않았다는 사실을 알려 줄 것이다. 사실 '공동mit'이 (마치 존재가 어떠한 방법으로든 이미 그 자체로 존속하는 것처럼, 마치 존재가 **자기로 있는** 것처럼, 말하자면 존재가 절대적으로 **존재**하거나 **실존**하는 것처럼) '존재sein'를 수식하지 않으며, '공동mit'은 '현존재dasein'를 수식하지도 않고, 오히려 본질적으로 그것을 구성한다는 사실을 이해해야만 할 것이다. 나는 바로크 시대의 독일어로 '**자인다미트**seindamit[함께로서의 존재]'가, 또는 현존재l'être-là나 그 현존재l'être-le-là의 고유하고 독점적이며 본원적인 양태인 '함께라는 것l'avec'이 관건이 된다고 말할 것이다.

그러나 곧 그러한 모방이 부적절하다는 사실이 드러난다. 왜냐하면 술어로 생각된 실존이 하나의 사물의 개념에 부합하는 것으로 여겨지기 때문이다(이를 칸트는 부정한다). 그러나 칸트의 테제(그것은 변형되어 하이데거의 테제로, 즉 모든 존재론적 테제-한계인 존재론적 차이라는 테제로 이어진다) 덕분에, 실존 그 자체는, 하나의 개념

이 아니게 되고(칸트는 그것이 하나의 개념-한계라고 말한다) 하나의
사물도 아니게 된다. 그것은 사물의 '단순한 자리 잡음'이다. 거기에
서 존재는 사물의 실체도 원인도 아니고 사물이-있다는 것이다. 사
물이-있다, 여기서 동사 '있다'는 '놓다'가 갖고 있는 타동사적 가치
를 갖고 있으며, 여기서 '놓다'는 다른 어떠한 것도 아니고(다른 어떠
한 것 덕분도 아니고) 현존재[거기-있음l'être-là] 위에, 실존의 던져진,
맡겨진, 내맡겨진, 주어진 존재 위에(그 존재 덕분에) 놓여 있다. (**거기**
là는 실존을 위한 토양이 아니며, 실존의 **자리**-잡음avoir-lieu, 도래함, 도
래 ─ 다시 말해 실존의 차이, 물러남, 초과, 탈기입excription[바깥에 기
입됨] ─ 이다.)

공동체가 실존의 자리라고 말하면서 우리는 공동체가 자리의 자
리 잡음이라고 말하는 것이다. 사실상 우리는 공동체가 자리의(결국
존재의) 자리 놓음의 규정된 양태라고 말하는 것이다. 이를 어떻게 이
해할 수 있는가?

이는, 실존 가운데, 그리고 실존으로서 자리 잡음(칸트에게서 **포
지치온**Position[자리]과 구별되는 능동적 **제쭝**Setzung[놓여 있음])은 본
질의 단일성과 통일성에 부합하며 구분되고 독립적인 **하나의** 사물
처럼 **하나의** 존재자를 결코 정립하지 않는다는 것을 말한다. 존재자
에서 본질이 아니라 실존이 관건이 되는 것이다. 차라리 실존이 본질,
자리 잡혀 있는 본질이다. 자리 잡음 가운데 본질이 **주어진다**. 말하자
면 본질은 단순한 실체로서의, 또는 내재성으로서의 존재 바깥에서
존재할 ─ 또는 실존할 ─ 수밖에 없다.

내재적 실체 속에 **자기**soi가 없다. 거기에 어떤 본질이 그 술어들

과 함께 있다 ─ 그러나 그 본질의 **자기**가, 또는 그 본질을 위한 **자기**가 없다. 그 본질에 대해 엄격하게는 그것이 '**자기에게 현전**'한다라고도 말할 수 없다. 또는 그 경우 현전은, 아무것도 **서로** 구별되지 않는 부재의 밤과 뒤섞이는 현전이다.

자리 잡기 가운데 ─ 즉 이해한 바대로 바깥에 자리 잡기(**외-존**_ex-position_) 가운데, 세계로-내맡겨진-존재l'être-abandonné-au-monde 가운데 ─, 본질은 외존된다. 어디로 외존되는가? 다른 아무것도 아닌 바로 **자기**에게로. 이는 매우 헤겔적인 방식으로 정식화될 수 있을 것이다(요컨대 공동체의 존재론은 존재 그리고 존재의 차이différence/차연差延différance에 대한 사유를 **경유해서** 자기에 대한 헤겔적 사유를 급진화하거나 그 밑을 파헤칠 정도로 심화하는 것 이외에 다른 과제를 갖고 있지 않다). 말하자면 본질은 자기**로서**, 자기에 **대해**_pour_ soi[대자적으로], 자기**에게**, 자기 **내에서**_en_ soi[즉자적으로] 그 자체인 것으로 존재하도록 외존되는 것이다. (이는 결국 하이데거가 실존의 **각자성**各自性_Jemeinigkeit_이라는 테제에서 언명한 것인데, 그 언명은 **나**le moi 아래에 **자기**를 가려 버리고 있다는 점과, 그와 결부된 **공동존재**_Mitsein_라는 주제에도 불구하고 개인과 주관 일변의 전유라는 모호성을 야기한다는 점에서 결함이 있다. 그 이유 때문에 **공동존재**라는 주제 역시도 급진화하는 것이 관건이다.)

실존이 외존되고 있는 자기는, 그 외존에 앞서고 변증법적 매개로 나아가는 어떤 실체적 고유성이 아니다. 그 이유는 단순히 '자기'가 없기 때문이다. **자기**는 자매어인 **그 자신**_se_과 정확히 마찬가지로, 정확히 **타인**_autrui_(레비나스는 '목적격'으로서의 타인이 갖는 특수성을 주장한다)과 마찬가지로 하나의 '목적격'이다. **자기**는 **주격**을 갖지 않으며 언제나 변한다. 자기는 언제나 어떤 행동, 어떤 호소, 어떤 비난에서의 목적어 또는 보어이다. '자기'는 오직 자기**에게만**, 자기**로서만**, 자기에 **대해서만** 있다. 어떠한 역설을 발견할지라도 **자기**는 **주체**가 아니다. 자기**에게** 있으며 자기인 채로 있지 않다는 것이 외존이라는 실존의 존재 조건이다. 나아가 **자기**는 목적격 존재이며, 존재의 다른 격格은 없다. 바로 거기서 자기는 **떨어지며***tombe*(**카테레***cadere*[떨어지다], **카주스***casus*[추락]), 이는 자기의 본질적 우유성偶有性(**아키데레** *accidere*)이다. 모든 본질이 실체로서 있지 않고 다만 **있는** 한에서 본질의 우유성이다. 자기는 존재의 도래함·도래·사건이다.

따라서 **자기 내에서**[즉자적으로] 본질적인 것은, 자기의 실체와 자기의 고유성이 아니며, 자기**에게** 존재하는 데에, 실존의 변화에 노출되어 존재하는 데에 있다. 본질은 **그 자체로** 실존이다 — 이는 결국 실존이 현존재의 본질이다라는 하이데거의 공리가 말하고자 하는 바이다. 이를 나로서는 실존은 본질이 없다라고 말하면서 옮겨 쓰게 된다. 그것은 의심의 여지 없이 유용한 정식이다. 그러나 본질의 본질은 실존이라고 말하는 것이 보다 더 정확하고 보다 더 명확하다 — 또한 보다 더 어렵다. 하지만 그러한 새로운 본질이 초-본질sur-essence로, 토대 또는 실체로 변형되도록 내버려 두지 않기 위해, 그 언명[본질의 본질은 실존이다]에서의 '-이다'가, 하이데거가 (『철학이란 무엇인가?*Was ist das, die Philosophie?*』에서) 진정한, 게다가 의미화하기 불가능한 가치로서, 모든 '의의'를 얼어붙게 만드는 타동사적 의의로서 존재에 부여하고자 하는 타동사적 가치를 갖는다고 명확히 해야 할 것이다. **모든 존재론은 존재의 타동성으로 환원된다.**

본질은 본질적으로 실존에 외존된다. 본질은 자기를 자기에게로의-존재에 외존시킨다. **자기에게로**라는 것은, **자기**가 동일자나 타자에 의해 지정되기 **이전에** '자기로서' **타인**이라는 변화가 일어나는 그 가장자리, 그 한계 또는 그 주름('관계'라고도 말할 수 있지만, 관계는 내면적인 것과 외부적인 것을 가르기를 허용하지 않는 것에 대해 지나치게 외부에 있다)을 만든다. **자기**는, 다만 **헤겔**이 원하는 대로, **자신**을 인정하기 위해 인정받고 싶은 욕구를 가진 자기-의식이 아니며, 레비나스가 말하는 대로, 다만 타인의 '볼모otage'는 아니다. 자기는 '자기 내에서[즉자적으로]' 목적격, 즉 자기가 변화되는 가운데에서의 타인이다. 자기-존재는 자기로의-존재, 자기에게-외존된-존재이다. 결국 자기는 오직 **외존된 채로만 있다.** 자기로의-존재, 그것은 외존으로의-존재이다. '타인'이 결국 '자기 내에서 그리고 자기에 대해 [즉자대자적]' **자기**의 변화를 가져온다면, 자기는 타인에게로의-존재이다. 모든 존재론은 그 자기로의-타인으로의-존재로 환원된다. 거기에서 본질은 타동적으로 그 실체가 외존된 채로만 **있다.** 다시 말해 실체라는 내면적인 것이, 그 두껍고 불투명하며 외존되지 않고 내재적인, 간단히 말해 실존하지 않는 그 중심이 영원히 접근할 수 없고 전유할 수 없는 채로만, 외존된 채로만 본질은 실존하는 측면으로, 즉 실체하는 것이 외존된 측면으로 있다.

외존될 수 없는 것(또는 현시될 수 없는 것l'imprésentable)은 실존하지 않는 것이다. 반대로 실존은 자기**에게로**의 현전présence인데, 여기서 **에게로**라는 것은 **존재**를 위해, 즉 **실존**을 위해, 즉 **외존**을 위해 본질적으로 자기를 지연시키고 변질시킨다. 자기'의' 자기-생성은 어떤 지각될 수-없는-생성un devenir-imperceptible이라고 아마 들뢰즈는 말할 것이며, 여기서 지각될 수 없다는 것은, 본질에 근거한 모든 규정에 의해 지각될 수 없다는 것이다. 자기-생성은, 실체가 외존하는 표면의 무규정적 확장이다. 따라서 그것은 동일자와 타자의 어떠한 매개도 포함하지 않는 타인의-생성이다. 주체들의 어떠한 연금술도 존재하지 않는다 ── 외존의 표면들이 바깥으로 향하는/안으로 향하는 어떤 역학이 존재한다. 그 표면들은 자기가 **자신을** 변형시키는 한계들이다. 그 표면들에서 실존하는 것의 존재를 분유하게 되는 것이다.

이에 대해, 연합은 존재하지 않고, 공유된 존재가 존재하지 않으며, 공동-내-존재가 존재한다고 말함으로써 옮겨 쓸 수 있을 것이다. 모든 존재론이 자기로의 존재인 자기 내의 존재에 대한 논리인 한에서, 그것은 자기로라는 것이 갖는 공동-**내**인-것으로 환원된다. 존재론의 그 '환원' 또는 그 전체적 재평가 또는 그 혁명은 의심할 바 없이 헤겔과 맑스, 하이데거와 바타유 이후로 우리가 잘 알아차리지는 못했지만 우리에게 도래해 있는 것이다. 존재의 의의는 공유되어 있지 않다 ── 그러나 존재의 공동-**내**인-것은 모든 의의를 얼어붙게 만든다. 나아가 실존은 오직 분유되고 있는 가운데에서만 **있다**. 그러나 ──실존의 **비자기성**aséité이라고 규정할 수 있을 ── 그 분유를 통해 실체도 공유된 의의도 주어지지 않는다. 그 분유는 존재의 외존을, 자기의 변화를, 외존된 동일성의 얼굴 없는 동요動搖를 분유하는 것이다. 다시 말해 그것은 **우리**를 분유하는 것이다.

II
(공동 내 의의)

철학과 공동체는 분리될 수 없는 것들로 나타난다. 철학과 공동체 사이에 어떤 소통이 있을 뿐만 아니라 어떤 필연적인 공동체가 있을 것처럼 보인다. '철학', '공동체'라는 단어들에 대한 가장 일반적 이해에서뿐만 아니라 우리의 전통 전체에서도 마찬가지이다. 공동체가 철학에서 하나의 주제가 될 뿐만 아니라, 우리는 공동체가 철학의 모든 주제들 중의 주제이며 아마 철학에서의 '연구 주제'라는 것 자체를 초과하거나 그것에 앞선다는 점을 보여 줄 수 있을 것이다. 철학에 어떤 대상이 주어지기 이전에, 철학은 공동체에서의 하나의 **사실**일 것이며, '철학함'은 공동 **내**에서, 그 '**내**'('내'는 전혀 집단적이지 않으며, '개인적/집단적'이라는 대립 배열로부터 무한히 벗어날 것이다)에 의해 이루어질 것이다. '공산주의'라고 명명된, 또는 '맑스'라고 표기된 사건이 철학과(철학의 '실현' 가운데에서의 철학의 '폐기'와) 결정적으로 관계가 있는 사건이라면, 이는 의심의 여지 없이 우연이 아니다.

철학이 의의에 대한 물음 또는 긍정이라는 것을 인정하면서, 우리는 공동체가 그러한 물음 또한 그러한 긍정의 양태를 제공한다고 말해야 할 것이다. 어떻게 의의(?)를, 의의 또는 그 자체로 이미 **분유**(분할과 할당, 대화, 변증법, 동일한 것의 차이……)를 의미하는 이 **로고스**를 분유할 것인가. 의의는 공동적이며, 본래 공동 내에서 전달하고 전달된다. 나의 실존이 어떤 '의의'를 '갖는다'라고 가정하면, 그 의의는 나의 실존을 소통하게 하는 그것, 또한 나의 실존을 나와 다른 것에로 소통시키는 그것이다. 의의는 나에 대한, 그러나 타자와 연관된 나의 관계를 이룬다. 타자 없는(또는 타자성 없는) 한 존재는 어떠한 의의도 갖지 못할 것이며, 다만 자기 고유의 자리(또는, 같은 것이지만, 자기 고유의 무한한 가정假定)에서 비롯된 내재성에 지나지 않을 것이다. '감각적' 의의를 비롯해서 모든 다른 의의들 가운데 의의의 의의는 어떤 바깥을 통감하는 것이고, 어떤 바깥에 영향을 받는 것이며, 어떤 바깥에 영향을 주는 것이다. 의의는 '공동 내'를 분유하는 것 가운데에 있으며, 이는 의의를 소통 불가능하거나 출구 없는 주관성에 갇혀 있는 것으로, 또는 무-의미로 재현하는 형상들의 경우도 마찬가지이다. ── 역으로 '공동체'와 같은 어떤 것은 하나의 철학을, 또는 어느 정도 철학을, 바로 공동체의 자리를 마련하는 의미의 분명히 분절된 분유를 함의한다.

하지만 그러한 이해는 마찬가지로 전통적이고 일반적인 다른 이해에 의해 곧 논박당한다. 즉 공동체가 철학을 통해 자신을 알 수 없다는 것이다. 공동체는 철학에서 자신과 아무 상관 없는 공동체적 유토피아만을 제시하는 별개의 고립된 '엘리트주의적' (소통을 단절시키는) 태도와 기교를 발견한다는 것이다. 또는 반대로 철학과 공동체는 지나치게 서로를 잘 알아서 (둘 모두에게, 서로가 서로 내에서, 서로가 서로에 의해 공유된 의의로 남는) 어떤 공유된 존재가 작동함에 따라 서로 동일시하게 되고, 공동체는 철학 안에서 질식하며, 반면 사유는 공동체 안에서 소멸된다는 것이다(우리는 이를 '전체주의'라고 불렀다).

어느 정도 분명한, 어느 정도 명시적이거나 알려진 방식으로 (공공연한 명백성 속에서 굳어진 진부하고 공인된 '공유된 것'이 되도록 내버려 두지 않는 것이 중요한) 우리 공동의 사유의 부분을 이루게 될 덜 일반적인 세 번째 고찰을 제시해 보자. 나는 여기서 '철학의 종말la fin de la philosophie'에 대해 말하고 있다. 여러 다른 방법들로, 설사 서로 대립되는 방법으로라도 철학자들은 그것을 하나의 주제로, 현시대의 모든 주제들 중의 주제로 만들어 놓았다(또한 그 '주제'를 거부하는 이데올로기가 있다는 것, 토론과 검토 없이 어떠한 것도 자명하지 않다는 것, 또한 그것은 요컨대 알려진 최소한의 것이다). 적어도 '철학의 종말'은, 철학이 자신의 완성(그것은 철학의 사라짐과는 완전히 다른 것이다)에, 자신이 의의를 갖기를 요구하는 데에 따라 방향이 결정되었던 의미들의 전체 질서가 완성되는 데에 이르렀다는 사실을 스스로 안다는 것을 의미한다. 모든 가능한 기의記意signifié의 의미가 결정되었거나, 나아가 전체성의 의미가 결정되었고, 기의는 의미화할 수 있는 것과 동등하다(이는 의의나 로고스에 의한 공리화의 또 다른 측면, 즉 논리, 모든 이성들이 도달한 이성이다). 그 사실에 따라, 우리가 지장 없이, 요컨대…… 위험 없이 의미들의 연명들을 증가시킬 수 있음에도 불구하고, 철학적 의의의 궁극적 의의는 명백해진다. 즉 그 모든

형태(앎·역사·언어·주체 등 — 또한 공동체)에서, 그 의의는 **의의 자**
체에 의한 의의의 적합한 구성, 다시 말해 존재와 의의의 동일성, 또는
존재가 자기에게 절대적 주체성으로 현전한다는 것이다.[1]

  만일 공동체의 이념이라는 것이 철학의 이 최후의(따라서 최초
의, 근본적인) 사유에, 사유의 이 완성에 가장 명료한 예를 제공한다
면, 이는 결코 우연이 아니다. 연인들의 공동체이든, 가족공동체이든,
최고주권의 교회 또는 국가의 공동체이든, 공동체는 자기에게 현전
하는 데에 따라 자기로서 구성되는 것으로 표상된다. 끈의 의의는, 즉
끈 자체는 연결에 앞서 존재한다. 이는 연결이 끈에 앞서 존재한다고,

---

1 헤겔: "절대는 주체이다." 즉 (전체인) 모든 것과 분리되어 아무것에도 의존하지 않는 **자기 내**
의[즉자적인] 그것은 그 자체로 '자기에 대해'[대자적으로] 또한 '자기에 의해' 있다. 자기에
대한 자기 관계가, 자기의 존재와 자기의 자신-존재être-se를 구성한다. 맑스·니체와 후설
로부터 하이데거·비트겐슈타인Wittgenstein과 데리다에 이르는 현대 철학의 역사는, 헤겔
적 필연성을 그 자체 내에서, 그 자체와 대립시켜 뒤집는 또 다른 필연성에 따라 노정되어 왔
다. 그 또 다른 필연성은, 만약 존재의 어떤 **사실**이 어쩔 수 없이 그 사실의 '의의'에 선행하거
나 외재하지 않았다면, 달리 말해 만약 존재의 **현전으로 도래한** 어떤 것이 완전한 자기에게
로의-현전으로 환원 불가능하지 않았고 그 자기에게로의-현전에 간격을 두고 차이/차연으
로(또는 들뢰즈가 그 간격을 포개고 증대시키기 위해 다시 고려한 존재의 **주름**으로) 발생하지
않았다면, 결코 아무것도 '존재'로도, 이념·이상理想이나 '존재의 의의'라는 물음으로도 나타
나지 않았을 것이라는 데에 있다 — 달리 말해 또 다른 유명한 헤겔의 정식을 빌려, "현실적
인 것이 이성적"이라면, 결국 이는 현실적인 것과 이성적인 것의 동일성 '때문'이 아니라(그
동일성이 명백하다면, 왜 하나의 동어반복을 표명했겠는가?), 정확히 현실적인 것과 이성적인
것의 차이 때문이어야만 한다 — 따라서 의의와 사유를 동시에 가리켜 우리가 '이성'이라고
부르는 것은 그 차이 가운데 있어야만 한다. 이는 다름 아니라 현실적인 것(감각적인 것, 몸,
몸짓, 역사, 실존 — 존재)과 더불어 '이성'(언어, 표상, 과학, 철학)에 대해 다시 사유할 것을 요
구한다. 그것은 작은 일이 아니다. 우리는 전제 가운데 있을 뿐이다 — '이성을 요구하는' 해
나가야 할 임무뿐만 아니라, 프로그램화할 수 없는 그 특성만을 예상할 수 있는 '현실적' 어
떤 역사(공동체의 사건들), 어떤 도래가 관건이 된다. 어떤 의미에서 '철학'은 실질적인 공동-
내-존재 가운데 실질적인 사건에 노출되어 한 번도 자신을 다시 발견하지 못했다.

차라리 양자는 전적으로 동시적이며, 자체로 향해 있는 하나의 내면성을 구성한다라고 말하는 것과 같다. 그에 따라서 우리는 사랑과 마찬가지로 사회 계약도 파기할 수 없는 것으로 생각하는 것이다. 보다 일반적으로 우리는 의의의 공동체 ── 그 소통과 연합 ──를 모든 사람들과 모든 것들의 현실적 현전과 동시적인 것으로, 그 현전 내부의 진리로, 또한 그 현전의 생산 법칙으로 표상하는 것이다(이것은 그것을 점진적으로 실현시키고 있는 역사라고, 또는 의의는 '이' 세계 '밖에서'만 나타난다라고, 또는 '이' 세계의 의의만이 있다라고, 그것은 미친 짓이야라고 우리가 생각할 때도 마찬가지이다……). 바로 그러한 논리에 철학의 ── 또한 철학이 말하는 공동체의 ── '종말'의 표시가 나타난다. 공유된 존재가 그 자체에 의해 자기 고유의 의의로서 구성되는 것이다. 따라서 공유된 존재의 의의는 필연적으로 어떤 **종말**의, 즉 목적과 완성의, 역사의 종말의, 최종적 해답의, 완성된 인간성의 의의이다. 오직 종말만이 자기 충족적이다. 바로 여기에서 공동체가 지속적으로 궁지에 몰려서, 또는 끔찍한 파국 속에서 완성되는 것이다. 사랑·국가·역사는 오직 그 죽음 속에서만 진리를 획득한다. 의의의 존재와 존재의 의의는 양자 자체에 고유한 방식으로, 공동으로 희생당하는 데에 있다.

*

철학이 자신의 '종말'에 이른다는 것, 그것은 철학이 받아들이고 동시에 벗어나면서 끊임없이 향해 있었던 한계(한계와 함께 다른 무엇을 할 수 있는가? 또한 어떻게 한계를 다르게 생각할 수 있는가? 우리가 보게 될 것이지만, 그것이 문제이다)에 이른다는 것 — 철학이 **의의로 인해 발생한** 죽음의 공동체 없는 공동체에서 매우 구체적으로 자살과 학살로, 퇴락과 절망으로 귀결된다는 것 — 을 의미한다. 그 한계는 존재를 의의로 포착하고 의의로 존재를 포착하는 데에, 이렇게 말해도 된다면, 다만 **실존**에 대한 물음 가운데에 있다. 또한 그 물음이 도대체 어떻게, 어디까지 하나의 '물음'(존재와 의의의 논리에 종속된 물음)일 수 있는가를 알아보는 데에 있다. 왜냐하면 철학 자체가 자신의 한계에 이르러 우리에게 내보여 주는 것은, 실존이 의의의 자기-구성이 **아니며** 오히려 우리에게 의의에 앞서거나 그 뒤를 잇거나, 의의를 초과하고 의의와 일치하지 않으며 그 불일치 **가운데 존속하는** 존재를 우리에게 내어 준다는 사실이다…….

그로부터 철학이 도달한, 피할 수 없는 코미디 같은 결과가 유래한다. 말하자면 철학은 자신이 문제 삼았던 것으로부터 가장 멀리 떨어져서 애를 쓰고 있으며, 확실하게 실존의 실재를 놓쳐 버렸다 — 철학은 그러한 실패를, 또한 때때로 역겨운 것들까지도 확실히 현실화시키는 데에서 멀리 떨어져 있지 않다(철학자들이 행했던 과학적·도덕적·미학적·정치적 실수들과 과실들을 생각해 보라).

(나는 그러한 철학의 하찮음 때문에 일생 동안 적어도 한 번이라도 고뇌에 사로잡히지 않았던 진정한 철학자는 단 하나도 없다고 생각한다. 실존·눈물·환희·일상의 미세한 밀도가 언제나 사유라는 작업을 멀리 앞서가고 있는 곳에서, 사유라는 작업의 무게로 불필요하고 괴상하게 짓눌려 있다고 적어도 한 번이라도 시인하지 않는 철학자는 하나

도 없다. 그 사실을 비웃지 않은 철학자는 하나도 없다 —— 때때로 의심할 바 없이 그 비웃음이나 찡그린 얼굴이 주인 노릇을 하고 있으며, 철학자는 자신에게 정체성과 지배권을 주어 왔던 것으로부터 과감하게 벗어나지 못한 채 오직 습관·무기력·오만함 또는 비겁함에 의해서만 연구하고 있다. 역으로 공동체는 자신을 그렇게 다른 그 누구보다도 더 심하게 배신한 자를 유머나 아이러니에 의존해서만 참아 낸다. 어떤 의미에서 단 하나의 물음은 다음과 같은 것이다. 그런데 왜 언제나 철학자들이 존재하며, 왜 공동체는 언제나 그들에게 자리를 내주는가? 왜 철학이 갖는 기능은 화금석化金石pierre philosophale[2] 연구와 함께 사라져 버리지 않았는가? 사람들은 내게 말할 것이다. 언제나 점쟁이들을 위한 자리는 있는 법이라고. 물론 그렇다. 그러나 어느 누구도 역할을 혼동하지는 않는다. 그 모든 것에도 불구하고 우리 각자는 비밀스러운 현실을 점치는 자와 숨겨져 있는 어떤 실재의 의의를 묻는 자 사이의 차이를 알고 있거나 예감하고 있다. 공동체 안에는 철학적 담론에 대한 앎이 아니라, '점'이 아닌 '사유'라는 앎이 존재한다. 따라서 물음은 차라리 이러한 것이다. 이렇게 공동체가 특이하게 각성하고 있다는 사실은, 자신의 자리를 철학에 내어 준다는 사실, **그리고** 철학을 철학 자신의 자리에 묶어 둔다는 사실은 무엇을 의미하는가? 내가 공동체의 이름으로 말할 권리를 가로채고 있다고 말하지 말아 주기를 바란다. 나는 철학자라는 직업으로 인해 사실 공동체로부터 떨어져 나와 있다. 그러나 그렇기 때

---

2 (옮긴이) 과거 연금술사가 인공적으로 금을 만드는 데 필요하다고 생각했던 매개물질.

문에 나 **또한** 공동체에 속해 있으며, 이는 나의 직업이 갖고 있는 물질적/선험적 조건이다. 다시 말해 나는 이 작업을 통해 여러 다른 일들 가운데 사유의 필연성 **그리고** 하찮음에 대한 사유에 개입할 일이 있는 것이다.)

*

따라서 철학은 자신의 한계 위에서 의의는 존새와 일치하지 않는다는 사실에, 또는 보다 더 어렵고 까다로운 일이지만, 존재의 의의는 존재의 존재 그 자체에 대한 일치 가운데 있지 않다는 사실에 개입해야 한다(존재가 의의의 장소로, 자기-구성적인 어떤 의미의 이상적 동일성 내에 현전될 수 있는 어떤 의의의 ─ 대표적인 예로서, 공동체의, 공유된 존재의 공유된 의의의 ─ 장소로 생각되는 한에서 적어도 그렇다고 말할 수 있다). 따라서 그 한계는 공동체가 마찬가지로 중단되는 한계이다. 말하자면 의의는 그 자체 내에서 스스로 소통되지 않으며, 아마 공동체는 공유된 아무것도 갖고 있지 않을 것이며, 특히 공유된 아무것도 아닐 것이다. 공동체는 어떠한 공동의 인간성을, 또한 스스로 구축하는 데에 따라서 거주할 만하지 못하게 만들 하나의 세계에 속한 어떠한 것과도 함께 공동의 자연성 또는 공동의 현전을 구성하지도 ─ 특히 구성하지 ─ 않는다. 공동체의, 철학의 ─ 한계에서 세계는 하나의 **세계**가 아니다 ─ 그것은 하나의 더미, 아마도 더러운 것이다.

결국 우리는 거기에 있다 ─ 그 사실이 우리의 **시대**를 이루고 있으며, 한 '시대'가 '세계'의 한 형태 또는 한 '양상'이라면, 우리의 시대는 결국 시대의 한계라고 생각될 수밖에 없는 시대이다. 의미들은 유예되었다. 이제 우리는 더 이상 '여기에, 의의가 있다, 여기에 공동의 인간성이 있다, 또한 여기에 그와 관련된 철학 ─ 또는 생산적 경쟁 가운데, 그와 관련된 철학들 ─ 이 있다……'라고 말할 수 없다. 그리고 철학의 몸짓이 벌거벗은 채로, 진공의 상태에서 다시 나타나야 할 것처럼 주어지지만, 그것은 다른 의미들을 발견하기 위해서가 아니라 오직 한계 위에 놓여 있기 때문에 다시 나타나야 한다. 그것은 의의의 의의로 향해 있는 어떤 몸짓, 전유할 수 없는 전대미문의 어떤 외재성으로 향해 있는 어떤 몸짓(우리는 다만 의의가 실재를, 실존을 전유할 수 없으며, 실재의 본질이 적합하게 스스로 구성되게 하지 않는다는 사실을 알고 있을 뿐이다)이다.

그것이 이 시대의 사유의 모든 주요 '주제들' 한가운데 있는 '의의'이다. '존재', '언어'가 관건이든, 아니면 '타자', '단수성', '글쓰기', '미메시스', '다수성', '사건', '몸'이 관건이든, 아니면 여러 다른 것들이 관건이든 그러하다. 우리가 교조적인 전통적 용어로 전유할 수 없는 진리의 사실주의réalisme라고 부를 수 있는 것이, 반드시 양립될 필요는 없는 많은 형태들 아래에서 언제나 관건이다. 그러나 여기서 그 전유할 수 없는 진리는 결코 '부재하는 진리'를 의미하지 않는다.

III

(공동-**내**라는 것)

어떤 공동의 의의와 의의의 공동-존재의 구성이 의의의 한계에 내맡겨져 있다면, 어떤 방법으로 진리가 이제 '현시'되거나 현전에 들어올 것인가?

아마 공동체가 우리에게 몇몇 지침들을 내려 주어야 할 것이다. 또는 보다 정확히, 바로 공동체가 의의를 전유한다는 것이 '종말'('사랑'·'가족'·'국가'·'연합'·'민중' 등을 전유한다는 것의 종말)에 이르는 곳에서, 그 지침들이 우리에게 전해질 것이다. 그 종말에서, 우리가 놓여 있는 그 한계에서 그 모든 것에도 불구하고 이와 같은 사실이 남아 있다 ── 따라서 드러난다. 즉 **우리**가 거기에 있다는 것이다. 한계의 시대는 우리를 함께 한계 위에 내맡겨 둔다. 왜냐하면 그렇지 않다면 그것은 하나의 '시대'도, 하나의 '한계'도 아닐 것이며, '우리'는 거기에 있지 않을 것이기 때문이다. (이전에 또는 다른 곳에서 다른 것이 존재했다고 가정한다면) 공동체의 잔여가 남아 있다. 즉 여전히 공유된 의의의 틈바구니 안에서 또는 그 앞에서 우리는 공동 **내**에 있다.

적어도 우리는 서로가 서로와 함께 또는 더불어 있다. 이는 다만 사실상 명백한 것처럼 나타나는데, 그 명백성에 우리는 어떠한 법적 규정도 부여할 수 없고(그 명백성을 어떤 공동의-인간성의 본질이 갖고 있다고 여길 수 없고), 그 명백성은 사실상 일종의 물질적 무의미 가운데 유지되고 지속된다. 우리는 한계 위에서 그 무의미를 해독해 보고자 시도할 수 있는가?

우리는 공동 **내에**, 서로가 서로와 **함께** 있다. 이 '내에'라는 것, 이 '함께'라는 것은 무엇을 말하는가? (나아가 '우리'라는 것은 무엇을 말하는가 ─ 어떻게든 모든 담화에 기입되어 있는 이 대명사는 무엇을 말하는가?)

이는 다만 **하나의** 의미signification에 대한 물음이 아니고, 진정으로 **하나의** 의미에 대한 물음이 아니다. 이는, 의의sens가 정의상 소통하고 소통되며 소통하게 한다면, 의미 일반의 장소와 시·공간과 양태·체제에 대한 물음이다. 바로 그렇기 때문에, 우리가 더불어 있다는 명백성에 남아 있는 물질적 무의미를 해독하는 것이 더 이상 단순히 철학의 소관이 아니게 되고 철학의 ─ 또한 모든 논리·문법·문학 일반의 ─ 종말 위에서만 가능하게 된다. 말하자면 **'우리는 1인칭 복수'**라고 단순히 정의하는 것이 곤란하게 되는 것이다.

'함께', '더불어' 또는 '공동 내'는, '서로가 서로 안에'라는 것도 '서로가 서로를 대신하여'라는 것도 명백하게 의미하지는 않는다. 그것은 어떤 외재성을 함의한다. (사랑 안에서조차, 우리는 타자의 밖에 있음으로써만 타자 '안에' 있으며 전혀 다르기는 하지만 '어머니 안의' 아이 역시 그러한 내재성 안에서 밖에 있다. 또한 가장 굳게 결집해 있는 군중 안에서도, 우리가 타자를 대신하여 있는 것은 아니다.) 그것은 단순히 '곁에'라는 것도, '나란히'라는 것도 의미하지 않는다. '함께'라는 것의 —— 함께-있음의, 하이데거가 현존재Dasein와 동시적인 것이자 상관항으로 여긴 공동존재Mitsein의 —— 논리는 어떤 안-밖의 단수적 논리이다. 그것은 아마 단수성 일반의 논리 자체일 것이다. 따라서 그것은 순수한 안에도 순수한 바깥에도 속하지 않은 것의 논리이다. (사실 순수한 안과 순수한 바깥은 뒤섞인다. 모든 것의 밖에서(분리된-유일한ab-solu), 순수하게 바깥인 것, 그것은 '자기-자체'로 구별될 가능성 **조차 없이** 순수하게 자기 안에, 자기만 떨어져서, 자기 자체에게 있을 것이다.) 그러나 이러한 한계의 논리가 있다. 즉 둘 또는 여럿 사이에 있는 자는 모두에 속하며 어느 누구에게도 속해 있지 않고 자기 자신에게도 속해 있지 않다는 것이다.

(이러한 논리가 인간에 한정된 논리인지, 또한 살아 있는 존재들에 한정된 것인지는 분명하지 않다. 조약돌들, 산들, 성운의 동체胴體들은, 그것들을 향해 있는 우리 시선의 관점이 아닌 어떤 관점에서 더불어 있지 않은가? 우리는 대답하지 않고 이를 하나의 물음으로, 세계의 공동체라는 물음으로 여기에 남겨 둔다.)

함께-있음의 논리는, 무엇보다 먼저 다름 아닌, 사람들이 비조직적인 집단을 이루고 있는 사실에 대한 일상의 현상학에 부응할 것이다. 기차의 같은 칸에 있는 여행자들은 우연히, 임의적으로, 외부에서 주어진 대로 서로가 서로 곁에 있다. 그들 사이에는 관계가 없다. 그러나 또한 그들은 그 기차에서 여행자들로서 같은 그 공간에, 같은 그 시간에 더불어 있다. 그들은 분열된 '군중'과 집단을 이룬 '그룹' 사이에 있으며, 매 순간, 잠재적으로 둘 모두가 될 수 있다. 그 유예 상태가 '함께 있음'을 이룬다. 그것은 관계 없는 어떤 관계, 또는 관계와 관계의 부재로 동시에 외존되는 것이다. 관계가 다가오고 동시에 멀어지는, 가장 사소한 우연의 사건에 매달려 있다는 급박성에 따라 그렇게 노출되는 것이다. 또는 의심의 여지 없이, 보다 은밀하게 그 급박성은 하나의 의의 또는 다른 의의에 따라, 어떤 의의 **그리고** 다른 의의에 따라, '자유' 속에 그리고 '필연성' 속에, '의식' 속에 그리고 '무의식' 속에 매 순간 매달려 있고, 이는 낯선 자와 가까운 자를, 고독과 집단성을, 매력과 반감을 결정짓지 않은 채 결정짓는다.

관계/비-관계로의 이 외존은, 단수성들이 서로가 서로에게 외존되는 것과 다르지 않다. (나는 단수성들이라고 말하는데, 왜냐하면 그것들은 우리가 위와 같은 간단한 묘사에서 볼 수 있는 대로 다만 어떤 상황에 들어가 있는 개인들만을 가리키지 않기 때문이다. 또한 전체적 집단성들, 그룹들, 권력들, 담론들이 여기에서, 개인들 사이에서뿐만 아니라 각각의 개인들 '안에서' 서로가 서로에게 외존된다. '단수성'은 매번 외존의 지점을 형성하는 것을 정확히 지정하며 외존이 있게 되는 한계들의 교차점의 흔적을 그린다.) 외존된다는 것, 그것은 안과 밖이 동시에 있는 곳에서, 안도 바깥도 없는 곳에서 한계 위에 놓인다는 것이다. 그것은 '대면하여face-à-face' 있다는 것도 아직은 아니며, 얼굴을 마주한다는 것, 얼굴에 사로잡힌다는 것, 먹이나 볼모로서 얼굴에 포획된다는 것 그 이전이다. 외존은 모든 동일화에 앞서며, 단수성은 하나의 동일성[정체성]identité이 아니다. 다시 말해 단수성은 외존 그 자체, 외존의 정확한 현실태이다. (그러나 개체적이거나 집단적인 동일성은 단수성들의 총합이 아니다. 그것은 그 자체로 하나의 단수성이다.) 단수성은 '자기'를 구성하는, '자기'의 분유(분할과 분배)를 통해 '자기 내에' 있는 것이며, 말하자면 자체 한계들을 통해서, 그 한계들로서, 그 한계들 위로 외존되는 데에 따라서만 그 자체가 되는 '고유한' 모든 장소들(내밀성, 동일성, 개체성, 이름)의 일반화된 전위轉位이다. 이는 '고유한' 아무것도 없다는 것도, 고유한 것은 본질적으로 어떤 '균열clivage'이나 '분열schize'에 의해 감염되어 있다는 것도 의미하지 않는다. 이는 차라리 고유한 것은 본질 없이 외존되어 **존재한다**는 것을 의미한다.

존재의, 실존의 그 양태(어떠한 다른 존재와 실존의 양태가 있는가? 따라서 **존재**는 결코 '존재'가 아닐 것이며 다만 언제나 외존 속에서 양태화될 것이다)는 어떠한 공유된 존재도, 어떠한 실체도, 본질도, 공유된 동일성[정체성]도 없다는 것을 전제하는데(외존에는 어떠한 전제도 없다 ─ 무엇보다 먼저 이를 '외존'은 말하고자 한다), 그러나 공동 **내**en 존재가 있다. 여기서 냈le en(**함께라는** 것, '공동체communauté'라는 말에 내포된 라틴어 **쿰**cum)는, 만일 관계가 이미 결정된 두 항 사이에, 이미 주어진 두 실존들 가운데 설정된 것이라야만 한다면, 어떠한 관계의 양태도 지칭하지 않는다. 그것은 차라리 실존 그 자체, 즉 실존이 실존으로 도래하는 것으로서, 관계**로서의** 존재를 지칭할 것이다. 하지만 그것을 명명하는 데에 '존재'도 '관계'도 충분치 못할 것이다 ─ 설사 존재와 관계가 동등한 관계 내에 놓여 있을지라도 말이다. 왜냐하면 '존재'와 '관계'에 외재하는 어떤 관계를 여전히 이룰 수 있는 동등성이 없기 때문이다. 차라리 존재는 결코 공유된 존재인 적이 없이 공동 **내**에 있다고 말하도록 결심해야만 할 것이다.

*

존재한다는 것보다 더 공동적인 것은 아무것도 없다. 왜냐하면 그것은 실존의 명백성이기 때문이다. 존재보다 덜 공동적인 것은 아무것도 없다. 왜냐하면 그것은 공동체의 명백성이기 때문이다. 실존과 공동체는 — 명백성을 추구하는 철학에 의해서가 아니라 — 사유에 의해 드러난다. 왜냐하면 하나가 다른 하나를 분유로서 드러날 뿐 아니라 다른 하나로부터 자신의 명백성을 얻어 내기 때문이다. 존재는 그 자체로서 자신의 고유한 명백성을 갖지 못하며, 그 자체와도, 그 의의와도 같지 않다. 바로 그 사실에 실존이 놓여 있으며, 바로 그 사실에 공동체가 있고, 바로 그 사실이 실존과 공동체를 외존시킨다. 실존과 공동체, 하나가, 다른 하나의 발효發效인 것이다. 공동 **내**라는 것이 발효 **내**에 있다. 그 사실이 사유를 가져오고 사유를 발효 — 또한 다름 아닌 **우리**의 소통이 드러나는 이 단어들까지도 발효 — 시킨다(**우리**의 소통 자체에, '우리' 자체가 아니라 주어진 공유된 의의를 소통할 때 가정하는 어느 정도의 투명성을 충족시키는 '공유된 것'이, 언어적인 '공유된 척도'가 '없다').

공동 내라는 것이 발효 내에 있다. 그 사실을 중단 없이 사유하는 것, 그것이 '철학'이다. 또는 철학이 공동 내에 남아 있다면, 그 종말에서 남아 있는 것은 정치이고 예술이다. 또는 남아 있는 것, 그것은 거리에서 전진하는 것, 경계들을 넘어서는 것, 축제를 벌이고 초상을 지내는 것이며, 투쟁하는 것 또는 기차의 한 칸에 놓여 있는 것이고, 그것은 어떻게 자본이 공동의 것을 자본화하고 **내**를 와해시키는가를 아는 것이며, '혁명'이 의미하는 것, 혁명이 체험하기를 원하는 것에 대해 언제나 묻는 것이다. 그것은 저항이다. 그것은 실존이다.

*

존재는, 그것$_{ça}$이 외존되는 한계를 분할하고 동시에 그 끝을 이어 가는, 한계를 **분유하는 내**라는 것이다(존재는 '내'라는 것 안에, 안이 없는 것의 안에 있다고 말해야 한다). 한계는 아무것도 아니다. 한계는 모든 고유성을, 모든 고유성에 대한 요청을 그 자체가 되게 하기 위해, 그 자체로 무엇보다 먼저 외부에(어떠한 내부도 없는 외부에……) 전하는 이 극단의 내맡김 이외에 아무것도 아니다. 고유한 것이 ── 먼저, 즉 여기서 처음부터, 가장자리로부터, 그 고유성의 한계로부터 받아들여지고 감각되고 느껴지고 만져지고 조절되고 욕망되고 내버려지고 불려지고 명명되고 소통되면서 ── 발생하는 이 내맡김을 사유할 수 있는가? 사실 그 내맡김은 분명 탄생 이전이거나, 탄생 자체와, 죽음에 이르기까지 계속되는 무한한 탄생(죽음은 내맡김을 완성시키면서 무한한 탄생을 종말에 이르게 한다)과 다르지 않은 것이다. 그 내맡김은 다른 어떠한 것도 아닌 오직 공동-내-존재에 내맡기는 것이며, 다시 말해, 소통과 공동체가 받아들이거나 등록하기를 요청하는 데에 있다면, 소통에도, 공동체에도 내맡기지 않는 것이다. 그러나 내맡김 자체가 '소통을 가져오며', 무한한 '바깥'을 통해, 무한한 '바깥'으로서 단수성을 단수성 자체와 소통시킨다. 그것은 고유한 것(개인·그룹·모임·사회·민중 등)을 노출시키면서 도래하게 한다. 하이데거가 **에어아이크니스**_Ereignis_라고 명명한 그 도래는 '고유화 propriation'라고 말할 수 있지만 그보다 먼저 '사건_événement_'이다. 사건은 발생한 것이 아니라 어떤 장소의, 어떤 공간-시간 자체의 도래, 그 시간-공간의 노출, 그 한계의 흔적이 그려지는 것이다.

그 노출을 노출시킬 수 있는가? 그것을 현시시키거나 재현시킬 수 있는가? (여기에 어떠한 개념이 부합하는가? 재현시키고 의미를 부여하며 무대화하거나 발효시키는 것이 문제인가? 여기서 담론이, 몸짓들이, 포에지가 필요한가?) ── 의미 일반을 다만 가능하게 하는 공동-내라는 것의 의의를 현시시킬 수 있는가?

만일 그럴 수 있다면, 만일 공동-내라는 것의 존재(또는 본질)를 지정하고 증명한다면, 그에 따라 공동체를 그 자체에(어떤 민중·국가·정신·운명·과제[작품] 내에) 현전시킨다면, 그렇게 현전(재현)된 의의는 곧바로 모든 외존과 더불어 의의의 의의 자체를 불가능하게 만들 것이다. 만일 그럴 수 없다면, 만일 외존 자체가 외존되지 않은 채로 남는다면, 즉 공동-내라는 것 가운데 현전할 아무것도 없다고 표상(재현)하고, 아니면 하나의 '공동의 인간성co-humanité'조차 이루지 못하는 '인간 조건condition humaine'(진부한 조건, 인간적이지도 반인간적이지도 않은 조건)을 반복해서 보여 주기만 한다면 의의의 의의 역시 무너지게 될 것이며, 모든 것이 관계도 단수성도 없는 단순한 병치 속에서 흔들릴 것이다. 하나의 동일성과 다수의(비-동일성의) 동일성은 동일하며, **내**의 복수적 외존과, **우리**의 외존과 연관되지 않는다.

우리가 무엇을 하든 또는 우리가 무엇을 하지 않든, 아무것도 자리 잡지 않는다. 외존 이외에 진정으로 아무것도 자리 잡지 않는다. 외존의 필연성에 따라 우리가 —— 여기서 이러한 단어들에 대해 주목해 논할 수 없기는 하지만 —— 자유·평등·정의·우애라고 부르는 것이 열린다. 그러나 외존 이외에 아무것도 자리 잡지 않는다면 —— 공동 **내** 존재가 결코 굴하지 않고 연합과 분열에 **저항한다면** —— 외존과 그러한 저항은 직접적이지도, 내재적이지도 않다. 그것들은 입증하기 위해 끌어모으기만 하면 되는 소여가 아니다. 공동-내-존재가 주장하고 저항한다는 것은 분명하다 —— 그렇지 않다면 나는 이렇게 쓰고 있지조차 못할 것이며, 당신은 읽고 있지조차 못할 것이다. 그러나 이는 공동-내-존재를 노출시키기 위해 그것에 대해 말하는 것으로 충분하다는 것이 아니다. 공동-내-존재의 필연성은 어떤 물리적 법칙의 필연성이 아니며, 그것을 노출시키기를 원하는 자는 또한 거기에 노출되어야만 한다(이를 우리는 '사유', '글쓰기'라고 부를 수 있을 것이며, 이는 **또한** 그 둘의 분유이다). 오히려 자기 고유의 소통을 통해, 현전(재현, 표상) 가능하게 주어진 어떤 본질이 아닌 진리에 놓여 있는 공동의 인간성을 현전(재현)시킬 수 있다고 믿으면서, 그렇게 공동체에 대한 모든 담론을(결국 나의 담론도 또한) 위협하는 자기만족에 빠지는 것이다.

오늘날 주어지고 의미가 부여된 것은, 차라리 동일성과 비-동일성(하나/다수, 개체적/집단적, 의식/무의식, 의지/물질적 힘, 윤리/경제 등)이 끊임없이 변증법적으로 전개되어 형성된 동일성의 질서 속에 있다. 아마 그 사실을(어떤 비-인간성이 갖고 있는 공동의-인간성과 실존들이 아니라 조작들이 만들어 낸 어떤 공동체를), 우리는 '테크닉'이라는 이름 아래에서 형상화하고 있을 것이다. '테크닉'은 존재와 의의의 상호 구성이 완성된 형태이며, 또한 마찬가지로 양자의 무한한 분리에 따라 나오는 과장된 형태이다. 그에 따라 수세기 이전부터 똑같은 '테크닉'을 두고 높은 가치를 부여하거나 가치를 부여하지 않는 양자택일이 변함없이 반복되었다. 그러나 바로 그것 자체 ── 인공위성이나 광섬유에서 발생하는 것이 아니라 우리가 '테크닉'이라는 이름 아래에서 막연히 생각하고 있는 것 ── 가 '소여' 아래에서 우리에게 끈질기게 **내로서 봉헌되고** 있는 것을 감출 것이다. 봉헌되고 있는 것, 우리는 그것을 탈취하지 못하며, 전유하지 못한다. 또는 차라리, 봉헌을 승낙하고 받아들이는 전유 자체를 통해, 우리는 여전히 봉헌이 가져오는 긴박성에(자유에), 봉헌에 남아 있는 전유할 수 없는 것에 노출된다.

*

따라서 이제 불가분리하게, 또한 아마 구별할 수 없게 '철학적'인 동시에 '공동체적'인 어떤 임무(별다른 검토 없이 이 두 단어가 서로 부합한다면, 사유 그리고 정치의 어떤 임무)가 있게 된다. 그것은 노출될 수 없는 **내를 노출시키는** 임무일 것이다. **내를 노출시킨다는 것**, 그것은 어떤 노출의 장소와 전개를 현전(재현)시키지 않고서는, '사유'와 '공동체'가 서로가 서로를 위해 위험을 무릅쓰고 서로가 서로에게 내맡기지 않고서는 내를 현전시키거나 재현시키지 않는다는 것이다. 이는 즉시 어떤 '사유의 공동체'의, 텔렘Thélème 수도원[3]이나 공화국(또한 왕들의 공화국……)으로 여겨진 낭만주의 서클의, 또는 '문학적 공산주의'(나는 최근 이 표현을 사용했는데, 그 다의성 때문에 그것을 포기했지만 학식 있는 자들의 공동체가 문제가 되는 것은 아니다)와 같은 어떤 것의 형상을 불러일으킬 수 있다. 그러나 (맑스가 희망한 적이 있듯이) '모두가 철학자'가 되는 것도, (플라톤이 원했던 대로) 철학을 '군림하게' 하는 것도 문제가 되지 않는다. '사유'와 '공동체' 양자가 동시에 문제가 되거나 서로가 서로에게 대립하는 것('철학'이 무엇을 가리키는지 모르게 되는 한계에 대한 어떤 사유)이 문제가 된다. 관건이 의의를 제공하는 데에도, 어떠한 의의가 **있는가**, 존재가 공동-내-존재라면 존재는 어떠한 의의를 갖고 있는가라는 존재에 대한 물음으로서의 의의에 대한 물음을 제기하는 데에도 있지 않은 한에서 말이다. 관건은 반대되지는 않지만 분명히 다른 것이며, 바로 **내**의 분유를 위해, 무엇보다 먼저 의의에서 존재를 **제거하고** 존재에서 **의의**를 제거하는 —— 또는 '공동이라는 것'이 갖고 있는 **내**에 따라서만 고유한 방법으로 그 내의 전유를 무효화하는, 의의가 만들어 내는 **함께라는 것**에 따라서만 존재와 의의를 서로서로에 동일화하는 —— '의의'의 이 분유를 위해 스스로 외존되는 데에 있다.

---

3 (옮긴이) 프랑수아 라블레François Rabelais(1494~1553)가 『가르강튀아Gargantua』에서 그려 낸 이상향.

내[我]가 의의를 '소유하는 것'도 아니고, 어느 정도 의의를 소유하는 것도 아니며, 내가 의의 **내**에 있는 것, 따라서 공동-내-존재의 유일한 양태에 따라 의의 앞에 있는 것이다. 분유를, 이 실존하는 존재의 분할을 가장 고유한 명백성으로 노출시킴으로써만 실질적인 것이 되는 **나는 존재한다***ego sum,* **나는 실존한다***ego existo*라는 것. (그러나 이미 명백성은, 데카르트 자신에 의해, 명백성의, 또한 사유의 명백성의 위치에 이르기 이전에 모두와 각자가 분유하는 — 차라리 그 분유 자체에서 명백성의 모호한 중심을 차지하는 — 공동의 명백성으로 주어진다.)

나는 **내**에 있다. 다시 말해 실존은 그 **내** 위에, 그 **내** 앞에 있는 것이다. 따라서 실존은 **우리가 실존한다**라는 것과 분리될 수 없다. 분리될 수 없는 것 그 이상인데, 왜냐하면 그것은 바로 (철학의 개념들에 따라 결정될 수 있는 어떠한 주체도 아닌) **내**[我]가 언명하고 언명되는 공동 **내**의 언명에서 그 발원점을 갖기 때문이다. **내**는 한계로서 자기에게 돌아오는 현전, 현전의 분유로서 자기에게 돌아오는 현전이다. 노출될 수 없지만, **우리가** 공동 내에서 노출시키는 노출시키는 것이다.

*

우리는 이렇게 말하고 싶을 것이다. 그것은 **있는 그대로의 현상**에 대한, 아니면 아무 사회적·정치적 배치에 대한, 기껏해야 민주주의에 대한 묘사일 뿐이다. (또는 그것은, 보다 음험하게, 모든 사회정치적 현상 뒤로 떨어져 나온 일종의 민주적 본체에 대한 묘사이다.) 전혀 그렇지 않다. 민주주의가 아닌 것은, 아무것도 노출시키지 않거나(전제 정치·독재) 존재와 공유된 의의의 어떤 본질을 제시한다(전체주의적 내재성). 그러나 민주주의는 다만 그러한 본질이 노출될 수 없다는 사실을 드러낼 뿐이다. 그 사실에 최소한의 악이 있다는 사실을 의심할 수 없다. 그러나 거기에서 공동-내라는 것, **함께**라는 것은 벗어난 길에 들어선다. 다시 말해 우리는 (의심할 바 없이 루소의 계약론에 여러 대목에서 마치 루소 자신에 반하여 수수께끼처럼 나타난) 전유될 수 없는 노출의 영역으로부터 ── 노출될 수 없는 것의 논리에 의해, 동시에 그 논리에 반대해 ── 일반적 전유의 스펙터클로 넘어가는 것이다. ('스펙터클', 이 말은 내맡김 없이 전유된 변질된 노출을 의미하기 위해 쓰인다. 그러한 노출을 의심할 바 없이 상황주의자들은 '스펙터클'이라는 같은 말을 통해 가리키고자 했다 ── 일반적 전유는 즉각적으로 개별적이고 독점적인 한에서만 스펙터클이 될 수 있다.) 공동-내라는 것의 장소를 마련한다는 사실을 대체하는 '공동-내'라는 것**으로서** 자본과 개인과 생산과 재생산을 전유하는 것이다. 따라서 민주주의는 공동-내를 (하나의 외부로 드러난 작용으로) 재현하는 것이 아니라 노출시키는 것을, 즉 거기에 노출되는 것을, 거기에 **우리를** 노출시키는 것을, 우리를 '우리 **자신**'에게 노출시키는 것을 필요로 한다.

역사 ── '역사에 속하지'조차 않으며 언제나 우리의 현재를 이루고 있는 역사 ── 는 민주주의에 대한 비판에 어떠한 위험이 있는지 가르쳐 주었다(그것이 일소─焼, 전적인 흡수, 제동 걸리지 않은 착취에 지나지 않는다는 것이다). 따라서 의심할 바 없이 과제는 '비판'이라는 관념 자체를 변경시키는 데에 있다. 그러나 역사는 또한 우리가 언제나 '민주주의'라고 부르는 것이 어떠한 위험을 갖고 있는가를 가르쳐 준다. 즉 그것이 공동-내-존재의 **내**에 대한 폭력적이고 진부하며 알 수조차 없는(또는 다시 — '테크닉의 기준들'이라고 말할 때 의미하는 대로의 — '테크닉'에 따르는) 어떤 전유로 귀결된다는 것이다. **내**가 갖고 있는 틈으로부터 떠나 버리기. 따라서 합당한 의미에서 (특히 '반민주주의적'인 의미에서!) 민주주의에 대해 '비판'하는 것이 관건이 아니라면, 단순히 민주주의와 관련된 하나의 '명백성' 내에 머무르는 것도 문제가 될 수 없다. 민주주의를 그 자체가 언명되고 노출되는 고유의 장소로, 즉 민주주의가 유래하고 있는 이름인 '민중'(그러나 민주주의는 민중이라는 이름이 분절되는 길도, 목소리도 아직 찾지 못했을 것이다)의 공동-**내**로 가져다 놓는 것이 관건이 될 것이다.

'철학'과 '공동체'는 이것을 공동으로 포함하고 있다. 공동 **내** 의의 앞에서 느슨해지지 말라는, 모든 도덕 이전의(그러나 정치적으로는 모호함 없이, 왜냐하면 정치적인 것은 도덕을 이어 가고 적용시키기는커녕 모든 도덕에 앞서기 때문이다) 정언 명령을.

5부

유한한 역사

1. 여기에서 나는 단순히 오늘의 역사에 대한 사유와 관련해서 가능한 논제의 밑그림을 제안해 보고자 한다. 나는 그러한 계획에서 참조해야 할지도 모를 주제들과 논쟁들의 전체 구도를 심화 발전시키지 않을 것이며 제시하려 하지도 않을 것이다(특히 나는 역사의 문제와 관련해 하이데거·벤야민·아렌트·아도르노·푸코·파토츠카Patocka 또는 리쾨르에게서 나타날 수 있는 논의들을 발전시켜 나가지 않을

---

* (영어 번역자) 이 텍스트는 어바인 소재 캘리포니아 대학교(여기에서 이 텍스트의 영어판이 1988년 출간되었다)의 비판이론 프로그램에 따라 열렸던 콘퍼런스를 위해 (엘리자베스 브룸필드Elisabeth Bloomfield 이외에 몇몇 사람의 도움을 받아 — 아래 각주 1번을 볼 것) 장-뤽 낭시가 영어로 작성하였다. 피에르-필립 장댕이 그것을 불어로 번역하였다. (장-뤽 낭시는 전혀 능숙하지 않은 언어로 쓴 이 시론試論에서 자신의 눈에 나타난, 서투름과 고심의 흔적을 부각시키기를 원했다. 요컨대 그는 "자신이 원했던 것을 말하는 데에 이르지 못했으며", 그러한 상태를 너무 두드러지게 만들어 놓았다.)

여기서 다루어진 몇몇 주제들은 이후에 『자유의 경험L'expérience de la liberté』(Paris, Galilée, 1988)과, 『쉬드Sud』(1989)의 『존재와 시간Être et temps』 특집호에 실린 「실존의 결단La décision d'existence」에서 명확하게 드러났다.

것이다). 그렇기에 나는 명백하게 여담처럼 제시되는 짧은 언급을 통해서만 그 주제들과 논쟁들 중 몇몇을 검토할 것이다.

같은 이유에 따라, 무엇보다 먼저 나는 여러분에게 하나의 명구처럼 이후에 내가 향해 있을 주제 또는 가정을 남겨 둔다. 이제 역사는 — 우리가 이 용어를 형이상학적으로, 따라서 역사적으로 결정된 의미 바깥에서 받아들일 수 있다면 — 먼저 시간에 대한 문제로부터도, 연속과 인과성의 문제로부터도 더 이상 유래하지 않으며, 공동체 또는 공동-내-존재의 문제로부터 유래한다.

왜냐하면 공동체가 역사적인 어떤 것이기 때문이다. 이는 공동체가 하나의 실체도, 하나의 주체도 아니고, 어떤 과정과 진보의 목적과 완성일 수 있는 하나의 공유된 존재가 아니라는 것을 의미한다 — 이는 공동체가 다만 **도래하는** 공동-**내**-존재라는 것을, 공동-**내**-존재는 도래이며 어떤 '존재'라기보다는 어떤 사건이라는 것을 의미한다. 또는 그것은 존재 자체의 도래, 즉 내가 **유한한 역사**로 제시하게 될, 존재 고유의 실존의 비-무한성non-infinité이다.

따라서 우리가 '우리는 역사를 개시한다'라고 말하게 될 때 도래하는 것에 대한 물음이 관건이 된다. 바꾸어 말해 서사성敍事性과 지식으로서라기보다는 수행적 행위로서의 역사성이 관건이 되는 것이다.

2. 이제 우리는 이러한 말로부터 시작할 수 있을 것이다. 오늘날 **있었던** 것, **우리의 시대가 있었던** 것으로 인정하는 것, 그것은 더 이상 (어떤 사람들의 주장에 따르면 이미 오래전에 역사로 변해 버린) 자연이 아니라 역사 자체이다.

우리의 시대는 이제 더 이상 역사의 시대가 아니며, 바로 그렇기 때문에 역사 자체가 역사 속에서 소진되어 버린 것처럼 보인다……. 우리의 시대는 역사가 ─ 리듬과 동시에 고뇌라는 [유동성과 불안 정하다는] 의미에서 ─ **유예된** 바로 그 시대 또는 여러 시대 중 하나 (바로 양자 사이의 차이가 역사에 대한 사유에서 전적인 차이를 함의한 다…….)이다. 다시 말해 역사는 움직임 없이 유예되었고, 우리는 불 확실성과 불안 가운데 역사가 (여전히 '앞으로' 있을 어떤 것이 존재한 다면) 앞으로 나아가기를 재개하든, 더 이상 조금도 움직이지 않든 도 래할 것을 기다리고 있다. 이 사실은 잘 알려져 있지만, 헤겔이 말하 듯, "잘 알려진 것은 전혀 알려져 있지 않다". 따라서 설사 반복에 지 나지 않는다 하더라도 이렇게 요약해 보자. 어떤 점에서 이 시대에 역 사는 유예되어 있는가.

무엇보다 먼저 **의의**로서의, 즉 역사에 대한 근대 사유의 시작에 서 목적론적으로 방향 지어진 길로서의 역사는 유예되었거나 끝났 다. 역사는 이제 더 이상 목적도 계획도 **갖고 있지** 않으며, 그렇기에 이제 더 이상 개인적 인격(일반적이거나 종적種的인 개인)으로, 맑스 가 후기 헤겔의 사변적 사유에서 지속적으로 비판했던 자율적 인격 으로 **존재하지 않는다.**[1] 결국 이는 또한 역사가 더 이상 ─ 리오타르

---

1 맑스는 결코 역사를 주체로 표상하는 것을 받아들인 적이 없다. 그는 언제나 역사가 "인간의 활동"이라는 사실만 강조했다. 그러한 의미에서 ─ 맑스와 관련해 여기서 필요할지 모를 다 른 많은 논의들을 제외하고 ─ 나는 그 명제에 (완전히 다른 역사적·철학적 맥락에서) 다시 천착하는 것 이외에 다른 목적을 갖고 있지 않다. 나는 이 첫 번째 주석에서 언어를 빈약하게 만들었을 뿐만 아니라 논의를 힘들게 만든 나의 빈약한 영어에 대해 사과하고 싶다. 그러나

의 표현을 빌리자면 ─ '거대 서사grand récit'로, 인류의 집단적인 거대한 운명의(인간성의, 자유의, 등등의) 서사로, 그 완성이 좋은 것이기에 고귀하고, 고귀하기에 거대한 서사로 제시될 수 없다는 것을 의미한다. 우리의 시대는, 그 역사가 적어도 스스로 유예되었던 바로 그 시대 또는 여러 시대 중 하나이다. 총력전, 집단학살, 핵무기 경쟁, 무자비한 테크놀로지, 기아와 절대 빈곤, 이 모든 신호들은 어떠한 부정적인 것에 대한 변증법적 연구 없이도 인류의 자기 파괴와 역사의 자기 무화를 보여 준다……

(첫 번째 여담: 그러한 사실을 가장 탁월하게 보여 준 것들 중의 하나가 엘사 모란테Elsa Morante의 책, 『역사, 하나의 소설L'histoire, un roman』에서 발견되는데, 이 책에서 나타난 이중의 결말은 이렇다. 1) "1947년 6월의 이 월요일에, 이두자 라문도Iduzza Ramundo의 비참한 이야기가 결말을 맺었다." 2) ─ 1947년 이후의 마지막 세계적 사건들을 환기시킨 다음에 ─ "그리고 이야기는 계속된다." 여기서 역사성과 서사성은 같은 '이야기'에 의존하고 있으며, 역사의 종말에서 우리는 서사의 종말에 이른다 ─ 사실 이미 이르렀다. 나는 리오타르와는 다르게 거대 서사든 작은 서사든 모든 서사에 대해 이렇게 말할 것이다. '계속되는' 이야기, 우리의 시간은 시간으로서 오는 한 이야기와 소설 또는 작은 서사를 넘어서 계속 이어진다. 그렇기에 그러한 역사성과 연관되어 있는 문학 장르

이러한 경험이 가능하도록 도움을 준 엘리자베스 브룸필드, 브라이언 홈즈Bryan Holmes, 데이비드 캐롤에게 감사를 표한다.

나 담론 장르는 완전히 다른 종류의 것이다. 이후에 우리가 보게 되겠지만, 그것은 어떤 선언의, 공지나 약속의 장르일 것이다.)

(두 번째 여담: 역사에 대한 이 이야기가, 그 줄거리를 떠맡고 있는 세계사적 사건들의 흐름에 대해 생각하는 극적이고 비극적이며 나아가 절망적인 방법을 처음부터 또는 거의 처음부터 기이하게 따르고 있다는 사실을 지적하는 것은 흥미롭다. 헤겔, 바로 그 헤겔은 역사에 대해 "어떠한 위로로도 상쇄시킬 수 없는 가장 깊고 가장 당혹스러운 비통함" 속에 우리를 빠뜨리는 "가장 끔찍한 그림"[2]이라고 말했다. 그 자체 고유한 시작에서부터 서사로서의 역사는 본질적으로 하나의 변신론辨神論이고, 변신론일 수밖에 없다. 그러나 동시에 그것은 그 자체 내에 깃들어 있는 악과 고통의 감정 속에서 불구가 된 채 남아 있다.)

바로 그렇기 때문에 우리의 시대는 '이성의 간계'(간계 덕분에 이성은 최후의 이성적 진리의 장미꽃을 피우게 할 것이다)로서의 역사를 더 이상 믿지 않는다. 또한 바로 그렇기 때문에 우리의 시대는 스스로를 역사를 **이루는** 시대로, 대역사의 위대함을 창조해 내는 시대로 느끼고 표상할 수 있는 하나의 시대가 더 이상 아니다. 우리의 시대는 스스로를 비역사적인 시대로 의식하고 있다. 그렇지만 그것은 또한 자연이 배제된 시대이다. 바로 그렇기 때문에 다만 역사주의와 역사

---

2 *Philosophie de l'Histoire*, 서론, 프랑스어판, p. 29.

화의 시대만이 남아 있으며, 이는, (이따금 '유토피아'의 이념을 다시 발견하면서도……) 미래를 열 수 있는 능력이 없고 역사적 현재를 제공할 능력이 없는(고유의 역사를 필요로 하지 않고 테크놀로지에 대한 지식을 제외한) 지식이, 아류 또는 의사擬似 헤겔주의나 아류 또는 의사 맑스주의로부터 유래하는 '역사 결정'이라는 모호하고 불분명한 유일한 법 아래에서 그 자체의 모든 대상들을 ('역사'라는 대상조차) 정리한다는 것을 의미한다. 그 '역사 결정'은 단지 모든 것이 역사적으로 결정되었다는 **것**만을 지시하며, **어떻게** 그 '결정'이 이루어졌는가를 말하지 않는다. 왜냐하면 '결정'은 정확히 역사적 인과성에 따르는 것으로 이해되고, 역사는 복잡한 그물망으로, 상호 행동들의 무대로, 인과성들의 불안정한 전체로 이해되기 때문이다.

역사의 비밀은 인과성이고, 인과성의 비밀은 역사이다. 바로 그렇기 때문에 역사는 인과성들의 인과성이 되며, 이는 역사가 **결과들**의 끝없는 생산이지 결코 시작의 **타당성**이 아니라는 것을 의미한다. 그러나 역사에 대한 사유의 핵심을 구성하는 것은 정확히 역사의 시작과 개시에 대한, 또는 역사 안으로 입장入場한다는 사실에 대한 물음이다. 역사주의 일반은, 역사가 사실상 언제나 이미 시작되었고 계속될 뿐이라는 것을 **가정하는** 사유 방식이다. 역사주의는 역사를 사유되어야 할 것으로 생각하는 대신 단순히 역사를 가정한다. 이는 단선 논리에 따르든 다선 논리를 따르든, 간단하든 복잡하든, 목적론적이든 아니든 각각의 역사주의에서 사실이다. 아도르노가 쓰고 있듯이, "역사적인 것의 소금이 역사성에 빠져 있다".[3]

역사화시키는 사유 방식과 관련해, 우리는 거기서 모든 것이 역사에 속하지만 아무것도 역사적이지 않다고 말할 수 있을 것이다. 물론 나는 우리의 시대에 역사를 표상하고 사용하는 방법을 염두에 두고 있다. 나는 사회과학·인류학·생물학·물리학의 도움으로 역사적 인식을 대대적으로 개조해 내는 역사학자들에 의해 완성된 뛰어난 역사학적 작업을 비판하기를 원하지 않는다. 또한 나는 지워질 수 없는 진리를 지우고자 원하지 않는다. 말하자면 ─ '자연'을 포함해서 ─ 모든 것은 생성 가운데 있으며, 사실 역사적으로 발생하고, 언제나 변화와 생성 내에 기입되며, 그 기입의 수많은 표식들을 간직하고 있는 것이다. 사실 이는 또한 역사에 대한 사유의 조건인 것이다. 이는 역사에 대한 수많은 사유들의 역사가 그 자체로 결코 역사주의적일 수 없음을 말해 준다. 그 역사는 그 자체의 '역사성'에 대해 완전히 다른 위상을 기다리고 있을 것이다. 그러나 니체가 이미 말했던 대로, 역사가 더 방대하고 풍부한 지식이 되어 갈수록 우리는 더 적게 '역사'가 무엇을 말하는지 알게 될 것이다. 설사 역사 또한 이데올로기적 표상들과 그것들의 힘에 대항해 벌어지는 전투에서 하나의 탁월한 비판적·정치적 도구라 할지라도 말이다. 왜냐하면 그와 동시에 이 학문은 역사의 표상 ─ 그리고/또는 현시 ─ 자체와 관련해서 급진적 물음의 가능성을 제공하지 않기 때문이다. 바로 그렇기 때문에 역사라는 이 용어는 위험에 빠져 있거나, 의사 또는 후기 헤겔주의를 침묵 속에서 받아들이고 있거나, 사실들의 모음이라는 **역사**histoire의

---

3 *Dialectique négative*, 프랑스어판, p. 107.

그리스적 의미로 천천히 되돌아가고 있다.

만일 진리의 역사성이 적어도 우리의 시대의 성격을 특징짓는 가장 중요한 것들 가운데 하나라면, 이는 첫째로 그 '역사성'의 진리가 어떠한 역사적 또는 비역사적 사유에 의해서도 인도되거나 가늠될 수 없다는 것을 의미할 것이다. 진리의 '역사성'은 단순히 (우리가 흔히 이해하는 바대로) 진리를 규정하는 하나의 방법일 수 없을 것이다. 다시 말해 진리의 역사성이라는 개념 또는 그것에 대한 사유를 변형시키는 것이 관건이 된다 —— 바로 그렇기 때문에 그 변형은, '역사성' 자체가 진리에 대한 어떤 전前-역사적 사유 안에 붙들려 있는 한, 역사성 자체에 대한 개념이나 사유의 변형을 함의한다……

(세 번째 여담: 모든 것을 '역사 결정'이라는 법 아래에서 이해하는 방법, 그것은 진리의 역사성을 사유하는 방법과는 완전히 다른데, 그것은 적어도 1844년 이후로 "역사는 아무것도 할 수 없다"라고 썼던 맑스의, 맑스 자신의 방법이 아니었다. 말하자면 맑스는 역사를, 자신이 "인류에 대한 추상적 사유의 역사로서의 인류의 역사, 현실적 인간에게 속하지 않는 어떤 역사"[4]라고 불렀던 것으로, 즉 "그 가장 중요한 특성이 초-역사적인 데에 있는 전능의 역사적·철학적 이론[5]이라고 불렀던 것으로 이해했던 것이다.)

---

4 *La Sainte Famille*, Editions sociales, p. 116.
5 *Réponse à Mikhailovski*, R. N. F., Pléiade II, p. 1555.

(네 번째 여담: 동시 ─ 우리의 시대 ─ 에 우리는, 현실이 현실 자체를 읽을 기회를 주는 "문학적 대상"(헤이든 화이트*Hayden White*)과 분리될 수 없다는 사실을 의식하게 되었다. 이는 마치 우리가, 역사는 우리에게 신화의 근대적 형태라는 사실과, 동시에 어떤 '역사적 현실'이 시간의 무한하거나 무규정적인 전개로서 텍스트성과 주체성 배면에 남아 있다는 사실을 인정하게 된 것과 같다. 이렇게 두 가지 사이에서 우리는 유예되어 있을 것이다. 즉 우리의 표상 속에 붙들 수 없는 어떤 것이 진정으로 도래하거나, 역사적·허구적 이야기들이 생산되는 것 이외에 아무것도 전혀 도래하지 않을 것이다……)

3. 철학적으로 이해한다면 이는 역사가, 역사주의에 의해 띠게 된 단맛을 넘어서 주체 자체의 존재론적 구성이라는 것을 말한다. 주체성 ─ 그 본질과 그 구조 ─ 을 구성하는 고유한 방법은, '**생성' 속에서 자기 자신의 법**을 마련하고 자기 속에서 생성의 법과 도약을 마련하면서 자기 자신으로 생성하는 방법이다. 주체는, 스스로 자기 자신에게 자기 자신을 표상하면서(잘 알려져 있듯이, '표상[재현]représentation'의 본래적이고 고유한 의의는 '이차적 현시seconde présentation'가 아니라 '자기로의 현시'이다), 그 참된 형태 가운데, 그 진정한 **에이도스***eidos* 또는 관념 가운데 가시적으로 되면서 그 자신(그 고유의 본질)으로 생성하는 그것이다. 따라서 역사적 종말은, 역사가 자기의 **이념***Idée* 또는 이념 자체를 더 이상 표상하지도 드러내지도 못한다는 것을 의미한다. 하지만 형이상학적 역사가 이념의 가시성(또한 가시적 세계의 이념성)을 전개시키면서 다만 어떤 '내용들'을 전개

시킬 뿐만 아니라 또한 마찬가지로 스스로를 자신의 모든 내용의 '형식'과 '형식화'(사실은, 모든 '내용'의 형식화의 형식이라는 진정한 형식)로서 전개시키기 때문에, 역사가 이제 **역사의 이념**(어떠한 이념의 대역사도, 어떠한 역사의 대이념도)을 더 이상 현시시키지도 재현[표상]시키기도 못한다고 우리는 결론을 내린다. 그러한 의미에서, '비판적 사유'가 자신의 것이라고 요청하면서 비판적 사유 가운데 '역사철학'을 위한 자리가 없다고 선언하는 리오타르의 정식[6]을 이해해야 할 것이다. 역사철학을 위한 자리가 없다는 것, 정확히 그 사실이 철학이 지금 사유할 수 있는 것이 아닌가? 나는 이념 없는 **본질을 통해**per $essentiam$(결국 **본질 없는 본질을 통해**per $essentiam$ $sine$ $essentia$) 존재하고, 가시적이 될 수 없으며 역사주의적 관점에서라도 이념화 또는 정리화定理化될 수 없는 것으로 역사를 사유해야 한다는 것을 말하고 있다. 역사가 우리의 사유에 주어진 어떤 것이 아니다라고 말하는 것이 아니다. 역사의 역사성이 오늘날 우리로 하여금 정언적으로 '이념 바깥에서' 사유하도록 부추기고 있다는 것이다.

잠시 후에 그 점으로 다시 되돌아가 보고, 먼저 역사의 이념 ── 이념으로의 역사 자체, 역사가 드러내고 만들어 내는 이념 ── 은 인간성이 완성되고 현전하는 형태인, 인간성의 이념 또는 이념으로서의 인간성의 이념 이외에 아무것도 아니라는 사실을 되돌려 보자. 그렇지만 그것은 적어도 우리의 시대가 알고 있는 것이며, 현전하는 본

---

6 *L'Enthousiasme*, Galilée, p. 77.

질(그것이 무엇이든, 결국 '이념')의 완성을 통해 필연적으로 이념의 움직임과 생성과 생산으로서의 역사가 종말에 이른다. 완성된 역사는 더 이상 역사적이지 않다(또한 아마 완성된 역사는 더 이상 인간적이지 않을 것이다……). 바로 그렇기 때문에 데리다는 이렇게 썼던 것이다. "역사는 언제나, 역사를 축약résumption하는 움직임으로 사유되어 왔다"(또는, "역사라는 개념은 오직 의의의 가능성, 의의와 그것이 가진 진리의 지나가거나 현재하거나 약속된 현전에서만 생명을 얻어 왔다" ─ 이 언명에서 '현전'은 '축약'에 부합한다). 해소解消된 역사는 현전하는 역사이다. 다시 말해 그것은 주체성의 자기 자신에 대한 현전, **현재** 자체(과거의 현재, 미래의 현재, 현재의 현재)인, 주체로서의 시간인 시간의 본질의(로서의) 현전이다.

거기에 역사 내부에 존재하는 궁극적 모순이 있다. 역사 전개 한가운데에서의 변증법적 모순이 아니라, 변증법 너머 또는 그 이하의 (또는 그 한복판에서의) 모순, 운동 중인 역사와 해소된 역사 사이의, 자기 자신으로 향해 가는 과정에 있는 주체성과 자기에 대한 현전으로서의 주체성 사이의, 생성과 사건으로서의 역사와 의미·방향과 이념으로서의 역사 사이의 모순. (이는 무규정적이거나 영구적인 과정으로 여겨지는 역사라는 관점에서조차 타당하다. 왜냐하면 그 경우 주체성은 **실행** 자체로서 주체성 자체에 현전하거나, 같은 말이지만, 실상 주체는 언제나 자기 고유의 생성에 현전해 왔기 때문이다……) 그러한

---

7 *L'Écriture et la différence*, p. 425; *La Dissémination*, Seuil, p. 209. 이 주제는 『기하학의 기원 *L'Origine de la géométrie*』105쪽에서 이미 나타났다.

것이 역사의 '이중구속double bind'이다 —— 그것을 역사에 대한 모든 철학적 이론에서 밝혀내는 일은 간단하다.

역사가 이념 속에서(또한 그 자체 고유의 이념 속에서) 이미 해소 된 한에서, 말하자면 우리는 역사 바깥에 놓여 있다. 그러나, 그 해소 ('축약')가 그 자체로 최근 우리의 과거에서(또는 철학의 시작 이후에) 실제로 **도래했던** 한에서, 또한 우리가 이미 철학과 '역사적' 관계를 맺 고 있는 한에서 아마 우리는 어떤 또 다른 종류의 '역사'에, 그 개념의 어떤 또 다른 의미에, 또는 아마 역사의 어떤 또 다른 억사에 노출되 어 있다. 이렇게 썼던 사람은 다시 한번 바로 맑스이다. "세계사는 사 실 한 번도 존재한 적이 없다. 세계사라는 외양 아래에서, 역사는 하 나의 결과일 뿐이다" —— 또한 이러한 문장들이 몇몇 주석에 이어지 고 있다. "어떤 필연적인 전개과정이 있다. 그렇다 할지라도 이는 우 연을 정당화한다(다른 것들 가운데 또한 자유를 정당화하기)."[8] 그 두 가능성 사이에서, 역사 바깥에 놓여 있느냐, 또 다른 어떤 역사(그 역 사에 아마 '역사'라는 명칭이 어울리지 않을 것이다)에 들어가느냐라 는 두 가능성 사이에서 우리의 시대를 특징짓는 유예가 이루어지고 있다.

4. 그러나 '우리의 시대'는 무엇을 의미하는가? 무엇보다 먼저 '우리의 시대'는, 바로 시간의, 흘러가면서 사라져 가는 시간의 유예

---

8 *Introduction générale* ······ *de 1857*, Pléiade I, p. 265.

를 의미한다. 어떤 순수한 흐름은 '우리의 것'이 될 수 없을 것이다. '우리의 시간'에 이루어지고 있는 전유(매우 특수한 종류의 이 전유에 대해 이후에 물어야 할 것이다)는 부동화不動化 같은 어떤 것을 가리킨다 ── 또는 더 나아가 시간의 어떤 것이 시간을 멈추게 하지 않은 채, 시간이기를 멈추지 않은 채, **시간성으로서의** 어떤 시간성이 어떤 공간으로, 즉 고유성의 매우 기이하고 불가사의한 양태에 따라 우리에게 하나의 영역으로 남는 어떤 장으로 변한다는 사실을 의미한다. 그 사실은 우리가 그 시간을 지배한다는 것이 아니다(사실 우리는 얼마나 미미하게 그 시간을 지배하는가!). 그 사실은, 시간이 마치 ── **시대**, 그리스어로 '유예'를 의미하는 **에포케***épochè* 이외에 아무것도 아닌 ── 유예의 그 공간성 또는 그 '장소성spaciosité'처럼 우리에게 현시된다는 것 그 이상이다.

공간의 고유한 작용은 어떠한 것인가? 하이데거가 쓴 대로,[9] "공간은 공간화한다das Raum räumt". 시대 속에서, 시대에 의해 무엇이 공간화하는가? 이미 공간화된, 공간의 점들이 아니라, 언제나 도래하고 언제나 사라져 가는 시간의 **현재들** 이외에 아무것도 아닌, 시간성의 점들이 공간화한다. 그 공간화(그것은 그 자체로 어떤 시간적 작용이며, 여기서 공간과 시간은 서로 얽혀 있으며, 시간-공간에 대한 철학적 모델들 중 하나를 따라서 더 이상 사유될 수 없다) ── 그 공간화는 시간의 연속적인 현재에 따라 시간을 공간화하면서 시간 자체를 공간

---

9 *Art et Espace*.

화한다. 이는 어떤 것이 **도래한다**는 것을 말한다. 도래한다는 것은 흐른다는 것도, 현전한다는 것도 아니다. 도래는 현재와 현재 사이에서, 흐름과 흐름 사이에서 도래한다. 연속적인 흐름 속에서, 모든 순수한 현재 속에서(양자는 결국 같은 것인데, 우리가 "시간 속에서, 시간 자체를 제외한 모든 것은 지나간다"는 칸트 말을 되돌려 본다면 그렇다) 아무것도 도래할 수 없다. 바로 그렇기 때문에 역사성 자체가 시간으로 여겨진, 시간 내부에서의 연속과 인과성으로 여겨진 역사 속에서 해소되는 것이다. 아무것도 **자리 잡을** 수 없는데, 왜냐하면 시간의 현재들 사이에서도, 시간과 시간 사이에서도 어떠한 장소도(어떠한 장소성도) 없기 때문이다. '시간에서 시간으로' 넘어가는 데에 어떠한 장소도 없다(마찬가지로 어떠한 시간도 없다고 말할 수 있다······). 도래는, 어떤 것이 자리 잡는, 시간의 공간화를 제공한다는 것을, 시간 자체를 **연다**는 것을 의미한다. 오늘날 바로 역사의 해소가 우리에게 역사적 사건으로, 역사 속에 **현실적**으로 놓여 있는 우리의 방법으로 발생하는 것이다······.

그러나 어떻게 그것이 발생하는가? **우리의 것**이 됨으로써. **우리의 시대**라고 말할 수 있는 가능성, 또한 그 언명이 의의를 만들어 낼(그 언명이 그렇게 한다면) 가능성이 '우리'와 '시대' 사이의 상호성에 따라 주어지는 것이다. **우리**로 하여금 수위首位를 차지하게 하고 어떤 시간을 소유하게 만드는 집단적 고유성이 관건이 되지 않는다. 반대로 시간이 공간화됨으로써 우리에게 '우리'로서 존재할 수 있는 가능성을, 적어도 '우리'와 '우리의'라고 말할 수 있는 가능성을 준다. '우리'라고 말하기 위해 우리는 공동의 시간의 공간 내에 존재해야만 한다 —— 설사 우리가 마치 인류 전체를 포함하는 '우리'에 대해 말하듯이 '우리'라고 말한다 하더라도 말이다. 그러한 언명에 따르면, 공동의 시간의 공간은 수백만 년이나 되었다(그러한 언명을 드물게만 내놓을 수 있다는 것은 우연이 아닌데, 수백만 년이나 된 공동체라는 것은 그리 확실하지 않다⋯⋯). "우리의 시대는 더 이상 '역사'의 시대가 아니다"라는 또 다른 언명과 관련해 본다면, 공동의 시간의 공간은 약 30년에서 50년 되었다. 그러나 물론 연대기적 시간의 문제가 관건인 것은 아니다. 다만 언젠가 그것이 존재할 수 —— 또는 그것이 도래할 수 —— 있을 뿐이다. 그것은 단 하루의 어떤 역사일 수도 있다. 어떤 **유한한** 역사 —— 그리고 아마 다른 역사는 없을 것이다. 그것은 '우리'라고 말할 수 있는 가능성 —— 즉 **공동 내에** 존재하고, 우리를 공동체로서 현시하고 재현[표상]할 수 있는 가능성 —— 을 '우리'에게 주는 시간의 공간에 대한, 공간화하는 시간 그리고/또는 공간화된 시간에 대한 물음이다. 시간의 같은 공간을 분유하거나 거기에 참여하는 어떤 공동체, 왜냐하면 공동체 그 자체가 바로 그 공간이기 때문이다.

역사를 **공동의** 어떤 것으로 결정한다는 것, 또는 역사를 공동체의 시간 —— 그 시간 동안 어떤 것이 공동체에 존재하거나, 그 시간 동안 공동체 자체가 도래한다 —— 으로 결정한다는 것은 어떠한 점에서도 새로운 것이 아니다. 시작부터, 역사의 시작이라는 역사적 시간부터 사실상의 역사는 공동체에 속해 왔으며, 공동체는 역사에 속해 왔다. 단수적 한 개인이나 단순한 한 가족은 공동체에 속할 경우에만 역사적이 된다. 이는 또한 정치적인 것이 (다만 개체적이거나 개별적인 욕구들과 힘들의 사회적 게임이 아니라) 공동-내-존재 그 자체의 구성·통치와 재현·표상을 의미한다면(**우리의 이야기** 전반이 그 경우였다), 역사가 정치적인 것에 속한다는 사실을 말한다. 역사의 '공동체적' 측면 또는 역사의 '공산주의적' 측면(그것은 아마 다른 측면들 가운데 하나가 아닐 것이다)은, 우리가 역사의 역사로서의 **우리의 역사** 내에서 발견할 수 있는 유일한 지속적인 것이다. 이를 역사의 종말의 시기에서조차 우리는 알아볼 수 있고 알아보아야만 한다. 왜냐하면 그 시기는 **우리의 시대**이기 때문이다.

우리가 역사의 종말에 참여하고 있기 때문에, 그 주제와 관련해 우리가 교환하거나 논의할 어떤 것을 갖고 있기 때문에 우리가 우리 자신에게, 필요하다면 일종의 공동체 내에 주어진 것이다. 그것이 적어도 우리에게 아마 정확하게 역사의 한 신호는 아니지만, 어떤 '역사'와 더불어 어떤 '우리'를 향한, 기호도 이념도 배제된 열림이다.

어떻게 우리가 새로운 방법으로 역사를 사유할 수 있는가, 또는, '역사'를 단지 그 철학적·역사적 의미 속에서만 이해한다면, 어떻게 우리는 '역사를 거쳐 넘어서' 어떤 것을 사유할 수 있는가? 어떻게 공동체를 가로질러 그것을 할 수 있는가?

(다섯 번째 여담: 우리의 담론의 많은 다른 개념들과 마찬가지로 역사가 아마 그 철학적·역사적 의의 이외에 다른 의의를 갖고 있지 않다는 사실은 서로 다른 두 가지를 의미한다. 먼저 그 사실은, '역사'의 모든 다수의 의의들이 시대로서의 역사 자체 **내부**에서 완성되고 종결되었다는 것을 의미한다. 정확히 그 시대는 의의 그 자체 또는 의미 그 자체가, 즉 현전하는 이념성과, 한 '기표'의 '기의'의 관념화되거나 '형상적形相

的*eidétique*'인 현전이 완성되고 종결되는 시대이다. '역사'가 최후의 '영원한' 의미와 더불어 또는 그것을 배제하고 인간의 시간의(시간적 인간의, 또한 인간적 시간성의) 의미나 의미 가능성을 의미하는 한에서, 역사는 그 의의 내에서(의의의 기호학적·철학적 의의 내에서) 절대적으로 종결된다. 그러나 이는 마찬가지로, 두 번째 관점에서, '역사'의 의의 또는 의미로서의 ── 의미 자체의 전개과정으로서의 ── '역사'가 도래했다는 것과, 의의가 다만 우리의 역사 한가운데에 도래했을 뿐만 아니라 또한 우리의 역사로서 도래했다는 것을 의미한다. 이는 마찬가지로 스스로를 역사적으로 사유하는 사유로서의 서양적 사유(또는 서양적 공동체)가 도래했다는 것과, '역사'가 정의상 그 도래를 그 자체로 사유하기에 더 이상 적합하지 않다는 것을 말한다. 그렇지만 이는 의의가 도래와 아무 관련이 없다는 것을 말하지 않으며, 오히려 그 반대이다. 의의가 의미와는 다르며 단지 의미나 비-의미와 같은 어떤 것을 가능하게 만드는 요소로 받아들이는 것이 가능하다면, 의의는 우리의 실존적/선험적 조건이다. 말하자면 실존이 그 자체로 선험적인 것이라는 조건, 단순하고 직접적으로 우리가 어떠한 존재인지를 규정하지 않는 조건이다 ── 그렇게 받아들여진 의의는 어떤 도래의 의의도 아니고 어떠한 역사적 전개과정의 의의도 아니다. 의의는 도래하는 것의 의미가 아니라 어떤 것이 도래한다는 사실 자체의 의의이다. 그것은 그 내부에서 우리가 실존해야 하는 의의이다. 설사 우리가 우리 스스로를 무의미로 생각하고, 설사 우리가 (우리의 역사 전체를 가로질러 주기적으로 그렇게 하듯이) 역사를 부조리로 변형시켜 놓는다 하더라도 말이다. 의의는 아마 그 자체로 도래이거나, 역사가 그 자체의 의미 내에서 해소된다는 사실 그 너머 그리고/또는 그 이하에서 도래 내에 언제나 도래하는 그것이다.)

5. 이제 공동체로 돌아와 보자. 우리는 이 개념에 대한 짧은 분석을 거쳐 역사로 되돌아갈 것이다. 그 분석이 짧아야 하는 만큼, 나는 그 주제와 관련해 다른 곳에서 전개했던 논의를 요약하고자 한다.

공동체란 무엇인가? 공동체는 개인성 자체의 형성 이후에 구성된, 개인들의 집합이 아닌데, 왜냐하면 개인성은 그 자체로 오직 그러한 집합 내부에서만 나타날 수 있기 때문이다. 이를 여러 다른 방법으로 생각할 수 있다. 예를 들어 헤겔에게서, 자기의식은 타인의 자기에 의해 주체가 하나의 자기로 인정될 경우에만 그 자체가 된다. 주체는 인정을 욕망하며, 그 욕망 가운데, 이미 그 자신으로서의 주체가 아니다. 달리 말해 '나'의 의의는, 그 고유한 의의를 갖기 위해, 다른 모든 의미와 마찬가지로, 의미를 갖게 된 사물의 현전 바깥에서 반복될 수 있어야만 한다. 이는 오직 한 다른 개인의 '나' 또는 그가 나에게 알려 주는 '너'를 통해서만 가능하다. 각각의 경우 '나'는 '나'의 그러한 대치代置와 '나'를 알려 주는 그러한 소통 이전에 존재하지 않는다. 개인성이 공동체와 소통을 구성한다기보다는(아마 개인성은 결국 공동체의 어떤 한계에 불과할 것이다) 공동체와 소통이 개인성을 구성한다. 그러나 공동체는 더 이상 모든 개인들의 어떤 본질, 그들 이전에 주어질 수 있는 어떤 본질이 아니다. 왜냐하면 공동체는 오직 소통을 가로질러서만 그 자체로 존재하는 분리된 '단수적 존재들'의 소통 그 이외에 아무것도 아니기 때문이다.

따라서 공동체는 추상적이거나 비물질적인 관계도 아니고 어떤 공유된 실체도 아니다. 그것은 **어떤** 공유된 **존재**가 아니며, 그것은 공동 **내** 존재, 또는 서로 **함께** 있음, 또는 **더불어** 있음이다. **더불어**는 단수적 존재의 내부에도, 외부에도 있지 않은 어떤 것을 의미한다. 존재론적인 더불어라는 것은 실체적인 구성뿐만 아니라 또한 모든 종류의 (논리적·기계적·감각적·지성적·신비적 등등) 관계와도 다르다. '더불어라는 것'(그리고 '우리'라고 말할 수 있는 가능성)은, 내부가 공유된 '내부'를 형성하지 않은 채 내부로서 외부가 되는 곳에서 발생한다. '더불어라는 것'은 어떠한 본질도 전혀 갖지 않는 방법에 속한다. 그것은 어떠한 본질도 없는 **실존**이지만, 실존으로서만 그 유일한 본질이 된다(그 본질은 더 이상 하나의 본질이 아닌데, 그 사실에, 토대라는 말을 쓸 수 있다면, 하이데거의 **현존재**의 토대가 되는 주요 사상이 있다). 실존한다는 것은 단순히 '존재한다는 것'을 의미하지 않는다. 반대로 실존한다는 것은 직접적인 현전 내에, 또는 존재자의 내재성 속에 존재하지 **않는다는 것**을 의미한다. 실존한다는 것, 그것은 내재적으로 존재하지 않는다는 것, 또는 자기 자신에게 현전하지 않는다는 것, 또한 **홀로** 현전하지 않는다는 것이다. 따라서 실존한다는 것은 '자기 자신'을 하나의 '타자성'으로 여기는 데에 있으며, 그에 따라 어떠한 본질을 통해서도, 어떠한 주체, 어떠한 장소를 통해서도 **자기 내의** 그 타자성을 타자의 고유한 자기로, 또는 어떤 '대타자grand Autre'로, 또는 어떤 공유된 존재(삶 또는 실체)로 현전하게 하지 못하도록 한다는 것이다. 그러나 실존의 타자성은 '더불어 있음'으로서만 도래한다.

그에 따라 맑스는 이렇게 쓴다. "사회를 하나의 단일한 주체로 생각한다는 것은 오류이다. 그것은 하나의 사변적 관점이다."[10] 공동체는 **타자들**의 공동체이며, 이는 여러 개인들이 그들의 차이들을 넘어선 어떤 공동의 본성을 갖고 있다는 것을 말하지 않으며, 그들이 단지 자신들의 타자성에 참여하고 있다는 것을 말한다. 매번 타자성은, 하나의 타자로서만 '나 자신'인 각각의 '나 자신'의 타자성이다. 타자성은 공동의 실체가 아니며, 반대로 각각의 '자기'의 비-실체성, 또한 각각의 '자기'의 타자들**과의** 관계의 비-실체성이다. 모든 '자기'들은 그들의 타자성을 통해 관계 내에 있다. 이는 그들이 ── 관계를 결정짓는 어떠한 방법으로도 ── 관계 내에 있지 않으며, **더불어** 있다는 것을 의미한다. 더불어-있음이 타자성이다.

따라서 더불어 있음 또는 공동 **내** 존재는 실존의 존재 자체의 고유한 양태, 공유된 존재 자체가 위태롭게 되고 존재 자체가 위험 속에 놓이거나 외존되는 양태이다. 다만 내가 '우리'라고 말할 경우에만 나는 '나'이다(나는 실존한다). (이는 마찬가지로 데카르트적 **에고**에서도 타당한데, 그 에고의 확실성은 데카르트 자신에게도 어떤 공유된 확실성, 가장 공유된 확실성이며, 우리는 다만 그 에고를 매 순간 하나의 타자로 분유하는 것이다……) 이는 내가 타자들의 실존과, 다른 실존들과 또한 실존의 타자성과 관계-내에-(없이) 있는 한에서 실존한다는 것을 말한다. 실존의 타자성은 자기에 대한 비-현전 가운데 있다. 그 사실이 탄생에서부터 죽음까지 발생한다. 우리는 우리의 유한성을

---

10 Marx, 앞의 책, p. 247.

노출시키거나 우리를 유한성에 노출시키는[11] 탄생과 죽음을 통해 ─ 각자가 타자에 대해[대타적으로], 또한 각자가 대자적으로[자기에 대해] ─ **타자들**이다. **유한성**은, 우리가 ─ 보편적이고 연속적인 어떤 커다란 존재 한가운데 있는 단명하는 작은 존재들처럼 ─ 무한하지 않다는 것을 의미하지 않으며, 우리가 **무한히** 유한하며, 비-본질로서의 우리의 실존에 무한히 외존되어 있고, 우리 고유의 '존재'의 타자성에 무한히 외존되어 있다(또는 존재는 우리 안에서 존재 고유의 타자성에 외존되어 있다)는 것을 의미한다. 우리는 시작하지도 끝내지도 못한 채, 즉 **우리의 것**일 하나의 시작과 하나의 끝을 소유하지 못한 채, 단지 그것들을 타자들을 거쳐, 타자들처럼 소유하면서(또는 하나의 시작과 하나의 끝이면서) 시작하고 끝낸다. 나의 시작과 나의 끝은 정확히 내가 나의 것으로 소유할 수 없는 것, 어느 누구도 자신의 것으로 소유할 수 없는 것이다.

　그 결과: 도래한다는 것이 타자성으로서의 시간(시간이 시간의 각 순간에서의 급진적인 타자성이 아니라면 도대체 무엇인가?) 속에 타자로서 자리 잡는 것이라면, 우리는 도래한다. 우리는 하나의 **존재**가 아니라 하나의 **도래**이다(또는 존재는 우리 안에서 도래하게 된다). 실존의 '본질적' 타자성의 도래가 **우리**로서 우리에게 주어진다. 이는 (타자성의 실존이라기보다는) 실존의 타자성 이외에 다른 아무것도 아니다. 그 '우리'는, 주체성이 유한하다면(그러나 그 자체는 무한하

---

11 Heidegger, *Être et temps*. 또한 Derrida, *L'Écriture et la différence*, Seuil, p. 169; Christopher Fynsk, *Heidegger ─ Pensée et historicité*, Cornell University Press, 1986, p. 47 참조.

다), 주체로서의 유한성 이외에 아무것도 아니다. 거기에 그 '우리'가 기이한 주체인 이유가 있다. 누군가 '우리'라고 말할 때 누가 말하는 가? 우리는 존재하지 않고 ─ 그 '우리'는 존재하지 않고 ─, 다만 우리는 도래하며, 그 '우리'가 도래하고, 도래하는 각각의 개인은, 우리의 공동체인 이 도래의 공동체를 거쳐서만 도래한다. 공동체는 유한한 공동체, 즉 타자성의, 도래의 공동체이다. 바로 거기에 역사가 있다. 따라서 하이데거는 이렇게 쓴다. "이 경우 역사Geschichte는 그 본질적인 무게를 지나가 버린 것에도, 또 오늘날에도, 오늘날과 지나가 버린 것과의 '연관'에도 가지고 있지 않고, 현존재의 미래로부터 발원하는 실존의 본래적인 도래Geschehen에 가지고 있다."[12]

따라서 공동체는 영속적으로 흐르는 시간 한가운데에서(또는, **주체**subject라는 말이 그러한 것처럼, 그 아래에서) 영속적으로 변하는 주체(또는 그 시간을 주체 또는 주체성으로 갖는 주체, 거기에 모든 역사주의의 형이상학적 도래가 있다 ─ 그것을 어느 정도까지는 하이데거와 관련해서도 말할 수 있다)가 아니며, 그러한 점에서 역사적이지 않다. 그러나 역사가 공동체, 즉 ─ '우리'의 공간화인, 시간의 어떤 공간화로서의 ─ 시간적 공간의 도래이다. 그 공간화를 통해 공간이 공동체에 주어지며, 여기서 공간은 공동체를 공동체(자체)에 노출시키는 그것이다. 바로 거기에, 역사가 결코 개인적인 역사들의 합이 아니라, 실존 고유의 양태인 공동 실존 고유의 단수적 양태로서 사유되

---

12 *Être et Temps*, §74.

어 왔다는 매우 단순하고 명백한 사실의 이유가 있다.[13]

우리는 '역사'라는 단어의 '최소한의 의의' 또는 그 '누클레우스 세만티쿠스nucleus semanticus[의미의 핵]'는 사건들의 연속이 아니라 사건들이 갖는 공동의 차원에 있다고 말할 수 있을 것이다. 즉 그것은, 도래하는 한에서 그 자체가 되는 '공동이라는 것'에 있으며, 이는 정확히 공동이라는 '그것'이 실체나 주체로 주어지지 않으며 다만 '역사적'으로 도래한다는 것을 말한다.

6. 그러한 의미에서, 역사는 유한한 역사이다. 정확하게 그것은 완성된 역사의 반대를 의미한다. 완성된 역사는 그 시작에서부터 시간의 전개과정을 가로지르는(또는 시간의 전개과정으로서의) 존재의 현시였다. 즉 그것은 '역사의 해소'이다. 그것은 시작에서부터 그 종말과 관계했고 그 종말을 (어떤 파국 또는 어떤 절정으로, 또는 어떤 무한한 집적 또는 어떤 급작스러운 변형으로) 현전시켜 왔다. 유한한 역사는 실존의 시간의 도래 또는 시간으로서의 실존의 도래이다. 그 역사가 시간을 공간화하고 시간의 현전과 현재를 공간화하는 것이다. 다시 말해 그것은 그 자체 내에, 다른 곳에서도(왜냐하면 다른 어떠한 곳도 없기 때문이다) 본질을 갖고 있지 않다. 그에 따라 그것은 '본질적으로' 고유의 **유한한 도래 자체에 노출되고, 거기에 무한히 노출되는 것이다.**

---

13 같은 책, §84와 그에 대한 리쾨르(『시간과 이야기*Temps et récit*』, 3권)의 주석.

유한한 역사는 공동 실존으로서의 실존을 지지하는 장소이다. 왜냐하면 그것은 '타자성이 갖고 있는 더불어 있음'이기 때문이다. 이는 또한 그것이 실존의 자유와 결단을 지지하는 장소라는 것을 의미한다.

(여섯 번째 여담: 나는 그 "실존의 자유와 결단"이 함의하는 바에 대해 여기서 상세히 논할 수 없다. 그것을, 역사에 대해 자유로운 어떤 주체—사실은 역사적 결정들에 대해 자유로운 어떤 주체—나 헤겔이 (어느 정도는) 생각했고 슈펭글러*Spengler*와 토인비*Toynbee*가 보다 단순한 형태 내에서 바라봤던 주체로서의 역사 자체를 함의하는 주체적 자유라는 의미에서 받아들이지 말아야 할 것이다. 분명 자유는 실존의 도래와 외존 고유의 특성으로 이해되어야 한다. 자유는 단순히 인과성과 운명으로부터 벗어나는 방법이 아니라, 그것들을 고려하게 되고 도래로서의 역사로 향하는 방법이다. 이는 어떤 '메타-역사적' 인과성이나 필연성을 의미하지 않는다. 이는 먼저 자유가 다만 우리를 '인과성'이나 '운명', '필연성'이나 '결단'과 같은 어떤 것으로 열리게 한다—또는 '존재' 자체를 열리게 한다—는 것을 의미한다. 이는 우리가 (그 역사가 하나의 우연이거나 하나의 전개과정인 존재들이 아니라) 전적으로 역사적인 존재들이라는 것을 말하며, 나아가 이는 역사가 실존 고유의 외존이라는 것을, 우리가 인과성과/이나 우연으로서, 전개과정과/이나 도래로서, 필연성과/이나 자유로서, 순간성과/이나 영원성으로서, 단일성과/이나 다수성 등등으로서 사유하고 살아가도록 방향 지어졌다(바로 그것이 '자유'이다)는 것을 의미한다.)

실존 자체가 유한한, 따라서 공동인 한에서, 역사는 실존의 현시 또는 실존이 현전 내에 들어오는 것이다 ──이는 다시 한번 역사가 어떠한 본질도 갖고 있지 않지만, '본질'적으로 도래(또는 보다 정확히, 어떤 것이 도래하든 하지 않든, 가능성의 도래)라는 것을 말한다. 공동체는 공유된 도래를 의미하지 않으며, 도래 자체, 공동체의 역사(**역사**의 **도래**le *Geschehen de la Geschichte*)를 의미한다. 공동체는, 타자성에서 비롯된 더불어-있음으로서 도래하는 '우리'이다. 설사 내가 공동체 안에서 특별하거나 중요한 역할을 맡고 있지 못하더라도, 나는 오직 공동체 한가운데에서 공동체로 외존되는 한에서만 단수적 존재로서 단수적 역사를 갖는다(즉 나는 실존한다). '우리' 안의 '나'와 '우리'로서의 '우리'는 역사적으로 **존재하는데**, 왜냐하면 우리는 마치 우리의 본질에 속하듯이 **존재 자체의 유한성**인 그 도래에 속하기 때문이다. 존재 자체가 유한하다는 사실은, 존재가 실체도 주체도 아니지만 실존 **안에** 그리고 실존**에 봉헌**奉獻**된다**는 것을 말한다. 존재는 실존에 봉헌된 것이다 ── 존재는 도래한다는(봉헌된다는) 봉헌 고유의 특성을 갖고 있다. 바로 이를 우리의 역사적 공산주의라고 부를 수 있는 것이다. 즉 **우리**로서 **우리**에게 도래하기.

따라서 유일한 역사는 어떠한 완성도, 주체에 대한 어떠한 표상도, 정신도, 인간도, 자유도, 필연성도, 하나의 이념도, 하나의 타자도, 시간의 이념과 역사 자체의 이념일 타자성의 이념조차도 가져다주지 않는다. 말하자면 타자성은 어떠한 이념도 갖지 않고 있지만 다만 ── 더불어-있음으로서 ── 도래한다.

(일곱 번째 여담: 거기에 헤겔의 역사철학 또는 역사로서의 헤겔의 철학을 다시 읽는 전략 지점이 있을 것이다. 왜냐하면, 역사가 정신이나 이성의 역사라면, 이는 "이성은 역사적 실존에 내재적이며, 그 실존 안에서, 그리고 그 실존을 거쳐 완성된다"[14]라고 헤겔이 썼던 의미에서 그렇기 때문이다. 이는 이성이 역사적 실존이 아니라면 아무것도 아니며, '이성'이 역사적 실존의 사건이 된다는 것을 의미한다(그 점에서 변증법은, 수잔 게아르하르트*Suzanne Gearhardt*가 말하듯이, "그 자체에 반해 작동하는 것으로 여겨질 수 있다"[15]). 그러한 의미에서 이성이 역사의 주체의 본질이라기보다는, 역사가 이성의 유일한 실존일 것이다. 바로 그렇기 때문에 그러한 이성의 합리성을 일반적인 '헤겔적' 방법과 완전히 다른 방법으로, 아마 도래 자체의 '합리성'과 이성의 도래로 이해해야만 할 것이다. 이렇게 헤겔을 다시 읽는 것은 역사에 대한 철학적 담론 일반을 다시 읽는 것이 될 것이다. 그 원리 또는 도식은, 동일성 자체의 동일화 과정이라는 정신의(또는 인간, 인간성 등의) 동일성의 전개과정인 철학적 역사가 언제나 동시에 동일성의 무한한 차이와 차이화였다는 데에 있다.)

유한한 역사: 우리가 다만 '역사'를 자체-해소되지 않도록 보존한다면, 이제 유한성과 역사가 같은 것이라는 사실, 그리고 '유한한 역사'라는 것은 하나의 동어반복이라는 사실이 명백해질 수밖에 없을 것이다. ('역사'가 보존되어야 할 합당한 단어라고 동의한다고 본다

---

14 *Philosophie de l'Histoire*, 서론, 프랑스어판, p. 32.
15 *Le Moment critique de (la philosophie de) l'Histoire*, 미출간.

면⋯⋯) 유한한 역사, 또는 역사로서의 역사, 역사성 안에서의 역사는 어떤 완성의 현시도, 어떤 본질의 현시도 — 역사 고유의 전개과정이나 흐름의 현시도 — 아니다. 그것은('실존'이라는 개념과 '실존'에 대한 담론과 마찬가지로, 의문에 부쳐지는 한 그 자체로 철학의 일부분이며, 어떤 역사적 사건, 시대로 드러나는 역사의 도래인) 실존의 비–본질의 현시이다.

실존인 동시에 공동체이며 결코 그 자체에 현전하지 않는 유한한 역사는 실존의 현시이다. 우리가 '그들, 그리스인들', '그들, 교부들 les Pères Fondateurs' 또는 '그들, 1917년 러시아 노농평의회의 의원들'과 같은 역사적 '그들'을 언명할 때, 우리가 그 '그들'을 언명할 때, 이는 원래 역사를 쓰는 것인데, 우리는 그들 대신, '그들'에게 속하기도 하고 속하지 않기도 하는 '우리'를 말하고 있는 것이다. 왜냐하면 바로 그들의 역사상의 역사적 공동체는 역사를 통해서만, '그들'이 이제 더 이상 현전하지 않을 때 '그들'이라고 말하는 **우리**의 방식을 통해서만 나타나기 때문이다. 설사 그리스인들이 '우리, 그리스인들'이라고 말했었을 때조차, '그리스인들'의 어떤 것이 이미 지나가 버렸고, 시간의 새로운 공간화를 통해 '그리스적 공동체'가 그 고유의 미래로 열렸다. 역사적 실존은 언제나 현전 바깥의 실존이다. 역사가가 쓰는 '그들'은, 그렇게 그가 연관시키는 '우리'가 결코 그 자체로 현전하지 않고 현전하지 않았다는 사실을 보여 준다. '우리'는 언제나 미래로부터만 오는 것이다. 우리가 스스로를 역사의 종말이라는 시간의 공간에서의 공동체라고 생각할 때, '우리의' '우리'도 마찬가지이다.

도래 속에 있는 역사는 우리가 한 번도 현전할 수 없는 역사이며,

그 사실에 우리의 실존과 우리의 '우리'가 있다. 우리의 '우리'는, 하나의 현전이 전혀 아니며 다만 도래 그 자체인 비-현전에 의해 구성된다. 역사를 쓴다는 것 ─ 이는 언제나(우리가, 우리 자신이 '현재에' 역사를 **만든다**고 생각하고 말할 때조차, 우리가 역사적 열림 가운데 놓여 있다고 생각할 때에도, 그렇게 말할 때에도, 우리는 역사를 **쓴다는 것**에 대해 말하는 것이다) 역사가 전개되는 방법이다 ─ 은 과거 또는 현재의 어떤 현전을 표상하는 데에 있지 않다. 실존의 타자성을 그 고유의 현재와 그 고유의 현전에 흔적으로 그리는 것이 관건이 된다. 바로 그렇기 때문에, 글쓰기가 흔적의 차이를 가로지르는, 차이의 윤곽이라면, 역사는 본질적으로 **글쓰기**이다. 베르너 하마허가 말하듯이, 역사를 쓴다는 것은 역사적 사건의 현전에 '작별을 고하는 것Un adieu'이다. 독일어로는, "봐스 게쉬히트 이스트 압쉬히트Was geschiet ist Abschied"(도래한 것은 고해진 작별 그리고/또는 결별이며, 그것이 '압쉬히트Abschied'[16]의 문자적 의미이다). 역사 안에, 그리고 역사에 현전한다는 것(판단을 표명하는 것, 결정을 내리는 것, 미래를 위해 선택하는 것)은 결코 역사적인 자기 자신에 현전한다는 것이 아니다. 그것은, 시간 자체의 공간화를 통해, 공동체의 역사의 가능성을 여는 그 공간화를 통해 공간화된다는 것 ─ 써진다는 것 ─ 이다. 그 사실은 언제나 미래로부터 온다. 그러나 그 '미래'는 이제 더 이상 표상을 거쳐 우리에게 오는 어떤 현전하는 미래가 아니다. '미래'는 시간의 공

---

16 "Uber einige Unterschiede zwischen der Geschichte literarischer und der Geschichte phänomenaler Ereignissen", *Akten der 7e Internationalen Germanisten Kongress*, Göttingen, 1985, Bd. XI.

간화를, 시간 **안에** 있지 않으며 시간 자체**의** 차이인 차이 — 시간 자체를 지연시키는 공간, 자체의 실존 안에 있는 공동체의 공간인 공간 — 를 의미한다.

7. 만일 시간을 연속과 영속적 흐름으로 이해한다면(시간 자체에 대한 다른 방식의 이해는 없다), 역사는 시간에 속하지 않게 된다. 또는 역사는 시간에 대한 전혀 다른 어떤 사유 — 시간의 공간화하는 힘과 시간의 공간화에 대한 사유 — 를 요구할 것이다. (또한 같은 이유로, 인과성이 인과적 계열들의 단일성으로 여겨지든, 또는 다양성으로 여겨지든, 역사는 인과성에 속하지 않게 된다 — 설사 인과성이 주어지는 것이 아니라 다만 하나의 이념으로 표상된다 하더라도 말이다.[17]) 왜냐하면 영속적으로 변하는 시간들의 연속성(칸트에 의하면, 실체로서의 시간)은 사실 하나의 자기 표상으로 주어지지 않으며, 자기 자신에게 현전하는 현전이기 때문이다. 그러나 역사는 현전-내로의-도래, **도래**로서의 도래('미래의' 도래), 즉 비-현전으로서의 도래이다. 역사는 어떤 생성의 영속성이 아니다. 역사는 — 생성이 아니라 도래인 역사를 제외하면 — 아무것으로도 생성하지 않는다. 역사는 시간의 현재에, 현전의 시간들(과거가 된 현재, 현재하는 현재, 미래의 현재)에 속하지 않는다. 역사는 기억에 속하지도 않는다. 기억은 과거의 현시(또는 재현·표상)이다. 그것은 **살아 있는** 과거이다. 기

---

17 그렇게 리오타르는 밝혔다. Lyotard, 앞의 책, pp. 45~46.

억이 끝나는 곳에서 역사가 시작된다. **표상·재현이 끝나는 곳에서 역사가 시작된다.** 결코 기억하는 작업은 아닌 —— 역사가의 작업은 많은 의미에서 표상·재현의 작업이지만, 역사 자체인 표상·재현될 수 없는 어떤 것과 관계하고 있다. 역사는, 표상·재현들 배면에 감추어진 어떤 현전이 있다는 의미에서가 아니라, 그 자체 도래로서의, 현전 내로의 **도래**이기 때문에 비표상적·비재현적이다. 도래한다는 것은 무엇을 의미하는가? 현전과 부재를 거쳐 넘어서 도래한다는 것이 독특하게 구성된다는 것은 어떠한 것인가? 이는 역사보나도 더 명료한 것일 수밖에 없는 역사로의 접근에 대한 물음이다.

한나 아렌트가 자신의 시론『역사의 개념*le Concept d'histoire*』에서 강조하듯이, 단지 역사에 대한 근대적 사유만이 시간적 연속으로서의 시간에 우선권을 주었다. 우리는 인과성 개념이 그러한 사유 방법에 함의되어 있다고 덧붙일 수 있을 것이다. 인과성은 도래 그 자체 —— 한 다른 사건의 뒤를 잇는 사건이 아닌, **도래가 도래하는 한에서의** 도래, 도래가 오는 한에서의 도래 —— 를 용인할 수 없다. 시간성과 인과성은 도래와 관계가 없다. 그것들은 여전히 어떤 실체들이나 주체들의 변화인 변화와만 관계가 있을 뿐이고, 실체 또는 주체가 주체 자체 내에로 도래하는 것(탄생 또는 죽음)과 관계가 없다(이를 칸트가 인과성과 관련해 말하고 있다). 다시 말해 시간성과 인과성은 **자연**에 속해 있고, 그러한 의미에서 역사는 자연적 전개과정이며, 인류는 (설사 '자연'이 전개과정 자체로 여겨진다 하더라도) 스스로를 전개해 나가는 자연처럼 진보하는 것이다.

연속의 시간은 시간의 자기-연속이다. 그것은, 칸트의 용어 내에서 말하자면, 현상들의 연속이고 연속의 현상인데, 그러나 그것은 현상화phénoménalisation 자체의 도래가 아니다. 그것은 어떤 것의 탄생 또는 죽음이 아니다. 그것은 어떤 것의 **자리 잡음**이, 그것의 단수적인 출현이나 사라짐을 가능하게 하는 공간화가 아니다.

그러한 공간화하기는, 시간 자체의 그 공간화는 타자성, 즉 **시간 안에서 발생하는** 이질성 이외에 아무것도 아니다. 그러나 시간 안에서 발생한다는 것은 무엇을 의미하는가? 그것은 시간도, 현전도, 현전들의 연속도, 전개과정의 실체도 아닌 어떤 것이 시간적 전개방식을 따르지 않고 시간에 도래한다는 것을 의미한다. 어떤 것이 시간'에서' 시간'으로' 발생하지 않고, 자기 자체에 이어져서 연속적으로 일어나지 않는다는 것을 의미한다. 그러나 어떤 것이 아무것도 아닌 것으로부터 발생한다 — 또는 아무것도 아닌 것을 향해 나아간다(탄생과 죽음). 언제나 '미래'인 — 그 아무것도 아닌 것은 **아무것도 아니다.** 다시 말해 그것은 연속적으로 일어나는 실체를 배가시키는 어떤 부정적 실체가 아니다. 그 아무것도 아닌 것은, 붙잡아야 할 장소가 없기에 아무것도 도래 안에 **자리 잡지** 못한다는 사실 자체이다. 그러나 어떤 장소 자체의 공간화가, 시간을 공간화하고 시간 내에서 어떤 실존의 타자성을, 그 이질성을 여는 무無가 있다.

(여덟 번째 여담: 아무것도 아닌 것을 일반적으로 받아들이는 관점과 용의주도하게 구별되는 관점에서 보면, 시간을 여는 그 아무것도 아닌 것 또는 아무것도 아닌 것의 그 발생은 영원성이다. 여기서 영원성을 시간 밖에 있는 것으로도, 시간 이후에 오는 것으로도 (어떤 다른 미래의

시간으로) 이해해서는 안 될 것이다. 영원성은 시간 안에서 발생하는 것으로서의 실존이다. 영원성은 유한하다. 왜냐하면 사실 영원성은 그 자체 내에 자신의 본질을 갖고 있지 않기 때문이다. 영원성은 실존의 시간으로의 외존이자 그 시간의 외존, 그 이외에 아무것도 아니다. 이 주제는 헤겔(『엔치클로페디Encyclopédie』, §258)을 다시 읽는 것과 또한 벤야민의 『역사에 대한 테제Thèse sur l'histoire』를 다시 읽는 것을 전제하고 있다.)

도래하는 어떤 것이라기보다는 ── 도래하는 것은 시간적 전개 과정의 동질성으로부터도, 어떤 기원에 기초한 그 전개과정의 동질적 실현으로부터도 유래하지 않는다. 도래는 오히려 기원이 결코 현전하지 않고 한 번도 현전한 적이 없다는 것을 의미한다. 다시 말해 하이데거에 의하면 존재는 **존재하지** 않는다. 다시 말해 **우리는** 실체적이거나 개체적이거나 집단적인 어떠한 전개과정의 순수한 연속성 속에서도 우리 자신을 이어 가지 않고, 다만 **우리**는 역사 자체인, 공동체의 이질성 속에서 **우리**로서 나타난다. 왜냐하면 우리는 우리 고유의 기원을 갖고 있지도 않고, 우리 고유의 기원이지도 않기 때문이다. 그러한 의미에서 역사는 **기원의**, 존재의, 또한 '우리 자신'의 **이질성**을 의미한다.

그러나 그러한 이질성은 시간 자체의 이질성 이외에 아무것도 아니다. 다시 말해 만약 연속이 첫 번째 시간과 두 번째 시간 사이의 ── 시간의 현재들 사이의 ── 이질성에 근거하지 않는다면, 사실 연속은 결코 연속이 아닐 것이다. 현재들 사이에는 시간이 더 이상 존재하지 않는다. 도래가 생겨나게 하는, 시간 속으로 **온다는 것** 또는 시간 속에서 발생한다는 것, 그것이 시간 자체로부터, 시간의 자기로부터 빠져나오는 시간 자체이다. 그것은 시간의 결핍이며, 그 결핍은 어떤 의미에서는 시간의 충만함과 같은 것이다. 즉 그것은 '사건', 시간 고유의 이질성으로 충만한 시간, 따라서 공간화된 시간이다. 유한한 존재의 존재론적 조건으로서의 실존은 시간 자체 밖의 시간이고, 즉 시간의 공간이 시간 속으로 열리는 것이며, 그 공간은 또한 '우리'의 공간, 다름 아닌 오직 시간의 그 공간화에 의해 열리고 '토대를 마련하는' 공동체의 공간이다.

'토대화'는 역사적 사건의 하나의 모델로 여겨질 수 있다. 그렇지만 토대화가 시간의 공간화와 이질성의 작용이 아니라면 무엇인가? 토대화 그 자체에서 아무것도 이어지지 않는다. 원래 토대화를 위한 어떠한 토대도 없다. 토대화는, 시간을 공간화하고 새로운 어떤 시간을 열거나 시간의 내부에서 시간을 여는, 어떤 한계의 흔적을 그리는 것 그 이외에 아무것도 아니다. 세계가 우주 또는 코스모스가 아니라 실존 자체 고유의 장소, '세계로 주어지'거나 '세계로 도래하는' 장소를 의미한다면, 매번 열리는 것은 하나의 **세계**이다. 하나의 세계는 공간도, 시간도 아니다. 그것은 더불어 실존하는 우리의 방법이다. 그것은, 실존이 유한한 한에서, 하나의 세계로 도래하고 똑같은 시간에 그 세계를 여는 것이 실존 고유의 본질(**실존한다는 것**)인 한에서, 소유가 아니라 실존의 전유를 통해 나타나는 **우리의** 세계, **우리**가 거주하는 세계이다. 그러나 그 똑같은 시간은 어떤 기원의 시간도, 시간의 기원도 아니다. 즉 그것은 ── 시간을 공간화하면서, '우리'라고 말할 수 있고 그 '우리'를 통해 실존의 역사성을 언명하고 공표할 수 있는 가능성을 열면서 ── 존재한다. 역사는 어떤 서사도, 어떤 보고서도 아니고 어떤 '우리'의 공표이다(그러한 의미에서 역사는 글쓰기이다).

(아홉 번째 여담: 그러한 한에서 기관의 토대를 세우는 모든 행위[설립] ── 또는 모든 기관 자체는, 그 고유의 설립이라는 도래에서, 역사의 공간화된 시간의 열림의 일종, 공간화의 일종인데, 그렇지만 동시에 그 공간화가 만들어 내는, 닫혀 있으며 닫는 공간이기도 하다.)

(열 번째 여담: 명백하게 이것은 하이데거의 생기生起Ereignis ── 즉 실존을 실존 자체에서, 따라서 전유할 수 없는 본질과 같은 그 유한성에서 전유하는, 도래로서의 존재 자체 ──를 (설사 우리가 여기서 역사에 대한 하이데거적 이론 안으로 들어가지 않는다 하더라도) 해석하거나 발전시키는 하나의 시론 이외에 다른 아무것도 아니다. 생기의 논리는, 자기 내에 즉자적인 것이 자기와 차이가 난다는 논리인, 데리다가 '차연différance'이라고 표현한 그 논리이다. 나는, 그것이, 실존과 공동체가 결코 '존재자처럼 존재하지' 않고 '주어져 있지' 않고 봉헌되어 있다고 본다면, 실존과 공동체의(로서의) 논리라고 덧붙이고자 한다. 우리는 우리 자신에게 봉헌되어 있으며, 이는 존재하고 존재하지 않는 ── 현전되지 않은 채로 실존하거나 봉헌의 현전 속에서만 존재하는 ── 우리의 방법이다. 봉헌의 현전은 봉헌의 도래 또는 봉헌의 미래이다. 봉헌되는 것 또는 미래의 봉헌을 받아들이는 것, 그것은 '역사상에서' 또는 '역사적으로' 존재하는 것이다. 그러나 나는 이 세 개념(생기, 차연, 봉헌)이 정확히 '개념들'로 받아들여질 수 없으며 '역사'와 '공동체'와 '실존'에 대한, 설사 '새

로운' 것일지라도 어떤 다른 '이론'을 구축할 수 없다는 사실을 전적으로 의식하고 있다. 왜냐하면 이 세 개념 자체가, 우리의 것이지만 동시('역사'의 종말의 시간)에 더 이상 우리의 것이 아닌 한 시대와 한 담론의 가장자리에 다만 봉헌되기 때문이다. 따라서 그 세 개념은 다만 그것들로부터──그 의미들과 의미의 부재로부터──담론의 어떤 또 다른 시간적 공간을 향해 떠날 수 있는 기회를 제공할 뿐이다. 그 부서지기 쉬운 ('기호들'이라기보다는) 표식들을 거쳐 바로 역사가 우리에게 봉헌된다. 이는, 우리에게 오는 또 다른 어떤 역사를 포착하고 '우리'를 다르게 분절하고 미래를 다르게 명명할, 붙들어야만 할 기회이다. 이것은 하나의 이론이 아니다. 왜냐하면 이것은 역사와 공동체 위에 있는, 역사와 공동체에 대한 담론에 속하지 않기 때문이다. 그러나 이것은──이 단어들, 이 개념들, 이 표식들은──, 역사가 '역사에 대한 사유'로 더 이상 여겨질 수 없는 사유 내에서 도래로서 봉헌되는 방법이다. 봉헌하는 것, 그것은 현재를 선물처럼──강요하지 않고──현시하거나 제시하는 것이다. 봉헌 속에서, 선물은 주어진 것이 아니다. 봉헌은 어떤 선물의 미래 그리고/또는 어떤 미래의 주어지지 않는 선물이다. 봉헌과 관련해 우리가 해야 할 것이 있다. 즉 봉헌을 받아들이거나 받아들이지 않는 것이다. 우리는 봉헌되는 그것을 알지 못한 채 결단해야만 한다. 왜냐하면, 그것은 주어진 것이 아니기 때문이다(그것은 하나의 개념도, 하나의 이론도 아니다). 그것은 진리의 역사성이다. 진리의 역사성은 우리의 결단에 맡겨지며, 결코 한 번도 주어지지 않는다.)

세계로서 열린 시간(그것은, 역사적 시간이 언제나 세계가 변화하는 시간이라는 것을, 즉 적어도 그러한 의미에서 어떤 **혁명**이라는 것을 의미한다)은, 세계가 세계를 위해, 세계에 의해 '우리'로서 공간화되는 열린 시간은 역사의 시간이다. 아무것도 아닌 것이 시간화되는 시간 — 동시에 충족의, 충만함의 시간. 역사적 시간은 언제나 **충만한** 시간, 그 고유의 공간화에 의해 채워지는 시간이다. 벤야민은 이렇게 썼다. "역사는 어떤 구성의 대상인데, 그 구성의 장소는 동질적인 빈 시간이 아니다. 그 구성에 따라 '지금'으로 충만한 시간이 형성된다."[18] 그렇지만 '지금'이란 무엇이며, '지금'으로 충만하다는 것은 무엇을 의미하는가? '지금'은 현재를 의미하지 않으며 현재를 표상·재현하지 않는다. '지금'은 현재를 현시하거나 **도래**하게 한다. 우리가 모든 전통을 통해 아는 바대로 현재는 현전시킬 수 있는 것이 아니다. 도래의 현재인, '지금'의 현재는 한 번도 현전한 적이 없다. 그러나 수행적인 (**우리의 것**일 수 있고, '지금'뿐만 아니라 '우리'를 수행시키는 분절로서의) '지금'은, 마찬가지로 우리와 역사의 도래인, 그러한 현전의 결핍을 현시시킨다. '지금'으로 충만한 시간은 열림과 이질성으로 충만한 시간이다. '지금'은 '우리의 시간'을 말하고, '우리의 시대'는 '시간의 공간을 실존으로 채우는 우리'를 말한다. 이는 어떤 완성이 아니라 도래이다. 도래는 — 도래를 — 완성시킨다. 역사는 — 역사를 — 완성시킨다. 이는 (운명이 아니라) 하나의 지향점이거나, 다른 말을 빌리자면, 어떤 외존이다. 역사는 역사로 향해 있는 지향점 또는 역사로

---

18 *Thèses sur la philosophie de l'histoire*, XIV.

의 외존 —— 즉 완성 없이, 완성된 현전 없이 존재하는 방법인, 실존으로의 외존 —— 이다. 또한 그렇게 존재하는 것이 **우리**에게는, **오늘날**, 고유한 존재 방법이다. 비로Birault가 말하는 대로, "존재 전체는 역사로 향해 있다".[19] 이는, 존재 전체가 그 지향점 또는 외존 이외에, 즉 실존의, 즉 '우리, 지금'이라고 말할 수 있는 가능성과 기회 자체인 **우리의** 실존의 실존으로의 유한한 외존 이외에 아무것도 아니라는 것을 말해 주고 있다.

'우리, 지금'은, 우리가 주어진 하나의 역사적 상황 가운데 현전한다는 것을 의미하지 않는다. 우리는 이제 더 이상 스스로를 어떤 결정된 전개과정 한가운데에서 결정된 한 단계로 이해할 수 없다(우리가 스스로를 우리 자신에게, 결정된 전개과정인 역사 전체 시대의 결과로 표상하는 것을 제외하고 다르게 **표상**할 수 없다 할지라도 그렇다). 그러나 우리는 공동체에 참여하듯이 시간의 공간에 참여해야만 한다. 공동체, 그것은 실존에 참여하는 것이지만, 그것은 어떤 공유된 실체를 분유하는 것이 아니며, 이질성으로서의 우리 자신에, 즉 우리 자신의 도래에 더불어 외존되는 것이다. 이는 우리가 유한성에 참여하듯이 역사에 참여해야 한다는 것을 의미한다. 유한성이 어떤 본질이나 어떤 기원으로부터 우리 자신을 받아들이는 것이 아니라 **역사적으로** 존재하기를 결단해야만 한다는 것을 말한다면 그렇다. '역사'가 언제나 그리고 자동적으로 역사인 것이 아니다. '역사'는 하나의 봉헌

---

19 *Heidegger et l'expérience de la pensée*, Paris, 1979, p. 545.

으로 여겨져야 하고 결단에 따르는 것이다. 우리는 이제 더 이상 우리의 의의를 역사로부터 부여받지 않는다 ─ 또는 역사는 이제 더 이상 의의를 주지도 않고 의의를 명명하지도 않는다. 그러나 우리는 역사에 들어가기 위해 우리의 '우리'를, 우리의 공동체를 명명하기를 결단해야 한다.

우리는 공동 **내에서** 존재하기를 ─ 또한 어떻게 그렇게 존재할 것인가에 대해 ─, 어떻게 우리의 실존이 실존할 수 있는가에 대해 결단해야 한다. 그것이 단순히 매번 하나의 정치적 결단인 것만은 아니며, 정치적인 것과 관련된 결단이다. 우리의 타자성이 더불어 실존할 수 있게 할 것인가. 그것이 공동체와 역사로서 기입될 수 있게 할 것인가. 또한 어떻게 그렇게 할 것인가. 우리는 역사를 만들기를 ─ 쓰기를 ─ 결단해야 하며, 이는 우리가 우리의 현재의 비-현전과 그 **도래**(현재와 이어지지 않는 어떤 '미래'로서의 도래, 그러나 **우리의** 현재의 도래)에 외존된다는 것을 의미한다. 오늘 어쨌든 내가 시도했듯이, 여전히 우리가 '역사'라는 단어를 쓸 수 있다면 ─ 유한한 역사는 역사를 **향한** 그러한 결단에 있다. 시간 속에서 '오늘'은 이미 어제이다. 그러나 마찬가지로 각각의 '오늘'은 시간을 공간화하는, 또한 시간이 어떤 점에서 이제 더 이상 단순히 시간이 아니고 **우리의** 시간인지 보여 주기를 결단하는 기회를 가져오는 봉헌인 것이다.

『무위無爲의 공동체』의 몇몇 표현들에 대하여[1]

박준상

1. 낭시에 대하여

장-뤽 낭시Jean-Luc Nancy가 제기한 문제들이 현대 철학에, 특히 정치철학에 남긴 중요성과 영향력을 두고 볼 때, 그의 사상은 국내에서 지나치게 소홀히 여겨져 왔다. 아마 그는 '사유의 무게le poids d'une pensée'[2]에 비해 여기에 가장 소개가 되지 않은 현대 철학자들 중 한 사람일 것이다. 게다가 그는 몇 년 전 타계한 필립 라쿠-라바르트와 함께, 자주 자크 데리다가 말하는 '해체déconstruction'의 테두리 내에서 논의되어 왔다. 물론 낭시의 철학에 해체의 요소가 없지 않으며, 데리다의 해체가 그에게 준 큰 영향에 대해서는 이론의 여지가 없겠지만,

---

1 이 텍스트는 『철학과 현상학 연구』(한국현상학회 편), 제46집(2010년 가을)에 실린 논문을 수정 · 보완한 것이다.
2 '사유의 무게'는 낭시의 한 저서의 제목이다: Jean-Luc Nancy, *Le Poids d'une pensée*, Le Griffon d'argile, 1991.

문제는 한 철학자가 움직여 온 영역의 넓이를 제대로 가늠함으로써 그의 사상을 바라볼 수 있는 적합한 위치에 서는 데에 있을 뿐이다.

사실 낭시의 사유의 출발점은 해체에 있는 것이 아니라, 계몽주의와 함께 근대의 문을 연 낭만주의에, 정확히 말해 그가 라쿠-라바르트와 함께 탐색했던,[3] 슐레겔 형제(프리드리히 슐레겔Friedrich Schlegel · 아우구스트 슐레겔August Schlegel)로 대변되는 초기 독일 낭만주의의 어떤 지점에 놓여 있다. 계몽주의와 마찬가지로 낭만주의는 한 철학자나 몇몇 철학자들의 이론적 입장을 대변하는 하나의 학설이 아닐뿐더러, 철학사에서 일정한 시간을 두고 해석과 재해석이 이어져 왔던 어떤 '주의主義'도 아니고, 역사에서 우리의 일상과 실제의 삶에 직접적으로 영향을 주어 왔고 나아가 그것을 구성해 온 '현실'이다. 한마디로 우리 근대인 · 현대인은 스스로 선택하지 않더라도, 또한 스스로 자임할 필요도 없이, 적어도 어느 정도까지는 계몽주의자들이며 낭만주의자들이다. 계몽주의가 근현대인의 공적 · 정치적 삶의 토대를 놓은 사상이라면, 낭만주의는 근현대인의 사적 · 개인적 삶을 규정하고 있는 범주이다. 다시 말해 우리는 ── 얼마나 많은 봉건적 잔재 아래에 여전히 놓여 있는가라는 물음을 차치하고 ── 이미 봉건제를 넘어서 공화제 내에 들어와 있으며, ── 얼마나 우리의 삶이 제도들과 체제 내에서 규정되고 있는가라는 물음을 차치하고 ── 이미 그 사회적 제도들과 체제에 반항하는 '영혼'의 순수성의 의미를 이

---

3 Philippe Lacoue-Labarthe · Jean-Luc Nancy, *L'Absolu littéraire*, Seuil, 1978.

해하고 있으며, 거기에 '진정성'이라는 가치를 부여하고 있다.

흔히 낭만주의는 민족주의로 기울어진 우파 부르주아들의 안온한 정치적 안식처로, 현실과 정치에 무관심하고 예술의 자율성과 순수성을 신봉하는 예술가들의 고립된 성으로, 기껏해야 객관적 사회질서를 모르고 무시하는 철없고 반항적인 젊음의 광란의 도가니로 여겨져 왔다. 낭시의 첫 번째 행보는 『아테네움*Athenäum*』에 실린 초기 독일 낭만주의자들의 주요 텍스트들을 번역하고 해석하면서, 그러한 낭만주의에 대한 피상적 견해를 교정하는 동시에 원래의 낭만주의적 정신을 복원해 내는 데에 있었다. 거기에는 어떤 정치적 의도가 내재해 있었다. 질 들뢰즈와 미셸 푸코가 니체를 좌파적 관점에서 재해석했듯이, 낭시는 낭만주의(하지만 민족주의로 기울어진 후기 독일 낭만주의가 아니라 세계 시민주의를 내세웠던 초기 독일 낭만주의)를 현재와 미래의 정치적인 것을 위해 지양하고자 하며, 동시에 낭만주의를 참조하여 역사에서 무시되거나 의심스러운 것으로 여겨져 왔던 정치적 지향점을 다시 조명하고자 한다. (역사와 정치적 지평에서, 역사·정치의 영역에서 배제되어 왔던 한 사상을 다시 되돌려 보려는 시도는 어떠한 의미를 가질 수 있는가?) 말하자면 계몽주의에서뿐만 아니라 현실 공산주의를 포함한 근대의 모든 정치에서 간과되어 왔거나 부차적인 것으로 여겨져 왔거나 의혹의 대상이었던 어떤 움직임을, 즉 인간의 내면에 감추어진 내밀하지만 급진적인 소통에 대한 욕망을 낭만주의를 통해 ── 또한 그 욕망을 이어받은 낭만주의 이후의, 그러나 낭만주의자로 결코 분류될 수 없는 몇몇 사상가들·작가들, 가령 니체, 조르주 바타유, 모리스 블랑쇼 등을 통해 ── 다시 탐색해 보는 것이 문제로 대두된다.

낭만주의의 핵심에 현실을 넘어선 어떤 초월적 세계에 대한 염원이 아니라, 사회의 형식적인·법들·기준들·관념들·이론들에 포섭되지 않는 삶의 실재에 대한, '존재'에 대한 모색이 있다. 그러나 낭시는 그러한 낭만주의자들의 '존재'에 대한 탐색이, 형이상학적 담론으로서의 신화에 대한 새로운 구성과 예술가적·천재적 주관성에 대한 추구와 찬양으로 귀착되었던 것에 대해 단호히 비판했고,[4] 유일무이한 초월적·예술가적 영혼으로부터 공동의 영혼(영혼의 공산주의)으로, 소통의 단일한 중심점으로부터 소통의 복수적 분산점들로 나아가는 길을 조명한다.

낭만주의에 대한 낭시의 참조가 암시적이고 부분적인 반면, 그의 사유를 정향하는 명시적이자 기본적인 전략은 마르틴 하이데거를 전유하거나 변형시킴으로써 공동의 영혼이라는 문제를 재정식화하고 심화시키는 데에 있다(그 과정에서, 「무위의 공동체」에서 재해석된 조르주 바타유가 중요한 좌표들 가운데 하나로 등장한다). 하이데거가 우리의 모든 경험의 근거가 주체(주관)라는 항이나 대상 세계(객관)라는 항 가운데 어느 한편에 있지 않고 그 두 항들을 오히려 구축하는 공동 영역인 동사적 움직임(존재 사건)에 있다는 사실을 밝혔다면, 낭시는 인간들의 '사이'와 인간 자체에 대한 경험의 중심에 '나'(주체)나 '너'나 어떤 특정 인간이라는 항이 있지 않고 이미 공동의 지점을

---

4 그 비판에서 모리스 블랑쇼가 준거점으로 나타난다: Jean-Luc Nancy, "À propos de Blanchot", *L'œil de Bœuf* 14/15, mai 1998.

가리키고 있는 외존外存exposition이 전개되고 있다는 사실을 부각시킨다. 외존은 하나의 실체가 아니고, 관념에 규정되고 고정되는 하나의 대상도 아니며, '누구에게로 향해 있음'이라는, 모든 구체적 행동 이전의 행위, 모든 '우리'와 모든 소통의 전제가 되는, "동일자가 타자로, 동일자가 타자로 인해, 또는 동일자가 타자에게 향해 있거나 기울어져"(23)[5] 있는 움직임(편위偏位)이다(낭시는 『무위의 공동체』에서 그 움직임을 가장 집요하게 추적했던 사람들 가운데 하나로 바타유를 들고 있지만, 바타유가 결국에는 '정념의 분출'을 찬양하는 주관적 자유에 묶이고 말았다는 점에서 그를 비판하고 있다). 그 움직임은 개인의 관념 내에 포섭되지 않기 때문에 집단적 규정의 대상이 아니며, 따라서 사회의 테두리 내에 묶여 있지 않다. 바로 그 내밀한 움직임을 아마 초기 독일 낭만주의자들이 최초로 감지했을 것이지만(그들은 공동체에 대한 열망을 최초로 표명한 근대인들이다), 그들은 그것을 예외적이거나 특별한 예술가적 주체에 종속시켰고, 그에 따라 세계에 대립하고 세계를 부정하는 반사회성과 겹쳐지는 초월성을 내세우기에 이른다. 그러나 외존은 사회와 반사회의 이항대립 이전의 인간 존재의 조건이며, 사회의 토대(토대 없는 토대)이자 사회의 변혁 그리고 혁명의 계기이다. 결국 문제는 저 너머의 어떤 초월적 세계로의 상승이 아니라 바로 (이) 세계의 창조에 있다. 외존은 세계의 창조(세계의 탄생)와 더불어 모든 상황, 또한 타인(들)이라는 상황에 개입하는 구체

---

5 앞으로 이 책 『무위의 공동체』를 인용할 경우 괄호 안에 숫자를 넣어 쪽수를 표기하기로 한다.

적인 움직임이자, 또한 상황에 맞서는 실질적인 침투의 흐름이다.

모리스 메를로-퐁티Maurice Merleau-Ponty는 1940년대 스탈린주의가 이미 득세하고 있던 시점에서 공산주의에 대해 이렇게 말한 적이 있다. "공산주의가 그 이름을 받을 자격이 있으려면, 공산주의(서로 다른 단어들과 마찬가지로 파시즘에 의해 왜곡되었지만, 어쨌든 그 단어의 최상의 의미에서)가 위계제가 아니라 공동체와 소통을 향해서 나아가야 할 것이다."[6] 『휴머니즘과 폭력』에서 메를로-퐁티는 스탈린주의에 대해 결정적 입장을 아직 표명하지 않으면서 스스로를 애매한 위치에 가져다 놓고 있지만, 공산주의와 맑스에 대해 적어도 하나의 분명한 관점을 견지하고 있다. 맑스의 새로움은 "철학의 문제와 인간의 문제를 경제 문제로 환원하는 데에 있는 것이 아니라, 경제 문제 속에서 철학적이고 인간적인 문제의 정확한 등가물과 가시적 형상물을 찾는 데에 있"으며, 만일 우리가 "인간 사이의 근본적 관계"에 대한 기술記述을 찾지 못한다면 "맑스주의 정치의 전체적 의미를 파악할 수 없다"는 것이다.[7] 나아가 분명 우리는 공산주의의 출발점과 지향점도 찾을 수 없게 될 것이다. '우리'의 관계, 또는 간단히 '우리'는 **정치의 지평에서** 단순히 부가적이거나 부차적인 존재인 원자(개인)들의 집합이, 어떤 관념·이념·이데올로기에 의해 그 본성이 미리 결정되어 있는 공동체가 아니며, **경제의 지평에서** 생산과 부

---

6 모리스 메를로-퐁티, 『휴머니즘과 폭력』, 박현모·유영산·이병택 옮김, 문학과지성사, 2004, 178쪽.
7 같은 책, 139쪽.

에 봉사하게 되어 있는 단위가 아니다. 우리의 관계가 분명 경제의 차원에서 표현되어야 하고, 그 관계의 변혁이 거기에 반영되어야 하지만, 경제가 '정치적인 것'의 차원에서 새로운 '우리'의 창조라는 지점으로 수렴되어야 한다는 것도 필연이다. 즉 정치와 경제의 지평에서 '우리'로의 환원은 필연적이자 구체적인 요청이다. 그러나 결코 그 환원은 단순히 인권이나 휴머니즘이나 우애와 사랑을 강조하고 인식하고 주지시키는 데에 있지 않다. 인간들 사이의 따뜻한 관계라는 것도 문제의 핵심은 아니다. 낭시의 새로움은 다음과 같은 요구에 있다. 현실이나 미래에 실현되어야 한다고 가정되는 모든 정치적이거나 경제적 지평을 넘어서는 계획·기획·프로그램의, 관념으로 동일화될 수 있는 모든 구도의 바깥에서 보이지 않는 '우리'의 근거가 드러난다는 것이며, 그 근거와 마주하기 위해서는 이미 결정된 사회나 결정되어야 할 사회로부터 돌아서는, '위험하고 급진적인' 박탈과 비움의 움직임이, 즉 무위의 움직임이 반드시 요청된다는 것이다. 그 움직임은 '급진적인' 정치적 프로그램이나 정치철학을 제출하는 데에도, 정의와 사랑을 외치는 데에도, 권력에 대한 저항을 주장하는 데에도, 영웅적 투사의 몸짓을 보여 주는 데에도, 사회의 양심을 대변하는 자나 가난한 자들을 대변하는 자라고 자임하는 데에도, 어떠한 형태로든 정치적·경제적·사회적·윤리적 힘 속에 뿌리박는 데에 있지 않으며, 반대로 그 모든 힘으로부터 물러나는 데에, 즉 사회적으로 인가된 모든 가치에 '괄호'를 치고 우리 각자가 우리 바깥의 '우리'로 향하는 데에 있다. 그 움직임이 본래적 의미에서의 '자연적 태도'로부터의 전환인 '환원réduction'(생각하는 '나'로의 환원이 아닌 서로 겹쳐지는 '우리'

로의 환원[8])일 것이며, 또한 외존일 것이고, '무위의 공동체'는 바로 그 환원을 대변하는 이름일 것이다.

*

이 글은 낭시의 사상에 대한 하나의 전반적인 소개는 아니다. 이 글은 그의 주저들 가운데 하나이자 그의 정치철학의 핵심을 담고 있는 『무위의 공동체』를 떠받치고 있는 몇몇 표현들에 대한 조명이다. 나는 이 책을 번역하는 과정에서 그러한 종류의 조명이 필요하다고 판단했다. 왜냐하면 첫째로, 1980년대부터 국제적으로 알려지기 시

---

8 한 사회나 집단 내에서 어떤 정치적 견해나 이론, 나아가 정치적 이데올로기를 이미 정립되어 타당한 것으로 단순하거나 맹목적으로 받아들이는 것은, 에드문트 후설이 지적한 자연적 태도에 속할 것이다. 그러나 그로부터의 환원이 가능하다면, 그것은, 즉 정치적 차원에서 문제로 대두될 수 있는 환원은, 단순히 주체가 어떤 대상으로 향하는 지향성이 아니라 편위, 말하자면 외존이라는 움직임을 발견하게 할 것이다. 외존은 대상으로 지향되어 있는 '나'로부터 유래할 수 없다. 외존에 이미 언제나 타인이 기입되어 있기에(그렇지 않다면 외존 자체가 불가능하며, 보다 정확히, 외존은 없다). 외존은 어떠한 '나'에도, 어떠한 주체에도 근거하고 있지 않으며 필연적으로 '우리'로부터 발원할 수밖에 없다.

낭시는 후설이 환원을 요청하면서 참조했던 데카르트의 "**나는 존재한다**ego sum"가 "**나는 실존한다**ego existo"와 동일할 수밖에 없다는 사실을 강조하면서(220), "내가 '우리'라고 말할 경우에만 나는 '나'이다(나는 실존한다)"(243)라고 분명히 밝힌다. 즉 나는 타자에게 외존됨으로써만 '나'일 수 있다는 것이다. 심지어 이는 데카르트적 에고 자체의 경우에서도 타당한데, 왜냐하면 그 에고가 자신의 확실성을 확신하려면 자신을 "매 순간 하나의 타자로 분유"(243) 해야 하기 때문이다. "그 주체 또한 스스로 노출되었다는 것을 안다. 그 주체가 스스로를 안다면, 스스로 노출되었기 때문이다(데카르트는 스스로를 자신의 초상화처럼 제시하지 않는가?)"(80). 후설이 말하는 에고의 경우도 마찬가지이다. 환원을 통해 발견되는 것이 지향성이라면, 지향성은 마찬가지로 '……에 대한 지향성', '……로 향한 지향성'일 수밖에 없다. 결코 지향성 자체가 주체의 동일화나 고정화에서 종결되지 않으며, 그것은 이미 자신 아닌 것을 향한 움직임, 즉 '안'이 아닌 '밖'을 향한 움직임(외존의 움직임)일 수밖에 없다.

작한 주목할 만한 한 사유가 국내에는 거의 소개되지 않은 상태에서, 그것에 대한 기본적인 이해를 위해 개념들의 유기적 조직망을 그려 볼 필요가 있다고 보았기 때문이다. 둘째로, 공동체에 대한 또 하나의 그의 저서 『마주한 공동체*La Communauté affrontée*』[9]가 여기에 소개된 후 생각해 본 바이지만, ──『무위의 공동체』에서도 제시되어 있는── 낭시의 정치철학이 비현실적이거나 유토피아적인 것으로 오해되는 경우가 있을 수 있다면, 그의 사상의 기본적 입장을 해명해야 할 필요가 있다고 보았기 때문이다.

2. 『무위의 공동체』의 몇몇 표현들

* 의의意義sens, 의미意味signification

장-뤽 낭시는 이 책의 「유한한 역사」에서 다음과 같이 썼다. "의의가 의미와는 다르며 단지 의미나 비-의미와 같은 어떤 것을 가능하게 만드는 요소로 받아들이는 것이 가능하다면, 의의는 우리의 실존적/선험적 조건이다. 말하자면 실존이 그 자체로 선험적인 것이라는 조건, 단순하고 직접적으로 우리가 어떠한 존재인지를 규정하지 않는 조건이다"(240). 의의와 의미의 이러한 구별은, 언어학적 맥락에서가 아니라 현상학적 맥락, 보다 구체적으로는 하이데거의 맥락 내에서 이루

---

9 모리스 블랑쇼·장-뤽 낭시, 『밝힐 수 없는 공동체/마주한 공동체』, 박준상 옮김, 문학과지성사, 2005.

어지고 있다.

하이데거는 『존재와 시간』에서 의미Bedeutung와 의의Sinn를 구별하면서 각각에 대해 이렇게 설명하고 있다. "이해는 이러한 연관 관계들 내에서 그리고 그 앞에서 그 자체를 지시되도록 한다. 지시함에 속하는 이러한 연관들이 연관되는 특성을 **의미**[be-deuten]라고 파악하자. 이러한 연관 관계들과의 친밀성 속에서 현존재는 자신에게 '의미한다'. 현존재는 자신에게 자신이 존재하며 존재할 수 있음을 자신의 세계-내-존재와 관련하여 이해하도록 해준다."[10] "의의는 현존재의 하나의 실존범주이지 존재자에 붙어 있어서 그 '뒤에' 놓여 있거나 '사이의 영토' 어디엔가 떠다니는 그러한 속성의 하나가 아니다. 세계-내-존재의 열어 밝혀져 있음이 그 안에서 발견될 수 있는 존재자에 의해서 '채워질' 수 있는 한, 의의는 오직 현존재만이 '가진다'. **그렇기 때문에 현존재만이 의의로 채워지거나 의의를 상실할 수 있다.**"[11]

하이데거에게서 의미는 세계 내의 존재자들을 현존재가 지시함으로써 드러나는 특성, 즉 현존재가 자기 밖을 가리키면서 존재자들에게 연관되는 ── 묶이는 ── 과정에서 자신에게 주어지는 것을 말한다. 의미는 현존재가 존재자들과 관계하는 데에서 주어지지만, 현존재 그 자체를 드러내 주지 않으며 다만 존재자들을 밝혀 줄 뿐이다. 반면 의의는 "존재자에 붙어 있"지 않으며, 오히려 현존재의 한 존

---

10 Martin Heidegger, *Sein und Zeit*, V. Klostermann, 1977, p. 116(마르틴 하이데거, 『존재와 시간』, 이기상 옮김, 1988, 124~125쪽. 번역 약간 수정).

11 같은 책, p. 201(같은 책, 210쪽. 번역 약간 수정).

재 양태 자체이고, 현존재에 속해 있다. 의의는 모든 의미와 비-의미가 가능하기 위한, 현존재의 존재(세계-내-존재)의 열림 자체, 구체적 특정 존재자들을 지시하기 이전의 세계로 향해 열려 있는 현존재의 실존 자체에서 발생한다. 하이데거에게서 의의는 모든 의미의 전제 조건(선험적 조건)이라고 말할 수 있다.

삶의 상황 내에서(시공간 내에서, 사물들과 타인들 내에서) 전개되는 실존(또는 탈존Existenz, '자신을 바깥에 놓아둠')에서 발생하는 의의는 세계 내의 존재자들에 대한 구체적이고 한정적인 지시인 의미에 선행하며 그 근거가 된다. 의의는 실존이 '나' 자신이 아닌 것(공간, 사물들, 타인들)과 마주함, 관계함, 또는 그 사이에 놓임(세계-내-존재) 가운데 펼쳐진다는 사실의 징표이다. 그것은 대상에 대한 의식적 인식으로 귀착되는 경험을 포함하는 모든 경험이 전제하고 있는 주객 미분리 상태에 대한, 우리 자신이 이미 기입되어 있는 존재 자체에 대한 일종의 느낌(그 느낌을 하이데거는 '감정Gefühl'이라고 불렀을 것이다)으로 번역된다. 그 느낌은 어떤 대상에 대한 주관적·감정적 반응이 아니며, 더욱이 낭만적·격정적 반응은 아니다. 분명 모리스 블랑쇼는 그것을 '중성적neutre'이라고 불렀을 것인데, 그것이 '……로 향해 있음' 또는 '……로 열림'이라는, 의식이 긍정할 수도 부정할 수도 없는, 의식의 발효 이전의 사건을 말해 주기 때문이다. 그 사건은, 결국 존재 사건은 정서적 차원에서 전개된다. 이는, 그 차원이 주관적이기는커녕 익명적이라는 사실을 되돌려 본다면, 존재 자체가 인식과 감각과 감정을 포함하는 어떠한 자아의 활동에 의해서도 전유될 수 없는 타자성의 영역이라는 사실을 반증한다 ── 따라서 하이데거

와 그로부터 유래하는 현대 철학의 한 흐름에서의 존재에 대한 사유
는 모든 주관적(주체 중심적) 전유를 거부하는 일종의 '실재론(사실
주의réalisme)'을 대변한다.

낭시에게서 의식의 발효 또는 그것과 동근원적인 언어의 작동
이전의 탈자태가 남기는 것, '……로 향해 있음' 또는 존재 자체로의
열림의 증거, 그것이 의의sens이다. 의의는 의미signification에, 양화된
시간(시계의 시간)을 기준으로 해서가 아니라 존재론적으로 앞서며,
의미와 의미 없음(비-의미)의 조건이 된다. 의의는 언어와 의식을 통
한 관념적 규정에 앞설 뿐만 아니라 그 조건이 되는 ── 우리 자신과
동일하지 않은 것과의, 우리 자신이 아닌 것과의, 바깥과의 ── '실재
적' 접촉touche에서 발생한다. "'감각적' 의의를 비롯해서 모든 다른 의
의들 가운데 의의의 의의는 어떤 바깥을 통감하는 것이고, 어떤 바깥
에 영향을 받는 것이며, 어떤 바깥에 영향을 주는 것이다"(201).

한 가지 사실을 되돌려 보자. **상스**Sens의 라틴어 어원은 **센수스**
sensus로서 감각기관, 느끼는 행위, 느낌(감정), 인상印象, 그리고 마음
의 움직임과 더불어 판단·사고·지성, 나아가 문장이 지시하는 것을
함의한다. 반면 **시니피카티오**significatio를 어원으로 갖는 **시니피카시옹**
signification은 보다 단순하게 기호를 표시하는 행위(상징), 그리고 언
표를 가리킨다. 전자는 감각·사고·언어의 넓은 영역(삶 전체의 경험
의 영역)에서 받아들이고 표현하고 소통하는 행위와 그 결과를 의미
하는 반면, 후자는 기호(언어) 작용과 그것이 만들어 내는 것을 한정
적으로 의미한다. 사실 낭시는 그러한 전통적인 어원적 구별에 따라
많은 경우 의의sens와 의미signification를 구별하여 사용하고 있다. 그

에게 의의는 언어·기호가 만들어 내는 의미에 선행하며 그것을 발생시키는 존재론적·실재적 원천이다.[12]

상사시옹Sensation이라는 프랑스어는 큰 무리 없이 한국어 '감각'으로 옮길 수 있다. 그러나 상스는 주관적이 아닌 존재론적 차원에서의 감각 또는 감정을 가리키는 동시에 그것이 가져오는 ── 우리 안에 어떤 '접촉'이 발생되었다는 ── 전前 의식적·전 언어적 '뜻'을 가리킨다. 문제는 감각(감정)과 '뜻'을 동시에 표현할 수 있는 번역어를 찾는 데에 있었다. 이는 쉽지 않았고, 다만 상스가 구체적인 존재자들과의 연관에서 유래하는 시니피카시옹과는 달리 삶 전반의 지평을 가리킨다는 사실을 되돌려 보고, 또한 한국어 '의의'는 삶의 전체적인 뜻을 가리키기 때문에, 상스를 '의의'로 새기기로 했다.

하나 주목해 보아야 할 점이 있다. 사실 낭시는 자신의 초기 작품에 속하는 『무위의 공동체』에서 상스라는 단어를 자신의 고유한 존재론적 맥락(또한 하이데거와 연결되는 맥락)에서 사용하기도 하지만, 적지 않은 경우 그것을 시니피카시옹과 동의어로도 쓰고 있다(이는 어원적으로 보나 일상적 맥락에서 보나 타당하다). 전자의 경우 상스를 '의의'로 새겼지만, 후자의 경우 한국어 '의미'가 보다 자연스러운 표현이기에, '의미'로 옮겼다. 그러나 마찬가지로 적지 않은 경우에 낭시는 이 책에서 상스를 시니피카시옹과 변별되는 측면을 가리키기 위해 사용하고 있으며, 이를 특히 그의 후기 저서들에서는 보다 뚜

---

12 I. James, *The Fragmentary Demand ──An Introduction to the Philosophy of Jean-Luc Nancy*, Stanford University Press, 2006, pp. 8~9 참조.

렷이 확인할 수 있다.

* 단수성單數性singularité, 단수적單數的singulier
  복수성複數性pluralité, 복수적複數的pluriel

단수성이라는 표현은 장-뤽 낭시에게 고유한 것은 아니다. 그것은 현대 철학의 한 흐름에서, 특히 질 들뢰즈나 모리스 블랑쇼에게서 자주 나타난다. 여기서 조명해 보고자 하는 그 의미가 들뢰즈나 블랑쇼 같은 철학자들의 사상적 맥락에서 완전히 벗어나 있지는 않겠지만, 그것을 여기서는 낭시를 중심으로 밝힐 수밖에 없을 것이다.

그러나 먼저 이 개념이 이곳에서 쓰이고 있는 상황에 대해 검토해 볼 필요가 있을 것이다. 이 책에서 단수성이라고 새긴 **생귤라리테** *singularité*라는 프랑스어는 한국에서 들뢰즈가 소개되면서 주로 '특이성特異性' 또는 '독특성獨特性'이라는 단어로 번역되었다. 그러나 낭시의 사유의 출발점과 지향점을 되돌려 보았을 때, 이 한국어 번역어들을 여기서 그대로 쓰는 것은 무리가 있다고 판단하였다. 물론 다른 곳에서 유래한 하나의 철학적 개념을 자국의 언어로 옮길 때, 용어의 통일성을 유지하는 것이, 그 개념의 엄밀한 의미를 드러내어 보겠다는 명목하에 새로운 번역어를 제시하는 것보다 중요하다. 어차피 하나의 단어는 한 사회의 약속이나 합의에 따라 사용하기로 정한 하나의 기표記表signifiant에 지나지 않고, 한 단어의 의미를 절대적으로 정확하게 나타내 줄 수 있는 유일한 기표는 존재하지 않기 때문이다. 그럼에도 불구하고 낭시의 사유에서 차용된 **생귤라리테**에 부합될 수 있는 합당한 한국어 번역어를 여기서 다시 찾아보지 않을 수 없었다. 왜냐하면 특이성이나 독특성이라는 단어가, 이 프랑스어에 함의된 동시에 낭시가 가리키고자 하는 의미와 거의 반대되거나 충돌하는 것을 가리키고 있기 때문이다.

낭시가 말하는 **생귈라리테**는 어떠한 특이한 것이나 독특한 것도 가리키지 않을뿐더러, 그 이전에, '특이'나 '독특'이라는 단어가 사전적인 의미에서 즉시 어떤 가치나 가치판단을 나타내고 있다고 본다면, 일차적으로는 어떠한 가치도 함의하지 않는 존재론적 개념이다. 또한 낭시에게서 그 개념(단수성)과 쌍으로 따라다니는, 마찬가지로 존재론적인 개념이 복수성이다.

하이데거 이후의 현대 철학이 받아들이고 있는 가장 기본적인 전제들 가운데 하나는, 존재는 관념·표상으로 포착되지 않을뿐더러 거기로 귀속되지도 않고 하나의 구체적 상황, 하나의 구체적 관계 또는 사건에 나타난다는 데에 있다. 어느 순간 나에게 다가온 풍경의 존재는, 내가 마주하고 있는 그 사람의 존재는, 또한 예를 들어 세잔의 시선을 붙들어 놓았던 사과의 존재는 한 인간과의 관계 내에 주어진 것이기에 고립된 대상으로서의 개체가 아니고, 한 인간의 관념 속에서 소진되지도 않기에 일반적(보편적)이지도 않다. 그 각각의 존재는 양적 시간(시계의 시간)과 동일한 관념적 공간(표상의 공간)으로 환원될 수 없는 일회적이자 구체적인, 다시 말해 단수적인 시공간이 주어진다는 —— 또는 '나'를 '나 자신' 바깥의 그 시공간에 놓아둔다는 —— 사건과 동근원적이다. 모든 존재는, 나아가 존재 자체는 단수적이다. "공동적인 것과 개별적인 것의 어떤 일반성이 존재한다. 단수적 존재에는 그러한 것이 존재하지 않는다"(183).

"다시 말해 존재는 하나씩 주어진다 —— 이는 개체라는 관념을 만들어 내는 분할 불가능성이라는 관념과 전혀 관계가 없는데, 반대로 단수적 존재의 단수성은 끊임없이 존재와 존재자들을 분할하거나 존재자들의 존재를 분할하는데, 존재자들의 존재는 그 분할을 통해서만 그리고 그 분할로서만 단수적/공동적이다"(183). "요컨대 모든 사건은 '공동적'이다."[13] 말하자면 모든 존재자는 '나'의 관념(표상)의 단일성(동일성) 내에 고정(규정)되어 있지 않으며, 관념의 적용이나 의식의 발효 이전에 '나'에 대해 존재하고, 역으로 '나'는 그것을 향해, 그것에 '대해' 존재한다('존재의 분할'). 그러한 전 의식적이자 바로 '공동적'인 상호 얽힘, 상호 조회(그 전 의식적 존재의 동사성이, 하이데거의 경우, 감정이나 기분Stimmung에 알려진다), 즉 관계의 사건, 또는 상황 내로 들어감, 그것이 보편적 관념 이전의 고유한 시공간에 자리 잡기에 단수적이며, 시공간적 차이에 따라, 그리고 각각의 존재자에 대해 동일하지 않은 양태로 전개되기에 동시에 복수적이다.

물론 낭시는 존재 자체의, 또한 존재자들의 단수성과 복수성(단수성 또는 복수성이 아니라 단수성이자 복수성)을 전제로 받아들이지만, 존재자들 가운데, 그가 자신의 모든 사유를 통해 주목하고 부각시키기를 원하는 것은 타인(들)이다. 보다 정확히 말해, 그에게 궁극적으로 문제가 되는 것은 정치적 지평에서의 '우리'의 관계(들)이다. 그 관계는 하이데거에게서는 분명 충분히 다루지 못한 문제로 남았

---

13 Alain Badiou, "L'Offrande réservée", *Sens en tous sens —— autour des travaux de Jean-Luc Nancy*, Galilée, 2004, p. 16.

거나, 적어도 사유의 중심에 놓여 있지 못했다. 낭시의 성찰의 근간이 하이데거의 존재 사유와 맞닿아 있다는 사실을 부정할 수 없지만, 그는 하이데거가 국가사회주의에 동조하면서 나아갔던 방향과 거의 전적으로 다른 정치적 방향(한마디로 '공산주의적' 방향)을 향해 하이데거적 존재 사유를 급진화시킨다. 그 과정 전반에서 끊임없이 부조浮彫되고 있는 주제가, 관념적(나아가 이데올로기적) 보편성·일반성·동일성과 전체성에 저항하는 동시에 그것들을 가로질러 넘어가는 타자와 '나'의 단수성(또한 복수성), 보다 정확히 말해 "우리 사이"("우리 사이: 제1 철학"[14])의 단수성(또한 복수성)이다.

낭시는 이렇게 쓴다. "개인이라는 주제 배후에서, 그러나 그 너머에서 단수성이라는 물음이 제기되어야만 할 것이다. **하나의** 신체, **하나의** 얼굴, **하나의** 목소리, **하나의** 죽음, **하나의** 글쓰기 — 그것들은 불가분의 것들이 아니고 단수적인 것들이다 — 란 무엇인가? 그것들의 단수적 필연성이란, 신체들·목소리들·글쓰기들 일반을 전체적으로 갈라 구별하고 서로 소통하게 하는 분유에서 그 단수적 필연성이란 어떤 것인가? 요컨대 이러한 물음은 절대에 대한 물음의 정확한 이면裏面을 구성한다. 그 점에서 그 물음은 공동체에 대한 물음을 구성하며 거기에서 이후에 다시 고려되어야만 한다. 하지만 단수성은 개인성의 본성도, 개인성의 구조도 결코 갖지 않는다. 단수성은 동일화될 수 있거나 동일한 동일성들의, 원자들의 질서 내에서 발생하지

---

14 Jean-Luc Nancy, *Être singulier pluriel*, Galilée, 1996, p. 40.

않으며, 동일화될 수 없는 **편위**의 영역에서 발생한다. 그것은 탈자태와 관계가 있다. 요컨대 우리는 단수적 존재가 탈자태의 주체라고 정확하게 말할 수 없다. 왜냐하면 탈자태는 '주체'를 갖지 않기 때문이다. 우리는 탈자태(공동체)가 단수적 존재**에** 도래할 뿐이라고 말해야 한다"(29~30).

단수성은 관념에 주어지는 의식적 현전이 아니라, 그 이전 또는 그 이후의 구체적 현전들("**하나의** 신체, **하나의** 얼굴, **하나의** 목소리, **하나의 죽음, 하나의 글쓰기**")에 기입된다. 다시 말해 그것은 관념의 표상 속으로 포섭되는 것에 저항하기에 내재성을 초과하며, 한 개인이 소유하고 있는 고정된 속성들 가운데 하나가 아니기에 개인성과 대립하고, 전체 안의 "동일화될 수 있거나 동일한 동일성들"의 하나가 아니기에 전체성을 벗어난다. 단수성의 구체적 현전들은 어떠한 개인(개체)의 개인성(개체성)에도, 어떠한 집단의 전체성에도 귀속되지 않으며, 나아가 어떠한 개인의 속성도, 어떠한 집단의 속성도 가리키지 않고, 다만 우리가 서로를 향해 자리 잡았다는 ── '편위'되었다는 ── 탈자태의 징표들이다.

생귤라리테를 '독특성'이나 '특이성'이 아니라 '단수성'이라고 옮긴 또 하나의 이유가 거기에 있다. '독특하다' 또는 '특이하다'는 것은 말의 사전적 의미에서, 또한 그 단어들이 주고 있는 뉘앙스에서, 남들과는 다른 어떤 개인(in-dividu, 나누어질 수 없는 것, 나아가 나눌 수 없는 것)의 속성이나 특별하고 고유한 개인의 개인성(간단히, 개성)을 환기시키고 있는 것처럼 보인다. 그러나 낭시가 말하는 **생귤라리테**는 아무 '특이'할 것도 '독특'할 것도 없는 '나'와 타인(들)이 어떤 창조적인 '우리'로서 관계 내에 자리 잡는다는 ── 서로가 서로를 향해 있다는 ── '편위'된 탈자태의 사건을, 따라서 공동의 '우리'를, 어떤 '공동성'을, 그렇기에 필연적으로 복수성을 함의한다. (낭시의 주저들 가운데 하나 『복수적 단수의 존재Être singulier pluriel』의 제목에 **생귈라리테**의 형용사형인 **생귈리에**singulier와 **프뤼랄리테**pluralité의 형용사형인 **프뤼리엘**pluriel이 들어가 있다. 이 제목을 예를 들어 '다양한 특이한 존재' 또는 '다양한 독특한 존재'로 새기게 되면 문제를 피할 수 없게 되는데, 왜냐하면 그 번역은 낭시가 말하고자 하는 바와 반대되는 개인주의적이고 자유주의적인, 나아가 자본주의적인 어떤 것을 즉각적으로 또는 암암리에 환기시키기 때문이다. 반면 '복수의 단수적 존재'라는 표현은 그가 가리키고 있는 존재론적이고 공동적인 차원을 중립적이고 명료하게 드러내 주는 것처럼 보인다⋯⋯.)

* **탈자태**脱自態extase, **외존**外存exposition

물론 탈자태라는 표현은 하이데거로부터 유래한다. 하지만 하이데거에게서 시공간 내에서의 현존재의 일반적 존재 방식(현존재가 시간성을 전제로 공간과 사물들과 관계하는 방식)을 의미하는 탈자태가 나와 타인(들)의, '우리'의 관계라는 '정치적' 관점에서 중요하게 강조되지 않은 반면, 낭시에게서 그것은 궁극적으로 존재 일반의 질서가 아니라 인간들 사이의 관계의 구조를 표현한다. 그 경우 탈자태는, '내'가 타자로 열려 있음(이것은 서로가 친밀하다거나 '다정하다'라는 것이 아니라 단순히 고립된 원자적 개인의 불가능성과 관계의 필연성을 의미한다), 타자가 '나'에게로 향해 있음, 또는 '내'가 타자에게 노출됨, 타자가 나에게 노출됨(그 노출의 표현들이 예를 들어 "**하나의 신체, 하나의 얼굴, 하나의 목소리, 하나의 죽음, 하나의 글쓰기**"일 것이다), 즉 외존으로 집약된다.

이 외존 또는 외-존ex-position은 낭시에게서 적지 않은 경우 하이데거가 말하는 탈자태와 동의어로 쓰이기도 한다 ── 사실 **엑스포지시옹***exposition*은 탈자태의 본래적 의미('자신을 바깥ex에 놓아둔다 position')를 풀어서 드러내 주는 단어이다. 그러나 낭시에게서 그것은 또한 많은 경우 그리고 궁극적으로, 좁은 의미에서 '나'와 타인의 관계의 양태를 가리킨다. 하지만 이 책에서 우리는 **엑스포지시옹**을 문맥에 따라 그 일반적인 번역어인 '노출'로 새기기도 했다.

위의 인용문이 말해 주고 있듯이, 탈자태(또는 외존)는 관념에 포착되어 규정되기 이전의 전 의식적인 우리의 공동 영역을, 전 반성적인 우리의 관계의 질서를, '더불어'와 '함께'로서의 전 관념적인 향해 있음의 구조를 가리킨다. 그 구조를 떠받치고 있는 축들은 어떠한 관념적인 것도 아니고 구체적인 동시에 생생한 현전들(앞에서 말한 대로, "**하나의 신체 하나의 얼굴, 하나의 목소리, 하나의 죽음, 하나의 글쓰기**", 한 방울의 눈물, 한 번의 입맞춤, 한 번의 미소, 한 번의 분노, 한 번의 절규라고 말한다면 왜 안 되겠는가)이다. 다시 말해 낭시에게 관념들로, 관념적 구도들로, 또한 이데올로기들로 왜곡되기 이전의 ── 또한 왜곡된 이후의 ── 단순한 타자의 있음, 그리고 우리의 있음, 보다 정확히, 우리의 무위無爲의 있음을 붙들고 있는 것이 궁극적 문제가 된다. 이는 우리에게 어떠한 관념도, 어떠한 이데올로기도 정치와 현실의 지평에서 중요하지 않다는 것이 아니다. 어떠한 관념도, 어떠한 이데올로기도 그 자체로서는 부당하지도 정당하지도 않으며, 우리에게 반드시 그 배후로 끊임없이 되돌아가는 움직임이 필연적으로 요구되고, 그 움직임은 '우리'의 존재 자체로 거슬러 올라가는, 주체나 에고가 아니라 '우리'를 중심으로 수행되는 ─ 또는 '우리'로의 ─ 환원(일종의 환원, '괄호 치기')의 움직임과 다르지 않다는 것이다. 그 무위를 향한 환원의 움직임이 없다면, 모든 관념과 모든 이데올로기는, 현실과 현재와 상황의 '실질'을 담지하지 못하는 맹목적(억압) 기제로, 도래할 ─ 미래로 향해 있는, 미래를 위한 ─ 어떠한 창조적인 정치적인 것도 차단시키는 형식적이자 집단적인 틀로 작동할 수밖에 없다는 것이다. 관념이나 이데올로기가 '우리'의 근거가 아니라, '우리'가 관념이나 이데올로기의 근거이다.

낭시가 '제1 철학'이라고 부르는 '우리 사이'는 관념·이데올로기 이전 또는 이후의 무위의 영역에, 우리 자신의 서로가 서로를 향한 '편위'에, 타자로 향해 있는 전 의식적 탈자태(외존)에 놓여 있다. 이는 '우리'가 모든 관념적 규정(가치판단·윤리·이데올로기) 너머의 자연적(초월적) 동일성의 존재로서 근본적이자 무차별적인 하나라는 것도, 갈등·투쟁·분쟁·대립을 모르는 낭만적인 단일성의 공동체라는 것도 의미하지 않는다. 오히려 '우리'는 사회나 공동체 내의 맹목적인 부정적 관계(갈등·투쟁·파괴·반목)뿐만 아니라 마찬가지로 맹목적인 긍정적 ─ 긍정적인 것처럼 보이는 ─ 관계(평화·무기력·안정)가 되돌아가야만 하는 출발점으로서의 관계 자체, 관계의 근거이다. 그러나 '우리'는 완전히 규정될 수 없고 분석될 수 없는 관계의 무근거(바닥 없음Ungrund)이자, 결코 확정적으로 주어지는 ─

대놓고 '이것'이라고 '밝힐 수 있는', 사회적·제도적으로 강요할 수 있는——영원한 결론이 아니기에 어떤 종말에서 끝날 수 없는 미완의 지향점으로 남는다. 그러나 여기서 그 미완성은 결핍과 불충분성이 아니라 관계의, 외존의 무한성을 의미한다. "따라서 공동체라는 단일체도 그 실체도 없다. 왜냐하면 그 분유가, 그 이행이 완성될 수 없는 것이기 때문이다. 미완성이 그 '원리'이다——미완성을 불충분성이나 결핍이 아니라, 분유의 역동성을, 또는 단수적 균열들에 따라 끊이지 않는 이행의 역학을 가리키는 역동적 표현으로 받아들여야만 한다는 의미에서 그렇다. 분유의 역동성, 다시 말해 무위의 역동성, 무위로 이끄는 역동성"(88~89).

'우리' 그리고 '우리'로 향해 나아가는 외존은 사회 저 너머의 어떤 절대 타자의 영역에서 전개되지도 않는다. 따라서 공동체('우리'의 공동체, 무위의 공동체, 공동체 없는 공동체)는 사회로부터 벗어난 특별한 사람들의 예외적 공동체가 전혀 아니고,[15] 사회(국가·민족·정당·회사 등 모든 집단) 내에 있지만 사회로 통합되지 않고, 사회 한가운데로 도래하는, 하지만 언제나 사회와의 **차이**로서 주어지는 공동체이다. "그렇기에 공동체는 사회와 단절되었거나 사회가 잃어버렸던 것이기는커녕 **사회를 근거로 해서 우리에게 도래하는 것**——물음·기다림·사건·명령——이다"(39). "공동체 없는 공동체는 모든

---

15 가령 독일 낭만주의 서클이나 그 프랑스적인 변형으로 볼 수 있는 초현실주의 그룹의 경우, 그 구성원들은 스스로를 사회와 차별화된 '특별한' 존재로 자리매김했다. 나아가 집단(그것이 어떠한 것이든 간에)의 '나르시시즘'을 문제 삼아야 한다. 여기서 우리가 말하는 '공동체'는 어떠한 종류의 특별하거나 예외적인 집단도 아니다.

집단성 한가운데로 언제나, 끊임없이 **도래하고 있다는 점**에서 **도래해 야 할***à venir* 어떤 것이다(바로 그 공동체가 거기로 끊임없이 도래하고 있기 때문에, 바로 거기에서 개인이라는 것에 저항하는 것과 마찬가지 로 집단성 자체에 끝없이 저항한다)"(170). 따라서 외존은 윤리나 정 치의 사회적 질서 내에서 고정(규정)되지 않는다. 다시 말해 외존은 가치론적이지 않으며, 오히려 모든 가치 배면의, 그 이전의 존재론적 질서를, 즉 '우리'의 있음 자체를 반영한다.

* **공동-내-존재**共同-內-存在être-en-commun,
　공유共有**된 존재**être commun

'공동-내-존재'라는 표현은 하이데거의 용어 '세계-내-존재in der Welt sein, être-dans-le-monde'를 환기시킨다(또한 모리스 메를로-퐁티 는 이 하이데거의 용어를 '세계로의-존재être-au-monde'로 변주했다).
　'공동-내-존재'라는 말에 함축되어 있는 의미는, '우리'와 공동체 가 분명하게 제시될 수 있는 결론이나 도달한 목표나 확정된 종말 또 는 완성된 완성으로, 나아가 어떤 관념과의 일치로 ── 표상 가능한 '것'으로 ── 주어지지 않는다는 것이다. 다시 말해 공동-내-존재는 손에 쥘 수 있는 '어떤 것'의 공유(가령 재산의 공유, 제도의 정립 및 재 정립, 정체政體의 공유)에 한정되지 않는(이는 그 모든 공유가 중요하지 않다는 것이 결코 아니다), 외존의 무한성을 말한다. 반면 그 공유는, 공유된 존재는 외존의 무한한 전개과정을 통해 비고정적으로 우리가 지향할 수 있는 '과제œuvre'이자 잠정적으로 얻을 수 있는 결과 또는 '작품œuvre'일 뿐이다.

역으로 외존의 무한성은 '어떤 것'의 공유를 절대적인 것(절대의 가치, 절대의 목적)으로 승격되거나 고정되지 못하도록 관계 내로, 공동과 소통 내로 무한히 환원시킨다. 그러한 의미에서 외존의 무한성은 소통의 무한성과, 결국 공동-내-존재의 무한성과 동근원적이다. 반면 공유된 존재는 사회적으로 가치가 부여되고 사회 속에서 정립된 '밝힐 수 있는' 어떤 대상의 집단적 공유에 근거하고 있다. 공유된 존재는 피할 수 없는 것이기도 하지만, 그 자체로서 절대화되거나 고정되면 사회 자체를 와해시키는 기제가 된다. "소통은 무엇보다 먼저 유한성의 분유와 유한성의 공동의-나타남com-parution 가운데에 있다. 다시 말해 그것은 ─정확히 공동-내-존재가 공유된 존재가 아니라는 점에서 ─공동-내-존재를 구성하는 것으로 밝혀지는 탈장소dislocation와 부름 가운데에 있다. 유한한-존재는 먼저 장소들의 분할을 통해서, 각각의 단수성을 펼쳐지게 하는(프로이트가 말하는 '영혼psyché은 펼쳐진다'라는 의미에서) 확장 ─**파르테스 엑스트라 파르테스**_partes extra partes_[부분 밖의 부분] ─을 통해서 존재한다. 각각의 단수성은 ─비록 그 존재 전체에서 자신의 단수적 한계와 접촉하지만 ─어떤 형태 내에 갇혀 있지 않지만, 스스로 확장됨으로써만, ─자신의 '에고이즘'의 정도나 '에고이즘'의 욕망이 어느 정도이든 ─그 자체가 된다. 즉 그것은 무엇보다 먼저 그 자체를 자신의 존재로 외향화시키고 **어떤 바깥으로 외존**_外存_시켜 존재하게 하는 영역성을 통해서만 그 자체가, 단수적 존재(존재의 단수성)가 된다"(75~76).

* 과제·작품 œuvre

이 책에서 끊임없이 나타나는 동시에 그 부정 형용사형 **데죄브레** *désœuvrée*가 제목으로 들어가 있는 **외브르***œuvre*를 정확히 표현할 수 있는 번역어를 찾는 것도 쉽지 않았다.

외브르는 전반적으로 한국어 '일'에 해당하며, 앞으로 해야만 하거나 하고 있는 일(과제), 그리고 끝낸 일(성과, 일을 끝내고 남은 결과, 작품) 모두를 가리킨다. 첫 번째 경우 '**페르 외브르 다미***faire œuvre d'ami*'(친구로서 해야 할 일을 하다, 친구답게 행동하다), '**에듀카시옹 에 뢰브르 드 라 나시옹***L'éducation est l'œuvre de la nation*'(교육은 국가의 과제이다), '**스 메트르 아 뢰브르***se mettre à l'œuvre*'(일에 착수하다)와 같은 표현들을, 두 번째 경우 '**아 뢰브르 옹 코네 루브리에***À l'œuvre on connaît l'ouvrier*'(해놓은 일을 보면 사람을 알 수 있다), '**셰프 되브르***chef d'œuvre*'(걸작)와 같은 표현들을 예로 들 수 있다.

그러나 이 책에서 저자가 **외브르**라는 단어 배면에 끊임없이 전제해 두고 있는 것은 목적의 의미(목적으로서 이루어야 할 일, 달성된 목적으로서의 이루어진 일, 목적이 달성되었음을 증명해 주는 성과물)이다. 그 의미를 살리기 위해 우리는 여기서 많은 경우 **외브르**를 '과제'로, 또한 적지 않은 경우, 그 프랑스어가 일의 성과나 결과를 가리킬 때, 그것을 '작품'으로 새겼다.

* 무위無爲*désœuvrement*, 무위의*désœuvré(e)*

이 책에서 무위*désœuvrement*는 과제·작품*œuvre*과 대립되는 의미에서 쓰이지만, 또한 과제·작품의 한계를 지시하기도 한다.

데죄브르망_désœuvrement_을 '무위'로 옮기는 것이 과연 합당한가라는 의문이 있었다. 왜냐하면 이 '무위'는 우리를 어쩔 수 없이, 즉각적으로, 저자가 분명 염두에 두지도 참조하지도 않은 노장사상老莊思想의 맥락에 갖다 놓기 때문이다. 물론 낭시가 자신의 사유의 한 측면을 표현하기 위해 동양 사상을 배경으로 끌어들인 적도 있고,[16] 자크 데리다와 함께 나눈 대담에서 "과녁을 겨냥하지 않고 맞히는 예술, 그러한 비지향적이고 비현상학적인, 우리가 서양 내부에서 아마 한 번도 만들어 내지 못했던 패러다임"[17]에 대해 언급하면서 서양 철학과의 비교하에 동양 사상의 한 흐름의 특성을 부각시킨 적도 있지만, 그 모든 경우 그의 동양에 대한 성찰은 심화된 것이 아니었고 특별히 노장적이지도 않았다.

그럼에도 불구하고 우리는 여기서 **데죄브르망**을 '무위'로 옮겼다(우리와 동양의 사상적 전통을 공유하고 있는 일본에서도 같은 선택에 이르렀다). 그렇게 옮긴 이유들 가운데 하나는, 그의 사유의 몸짓과 빛깔이 어느 정도 동양적이라고 수긍한 데에 있다. 낭시의 사유에 동양적인 요소가 있다면, 그것이 동양의 특정 사상에 직접적으로 맞닿아 있기 때문이 아니라, 많은 사람들이 지적하고 있듯이 '동양적인' 하이데거의 사유(불교적이거나 노장적인 하이데거의 존재 사유, 존재의 비가시성·비규정성·관계성·탈주체성·탈개인성·탈관념성 그리

---

16 Jean-Luc Nancy, _Corpus_, Métailié, 1992.

17 Jacques Derrida · Jean-Luc Nancy, "Responsabilité — du sens à venir", _Sens en tous sens — autour des travaux de Jean-Luc Nancy_, p. 172.

고 선언어적·선명제적·선인식적 존재, 그러나 여기서 어떻게 하이데 거의 사유가 불교적이거나 노장적인지 구체적으로 깊이 있게 설명할 능력이 우리에게는 없다)가 그 근간에 깔려 있기 때문이다. 물론 사유 가 하이데거를 거쳐 가면서 동양적 음조를 띠게 되는 경우는 낭시뿐 만이 아니며, 또한 우리가 방금 언급한 존재의 양태들을 받아들이고 있는 여러 사상가들(가령 모리스 메를로-퐁티, 모리스 블랑쇼, 자크 데 리다)이다.

주목해 봐야 할 점이 하나 있다. 낭시는 무위를 말하면서 그것 과 대칭을 이루는 과제·작품을 단순히 무시하지 않는다. 무위는 무 엇보다 공동체의 무위일 것이다. 우리는 공동체의 무위라는 말을 들 으면서, 또한 그 말과 낭시의 공동체에 대한 사유 전반을 표피적으로 단순하게 받아들이면서, 이제 어떠한 집단도, 정당도 의회도 ── 더 나아가서는 학회도 ── 조직하지 말고, 또한 정치적이거나 비정치적 인 차원에서 집단적으로 추구하는 모든 구체적 목적·과제를 거부해 야 한다고 믿을 수 있다. 이는 물론 난센스이다. 낭시는 무위와 대칭 을 이루는 과제·작품을 단순히 무시하지 않는다. 무위는 과제·작품 과 전적으로 대립하지 않으며, 어떤 점에서는 그것을 전제한다. "본질 적으로 공동체는 블랑쇼가 무위無爲désœuvrement라고 명명한 것에 자 리 잡는다. 과제 내에서 또는 과제 너머에서, 과제로부터 빠져나오는 것"(81). 또한 "탈자태는 필연적으로 (문학적·정치적 등등) **과제들**을 전제하지만, 기입되는 것, 기입되면서 한계를 거쳐 가고 외존되면서 (……) 소통되는 것, 분유되는 것, 그것은 과제들의 무위이다"(98).[18] 낭시가 무위를 강조하는 이유는 과제들을 무시하기 위해서가 아니며, 나아가 과제들(과업들)에 짓눌려 있었던 과거 공산주의 사회에서 떠받들었지만 분명 왜곡시켰던 맑스주의를 폐기시키기 위해서도 아니다. 무위는 맑스가 자신이 꿈꾸었던 공동체를 경제공동체로 귀속시키기를 거부했을 때 스스로 이미 가정해 놓았던 것이다. 낭시는 맑스를 인용하면서 이렇게 말한다. "'그 자체가 목적인, 즉 자유가 진정으로 군림하는 것인, 인간적 역능의 개화가 시작되는' 곳에서, '엄밀한 의미에서의 물질적 생산의 영역 저 너머에' 위치하는 어떤 공동체"(182).

또한 우리는 공동체의 무위라는 말을 들으면서, 타인들과의 관계에 소극적이어야 하고 타인들과 함께한다는 것의 가능성을 크게 생각하지 말아야 한다고 이해할 수도 있다. 그러나 그러한 이해(오해?)가 더 먼 곳에까지 이르게 되면 분명 우리는 자유주의적·개인주의적 함정에 빠지게 될 것이다. 정치적 관점에서는 원자론('우리는 모나드들일 뿐이다')에 귀착될 수밖에 없을 것이다.

다음과 같은 말을 들어 보자. "그러나 공동체의 부재는 반대로 공동체가 완성되지 못하게 하는 것을, 또는, 공동체가 완성되지 않고 한 새로운 개인처럼 발생하지 않는다면, 공동체 자체를 재현한다. 그러한 의미에서 '모든 가능한 공동체가 내가 공동체의 부재라고 부르는 것에 (……) 속해 있다는 사실이, 모든 가능한 공동체의 토대이어야

---

18 또한 낭시는 바타유를 예로 들어 순수하고 완전한 무위는 없다고 분명히 말한다. "물론 바타유는 **목적에 이르지** 말 것을 요구하려 노력했으며, 그로부터 공동체에 대한 사유와 분명하게 연관된, **계획**에 대한 거부가 따라 나왔다. 그러나 그 자신이 순수한 무계획은 있을 수 없다는 것을 알고 있었다"(59).

한다'. 공동체의 부재 속에서, 공동체의 과제는, 과제로서의 공동체는, 공산주의는 완성되지 않지만, 공동체로 향해 있는 정념은 무위 가운데, 모든 한계와 개인의 형태를 고정시키는 모든 **완성**을 넘어서기를 요구하고 호소하면서 전파된다. 따라서 이는 어떤 부재가 아니다. 이는 어떤 움직임이다. 이는 단수적 '능동성activité' 속에서의 무위이다. 이는 어떤 전파이다. 다시 말해 이는 전파, 나아가 전염, 또는 전파되거나 **자신의 단절 자체**를 통해 그 전염을 전달하는, 공동체 자체의 소통이다"(146~147). 또한 다음과 같은 말. "따라서 공동체라는 단일체도 그 실체도 없다. 왜냐하면 그 분유가, 그 이행이 완성될 수 없는 것이기 때문이다. 미완성이 그 '원리'이다 —— 미완성을 불충분성이나 결핍이 아니라, 분유의 역동성을, 또는 단수적 균열들에 따라 끊이지 않는 이행의 역학을 가리키는 역동적 표현으로 받아들여야만 한다는 의미에서 그렇다. 분유의 역동성, 다시 말해 무위의 역동성, 무위로 이끄는 역동성"(88~89).

공동체의 무위는 공동체를 위해 아무것도 하지 말자는 것도 아니고, '우리'를 생성하는 데에 소극적이어야 한다는 것도 아니다. 공동체의 부재는 문자 그대로 어떠한 집단도, 어떠한 '우리'도 존재해서는 안 되거나 존재하는 것을 막아야 한다는 것이 아니다. 낭시가 공동체와 관련해 그러한 소극적이거나 부정적인 입장을 견지하고 있는 것이 결코 아니다. 다만 그에게, 우리에게, 철학적 입장에서 보았을 때는 어떤 관념적 틀을, 정치적 입장에서 보았을 때는 제도적이거나 사회적·집단적 틀(법·이데올로기, 민족과 국가라는 범주)을 고정되고 완성된 것으로, 절대적인 것으로 승격시키지 않는 것이 관건이 된다. 보다 정확히 말해 개인(들)과 집단을 동일화하는, 하나의 동일성 내에 묶는, 상호 호환적인 그 두 틀에 균열을 내는 능동적 움직임에, 즉 '공동체로 향해 있는 정념'에 주목하는 것이 관건이 된다. 낭시가 주장하는 바는, 관념적으로 명확히 표상되지 않는 ── 아직 정확한 이름을 부여받지 못한(관념·표상과 언어의 동근원성) ── 동시에 사회적·제도적으로 아직 정당성을 부여받지 못한 어떤 '우리'가, 또한 그 '우리'를 추진하는 '공동체로 향해 있는 정념'이 이미 정립되어 있는 사회·집단과 사회적·집단적 틀을 변형시키거나 나아가 무화·와해시키려는 움직임이 언제나 있어 왔으며 있어야 한다는 것이다. 그 움직임은 '해체'로 나아가기에 부정적이지만, 바로 '우리'와 진정한 의미에서의 '공동체'로 향해 있기에 적극적·능동적이다. 따라서 공동체의 무위 또는 무위의 공동체는 '우리'에 대해 소극적이지 않으며 반대로 더할 나위 없이 급진적으로 '우리'로 편위되어 있다.

그러나 이러한 사유는 낭시나 '밝힐 수 없는 공동체'를 말하는 블랑쇼가 독자적으로 창안해 낸 것이 아니다. 단순히 그것은 낭시가 자신의 사유의 현실적·역사적 준거점으로 삼았던 동구권의 몰락 이후에 비로소 요청된 것도 아니다. 그것은, 낭시 스스로가 밝힌 대로, 민주주의가 결정된 형태를 갖고 있지 않다는 사실이 최초로 표명된 그리스의 한복판으로 거슬러 올라가며("아테네 민주주의의 역사는 애초부터 늘 민주주의 자체가 스스로를 걱정해야 했고, 스스로를 재발명해야 했음을 보여 준다"[19]), 사회 그 이전이자 사회가 끊임없이 환원되어야 할 정치적 중심으로서의 자연 상태와 자연적 평등을 설파하면서 "민주주의의 토대 없음을 자각"했던 장-자크 루소로 이어지고,[20]

프랑스 대혁명 이후로 기존의 집단과 제도에 도전했던, 세계 곳곳에서의 저항과 반란과 혁명의 움직임의 한 단면을 반영한다. 그렇게 본다면 우리가 앞에서 동양적 요소를 갖고 있다고 말했던 무위가 근본적으로는 '정치적 무위'이며, 그 기원은 서양에 놓여 있는 셈이다. 그러나 이는 그 무위의 역사적 근거에 대한 단순한 판단일 뿐이며, 물론 우리에게 그것이 서양적이냐 동양적이냐는 물음은 전혀 중요하지 않다.

---

19 장-뤽 낭시, 「유한하고도 무한한 민주주의」, 『민주주의는 죽었는가?』, 난장, 2010, 110쪽.
20 같은 책, 111쪽.

지은이 연보

1940   7월 26일, 프랑스 보르도 근처의 코데랑Caudéran에서 출생. 베르제락Bergerac의 가톨릭적 환경에서 처음으로 철학에 관심을 갖게 됨.

1962   파리 대학교에서 철학 학사학위 취득. 맑스·칸트·니체와 앙드레 브르통에게 관심을 갖고 글을 쓰기 시작. 이때부터 고전적 사상가들을 연구해서 독창적 사유를 전개하는 작업 형태의 틀이 형성되기 시작.

1968   교수자격시험에 합격하고 콜마르Colmar에서 가르친 후 스트라스부르 대학교에서 조교로 재직.

1972   첫 저서인 『문자의 지위』 발간(라쿠-라바르트와의 공저). 자크 라캉에 대한 비판적 고찰. 스트라스부르 대학교에서 계속 동료로 남을 라쿠-라바르트와 개인적·사상적으로 친밀한 관계를 유지하

며 이후 여러 번 공동 저서를 펴냄.

1973 폴 리쾨르의 지도하에 칸트에 대한 논문으로 박사 학위 취득. 곧
이어, 이후에 계속 교수 생활을 하게 될 스트라스부르 인문대학
교(마르크 블로크 대학교)에서 전임강사로 재직.

1978 『문학적 절대』 출간(라쿠-라바르트와 공동 편역). 초기 독일 낭만주
의자들의 동인지 『아테네움』에 실린 글들을 번역하고 상세한 주
석을 덧붙임. 이 편역서로 학계에 알려지게 됨. 그러나 초기 낭만
주의에 대한 엄밀한 번역서이자 해설서인 이 책을 출간한 배경에
는 탈근대 사상의 기원과 흐름에 대한 정확한 인식이 있었음. 라
쿠-라바르트와 낭시에게서, 초기 독일 낭만주의가 정초한 미적
근대성을 분석·비판하고 교정하는 작업이 이후로 대단히 중요
하게 된다.

1982 『목소리의 나눔』 출간. 이 책에서 독일 해석학(가다머·하이데거)에
비판적 거리를 유지하며 해석과 해석의 조건들에 대해 다시 살
펴봄.

1986 『무위의 공동체』 출간. 큰 반향을 불러일으킴. 이후로 '공동체'라
는 주제가 관심을 모으게 되면서, 다른 사상가들(아감벤·랑시에
르·라클라우·무페 등)도 그 주제를 다루기 시작.

1987 툴루즈에서 국가박사학위 취득. 지도 교수는 제라르 그라넬
Gérard Granel, 자크 데리다와 장-프랑수아 리오타르가 심사위원.

논문의 주제는 칸트·셸링·하이데거에게서의 자유의 개념. 낭시의 국가박사학위 논문은 1988년 『자유의 경험』으로 출간됨. 그러나 국가박사학위를 취득하기 전에 낭시는 베를린 자유대학교와 버클리 대학교에서 초빙교수로 재직. 그에 따라 저작들의 출간이 활발해지면서 국제적으로 명성을 얻기 시작. 그의 저서들이 여러 나라의 언어들로 번역되기 시작.

80년대 말 과도한 신체 이상 증세(심장 이상 수축)로 고통받다가 심장이식수술을 받게 됨. 캘리포니아에서 심장이식수술. "한 사람의 심장을 다른 한 사람의 심장 한가운데에로. 한 남자의 심장인가, 한 여자의 심장인가? 낭시는 이후 자기 안에서 계속 살아가게 될 그 심장과 관련해 아무것도 모른다"(자크 데리다, 『접촉, 장-뤽 낭시』). 설상가상으로 여러 과도한 치료 요법으로 인해 낭시는 암까지 얻게 된다.

그에 따라 90년대 초부터 강의를 비롯해 공적인 활동을 거의 그만둠. 그러나 사회철학·정치철학의 주제들과 관련해 계속 활발한 저작활동을 함.

1991 정치적으로 가까웠던 참여지식인 장-크리스토프 바이와 함께 정치평론적 성격을 띤 『공동의 나타남』 출간. 낭시의 맑스와 공산주의에 재고찰. 『무위의 공동체』에 나타났던 논의들을 보다 구체적으로 발전시킴. 라쿠-라바르트와의 또 다른 공저 『나치 신화』 출간.

1993 『세계의 의의』 출간.

1996 『복수적 단수의 존재』 출간.

2000 투병 생활을 바탕으로 쓴 『침입자』 출간. 데리다의 낭시에 대한
연구서 『접촉, 장-뤽 낭시』(아리스토텔레스로부터 낭시까지 이어져
오는 영혼론에 대한 방대한 고찰) 출간. 낭시는 여러 작가들(설치 작가
수잔나 프릿쳐Susanna Fritscher, 이란 영화감독 압바스 키아로스타미Abbas
Kiarostami, 화가 시몽 앙타이Simon Hantaï, 안무가 마틸드 모니어Mathilde
Monnier 등)과 교류하고 공동 저서를 냄.

2001 『무위의 공동체』에 이어지는 또 다른 바타유에 대한 성찰, 『은밀
한 사유』 출간. 블랑쇼의 『밝힐 수 없는 공동체』에 대한 응답인
『마주한 공동체』 출간.

2002 프랑스 영화감독 클레르 드니Claire Denis의 단편영화 「낭시를 향
하여Vers Nancy」에 출연함. 이 단편에서 낭시는 외국인 제자 한 명
과 이주자 문제에 대해 대화를 나눈다. 이 단편은 옴니버스 영화
인 「텐 미니츠 — 첼로Ten Minuites Older — The Cello」의 한 부분.

2004 클레르 드니의 영화 「침입자L'Intrus」 완성. 낭시의 투병 생활의 경
험에서 소재를 얻고 낭시의 『침입자』를 바탕으로 드니가 재구성
한 영화.

2007 필립 라쿠-라바르트 1월 28일 파리에서 타계.

2008 『민주주의의 진리』 출간.

2009 낭시에 대한 콜로키움 '바깥의 형상La Figure du dehors'이 철학국
제학교Collège international de Philosophie와 파리 제4대학교 주최로
1월 22일~24일까지 파리에서 열림.

2015 『하이데거의 평범성』 출간. 하이데거의 나치 부역을 비판하면서,
그의 그러한 오류 배면에 자신의 사유 전반을 전통적·형이상학
적으로 퇴보시킨 '평범한' 정치적 관점이 놓여 있음을 역설.

2020 코로나 19에 대한 성찰 『너무나 인간적인 어떤 바이러스』 출간.

2021 8월 23일 스트라스부르에서 타계.

열린 철학의 공간, 그린비 '철학의 정원'

"If you would enjoy real freedom, you must be the slave of Philosophy."
— *Epicurus*

001 **하이데거의 사이-예술론** 김동규 지음
고대 그리스 철학, 독일 관념론과 낭만주의, 미학 등 예술과 철학을 아우르는 여러 사유 전통을 치열하게 연구해 온 철학자 김동규가 '사이' 개념을 중심으로 하이데거의 예술철학을 해명한다.

002 **17세기 자연 철학** 김성환 지음
갈릴레오, 데카르트, 홉스, 뉴턴, 라이프니츠의 자연 철학 연구를 살펴봄으로써 근대 과학주의 세계관의 탄생 과정을 고찰한 책.

003 **해체와 파괴** 미하일 리클린 지음 | 최진석 옮김
구소련 출신 철학자 미하일 리클린이 현대 철학자 10인을 만나 새로운 사회의 가능성을 묻다. 데리다 해체론과 가타리 분열분석에서 모색하는 해체의 실천.

004 **베르그손의 잠재적 무의식** 김재희 지음
무의식 개념을 통해 집대성한 베르그손 철학의 모든 것. 인간의 조건을 넘어서는 베르그손의 창조적 생성의 사유를 만난다.

005 **낭만주의의 명령, 세계를 낭만화하라** 프레더릭 바이저 지음 | 김주휘 옮김
보수적인 문학운동으로만 알려져 왔던 독일낭만주의에 대한 시선을 비판하며, '초기낭만주의'가 일관된 철학이자 세계관이었고 정치적으로는 개혁적인 운동이었음을 밝히고 있는 책.

006 **가능세계의 철학** 미우라 도시히코 지음 | 박철은 옮김
우리가 살고 있는 현실과는 다른 상상의 세계, 가정된 세계가 어떻게 실재하는지에 대한 논증. '가능세계'에 관한 여러 논점을 꼼꼼히 소개한 가능세계론 입문서.

007 **현상학이란 무엇인가** 피에르 테브나즈 지음 | 김동규 옮김
스위스의 천재 철학자 피에르 테브나즈의 책으로, 후설에서 하이데거, 사르트르 그리고 메를로-퐁티로 이어지는 20세기 현상학적 사유의 흐름을 체계적으로 정리한 탁월한 해설서.

008 **해체와 윤리** 문성원 지음
레비나스를 필두로 들뢰즈, 데리다, 바디우 등 서구 현대철학의 거장들을 논의하며, 지금 우리 사회에 요청되는 '윤리'를 새롭게 정의하다.